高等职业教育示范建设课程改革创新系列教材

税法

刘彦琼　赵永红　主编

郭建萍　曹　聪　张明明　副主编

科学出版社

北　京

内 容 简 介

本书结合目前财经类高职高专学生的特点，遵循“精选内容、加强实践、培养技能、突出应用”的原则，依据高职高专对税法课程教学的目的和要求，并结合企业实际纳税工作的需要，主要介绍目前我国税法的基本规定和实际应用。全书包括知识目标、能力目标、重点难点、案例导入、正文、课后练习等，紧扣近年来税法改革的新动向和新内容。

本书既可作为高职高专学校财经类专业基础课的教材，也可作为会计及财务管理人员的自学用书。

图书在版编目（CIP）数据

税法/刘彦琼，赵永红主编. —北京：科学出版社，2018.7
（高等职业教育示范建设课程改革创新系列教材）
ISBN 978-7-03-056453-5

Ⅰ. ①税… Ⅱ. ①刘… ②赵… Ⅲ. ①税法-中国-高等职业教育-教材
Ⅳ. ①D922.22

中国版本图书馆 CIP 数据核字（2018）第 018718 号

责任编辑：贾家琛 李 娜 / 责任校对：陶丽荣
责任印制：吕春珉 / 封面设计：东方人华平面设计部

科 学 出 版 社 出版
北京东黄城根北街 16 号
邮政编码：100717
http://www.sciencep.com
北京虎彩文化传播有限公司 印刷
科学出版社发行 各地新华书店经销
*
2018 年 7 月第 一 版 开本：787×1092 1/16
2018 年 7 月第一次印刷 印张：14 1/4
字数：338 000
定价：39.00 元
（如有印装质量问题，我社负责调换〈虎彩〉）
销售部电话 010-62136230 编辑部电话 010-62135763-2041

高等职业教育示范建设课程改革创新系列教材

编写委员会

前　言

晋中职业技术学院是由中专学校改制的，在改制前，其教育培养目标基本上套用普通高校，现行的高职院校教育基本格局是普通高校相应专业的压缩，缺乏高职特色，特别是在培养方向上定位不够准确，专业设置和培养目标缺乏科学性，与职业岗位相脱节。现行培养目标分为总培养目标和教学目标两个层次，培养目标和教学过程不匹配，总培养目标和教学目标跨度太大，造成知识结构和能力结构设计不合理。由于知识结构和能力结构不是以职业岗位分析为基础设计的，因此教学过程既没有做到理论与实践并重，又没有做到陈述性知识与程序性知识并重，也未能实现提高职业技能训练质量与效率的目标。课程设置基本上以理论课程为主，实践教学依然依附于理论教学。教学内容依然存在传授理论知识多、职业技能训练少的现象。

高等职业教育是在“发展职业教育就是发展现实的先进生产力”的前提下开展的为经济社会服务的专业教育，培养学生要为经济结构调整和技术进步服务，因此晋中职业技术学院经济与管理系教研小组依托行业，联合企业，结合国家法规和政策变动，积极推进课程和教材改革。

根据晋中职业技术学院“挺进山西职教第一方阵”的总体部署，配合学院“订单式”人才培养方案，一方面，编者通过产学合作的途径，拓展技术与技能培养，努力提高学生适应对职业岗位能力的要求；另一方面，紧密结合“双证书”制，在锁定“两高”（比本科生动手能力高、比中专生知识能力高）的基础上推行“双证书”制，帮助学生既具备第一岗位的任职能力，又有转换岗位的适应能力。此外，编者还探索弹性学制，满足社会对终身教育的需要。

编者编写本书的目的是提高高职学生专业技能与职业相结合的能力，使其成为未来的技能型人才。

2018 年 4 月，财政部、国家税务总局发布了《关于调整增值税税率的通知》（财税〔2018〕32 号），明确规定：自 2018 年 5 月 1 日起，纳税人发生增值税应税销售行为或者进口货物，原适用 17%和 11%税率的，税率分别调整为 16%、10%。如遇相关内容，请读者自行使用新税率。

本书以我国现行税收制度为依据，根据高职高专教育要求，主要体现以下特点。

1）充分考虑市场需求，达到学生学以致用，紧扣职业院校的培养目标。

2）内容、案例按教学大纲要求设计，以求学生准确掌握相关内容。

3）充分吸收国家最新的税收政策，体现了前沿性。

本书由刘彦琼和赵永红担任主编，郭建萍、曹聪、张明明担任副主编，具体编写分工如下：第一章由赵永红编写；第二章至第五章由刘彦琼编写；第六章由郭建萍编写；第七章由张明明编写；第八章由曹聪编写。

在编写本书的过程中，编者得到了领导、同事的大力指导与帮助，特此表示衷心的感谢。

由于编者水平有限，加之时间仓促，书中不足之处在所难免，敬请读者批评指正。

目　录

第一章　税法总论 …… 1

第一节　税法的基本内容 …… 2

一、税收与现代国家治理 …… 2

二、税法的概念和本质 …… 4

三、税法的目标和功能 …… 4

第二节　税法在我国法律体系中的地位 …… 5

一、税法是我国法律体系的重要组成部分 …… 5

二、税法与其他法律的关系 …… 6

第三节　税法原则及税收法律关系 …… 7

一、税法原则 …… 7

二、税收法律关系 …… 9

第四节　税法要素 …… 10

一、总则 …… 10

二、纳税义务人 …… 11

三、征税对象 …… 11

四、税目 …… 12

五、税率 …… 12

六、纳税环节 …… 15

七、纳税期限 …… 15

八、纳税地点 …… 15

九、减税免税 …… 16

十、罚则 …… 16

十一、附则 …… 16

第五节　税收立法与我国现行税法体系 …… 16

一、税收管理体制的概念 …… 16

二、税收立法原则 …… 16

三、税收立法机关 …… 18

四、我国现行税法体系 …… 20

第六节　税收执法 …… 21

一、税务机构设置 …… 22

二、税款征收管理权限划分 …… 22
三、税收征收管理范围划分 …… 23
四、税收收入划分 …… 23
课后练习 …… 24
第二章 增值税法 …… 27
第一节 征税范围与纳税义务人 …… 28
一、征税范围 …… 29
二、纳税义务人和扣缴义务人 …… 32
第二节 增值税一般纳税人和小规模纳税人的认定与管理 …… 32
一、增值税一般纳税人的认定与管理 …… 32
二、小规模纳税人的认定与管理 …… 34
第三节 税率与征收率 …… 34
一、基本税率 …… 35
二、低税率 …… 35
三、零税率 …… 38
四、征收率 …… 38
第四节 增值税的计税方法 …… 39
一、一般计税方法 …… 40
二、简易计税方法 …… 40
三、扣缴计税方法 …… 40
第五节 一般计税方法应纳税额的计算 …… 40
一、销项税额的计算 …… 41
二、进项税额的计算 …… 45
三、应纳税额计算的相关规定 …… 47
第六节 简易计税方法应纳税额的计算 …… 50
一、应纳税额的计算 …… 50
二、含税销售额的换算 …… 50
第七节 特殊经营行为的税务处理 …… 51
一、混业经营 …… 51
二、混合销售行为 …… 51
三、兼营非增值税应税劳务 …… 52
第八节 进口货物征税 …… 52
一、进口货物的征税范围及纳税人 …… 52
二、进口货物的适用税率 …… 53
三、进口货物应纳税额的计算 …… 53

第九节　出口货物和服务的退（免）税……54
一、出口货物退（免）税基本政策……54
二、出口货物和劳务及应税服务增值税退（免）税办法……55
三、增值税出口退税率……55
四、增值税退（免）税的计税依据……55
第十节　税收优惠……55
一、《增值税暂行条例》规定的免税项目……55
二、增值税起征点的规定……56
三、其他有关减免税的规定……56
第十一节　征收管理……56
一、纳税义务发生时间……56
二、纳税期限……57
三、纳税地点……58
第十二节　增值税专用发票的使用与管理……58
一、增值税专用发票的联次……59
二、增值税专用发票的开票限额……59
三、增值税专用发票的领购……59
四、增值税专用发票的开具范围……60
五、增值税专用发票的开具要求……60
六、开具增值税专用发票后发生退货或开票有误的处理……60
课后练习……61
第三章　消费税法……65
第一节　纳税义务人与征税范围……66
一、纳税义务人……66
二、征税范围……67
第二节　税目与税率……68
一、税目……68
二、税率……72
第三节　计税依据……74
一、从价计征……74
二、从量计征……75
三、从价从量复合计征……76
四、计税依据的特殊规定……76
第四节　应纳税额的计算……77
一、生产销售环节应纳消费税的计算……77

二、委托加工环节应税消费品应纳税的计算 …… 80
三、进口环节应纳消费税的计算 …… 82
四、已纳消费税扣除的计算 …… 83
第五节 征收管理 …… 85
一、纳税义务发生时间 …… 85
二、纳税期限 …… 85
三、纳税地点 …… 86
课后练习 …… 86
第四章 企业所得税法 …… 90
第一节 纳税义务人、征税对象与税率 …… 91
一、纳税义务人 …… 91
二、征税对象 …… 92
三、税率 …… 93
第二节 应纳税所得额的计算 …… 93
一、收入总额 …… 94
二、不征税收入和免税收入 …… 95
三、扣除项目的原则、范围和标准 …… 96
四、不得扣除的项目 …… 101
五、亏损弥补 …… 101
第三节 资产的税务处理 …… 102
一、固定资产的税务处理 …… 102
二、生物资产的税务处理 …… 104
三、无形资产的税务处理 …… 104
四、长期待摊费用的税务处理 …… 105
五、存货的税务处理 …… 105
六、投资资产的税务处理 …… 106
七、税法规定与会计规定差异的处理 …… 106
第四节 税收优惠 …… 107
一、免征与减征优惠 …… 107
二、高新技术企业优惠 …… 108
三、小型微利企业优惠 …… 109
四、加计扣除优惠 …… 109
五、创投企业优惠 …… 110
六、加速折旧优惠 …… 110
七、减计收入优惠 …… 110

八、税额抵免优惠 …… 111
九、民族自治地方优惠 …… 111
十、非居民企业优惠 …… 112
第五节 应纳税额的计算 …… 112
一、居民企业应纳税额的计算 …… 112
二、中国境外所得抵扣税额的计算 …… 114
三、居民企业核定征收应纳税额的计算 …… 114
第六节 征收管理 …… 116
一、纳税地点 …… 116
二、纳税期限 …… 117
三、纳税申报 …… 117
四、新增企业所得税征管范围调整 …… 117
课后练习 …… 118
第五章 个人所得税法 …… 122
第一节 纳税义务人与征税范围 …… 123
一、纳税义务人 …… 123
二、征税范围 …… 125
三、所得来源地的确定 …… 129
第二节 税率与应纳税所得额的确定 …… 130
一、税率 …… 130
二、应纳税所得额的规定 …… 132
第三节 应纳税额的计算 …… 136
一、工资、薪金所得应纳税额的计算 …… 137
二、个体工商户的生产、经营所得应纳税额的计算 …… 137
三、对企事业单位的承包经营、承租经营所得应纳税额的计算 …… 141
四、劳务报酬所得应纳税额的计算 …… 142
五、稿酬所得应纳税额的计算 …… 143
六、特许权使用费所得应纳税额的计算 …… 143
七、利息、股息、红利所得应纳税额的计算 …… 144
八、财产租赁所得应纳税额的计算 …… 144
九、财产转让所得应纳税额的计算 …… 144
十、偶然所得应纳税额的计算 …… 144
十一、其他所得应纳税额的计算 …… 145
十二、应纳税额计算中的特殊问题 …… 145
第四节 税收优惠 …… 148

第五节　境外所得的税额扣除 …… 149
第六节　征收管理 …… 150
一、自行申报纳税 …… 151
二、代扣代缴纳税 …… 154
三、核定征收 …… 156
四、个人财产对外转移提交税收证明或者完税凭证的规定 …… 156
课后练习 …… 157
第六章　关税法 …… 162
第一节　关税概述 …… 163
一、关税的特点 …… 163
二、立法原则 …… 163
第二节　关税的主要法律规定 …… 164
一、征税范围 …… 164
二、税率 …… 164
三、完税价格 …… 166
四、税款的缴纳、退补 …… 167
五、申诉程序 …… 168
课后练习 …… 168
第七章　其他税种 …… 171
第一节　房产税 …… 172
一、征收范围和计税依据 …… 172
二、税率 …… 172
三、纳税期限和纳税地点 …… 172
四、减免税规定 …… 172
第二节　契税 …… 173
一、计税依据 …… 173
二、税率 …… 173
三、其他法律规定 …… 173
第三节　资源税 …… 173
一、纳税主体 …… 173
二、税目和税额 …… 174
三、计税依据和计征办法 …… 174
四、减免税 …… 174
五、纳税时间和地点 …… 175
第四节　土地增值税 …… 175

一、纳税主体 …… 175
二、计税依据和扣除项目 …… 175
三、税率 …… 176
四、减免税 …… 176
第五节　城镇土地使用税和耕地占用税 …… 176
一、城镇土地使用税 …… 176
二、耕地占用税 …… 178
第六节　印花税 …… 178
一、征税范围 …… 179
二、税率 …… 179
三、免征印花税的规定 …… 179
四、印花税的缴纳 …… 180
五、行政责任 …… 180
第七节　车船使用税 …… 180
课后练习 …… 181
第八章　税收征收管理 …… 186
第一节　税收征收管理概述 …… 187
第二节　税务管理 …… 187
一、税务登记 …… 187
二、账簿和凭证管理 …… 189
三、纳税申报 …… 191
第三节　税款征收 …… 191
一、税款征收机关和方式 …… 191
二、征纳双方的权利和义务 …… 193
第四节　税务检查 …… 194
一、税务检查的概念和意义 …… 194
二、税务检查的内容和征纳双方的权利义务 …… 195
第五节　法律责任 …… 195
一、对违反发票管理法规的行为和处罚 …… 195
二、对纳税人、扣缴义务人违法行为的处罚 …… 196
三、对税务人员违法行为的处罚 …… 197
四、对纳税人、扣缴义务人犯罪行为的处罚 …… 198
第六节　税务争议的处理 …… 200
一、税务争议的概念 …… 200
二、解决税务争议的途径 …… 200

第七节　税务代理制度 …… 200

一、税务代理机构 …… 201

二、税务代理人 …… 201

三、税务代理 …… 202

课后练习 …… 204

参考文献 …… 207

附录　应税服务的具体范围 …… 208

第一章 税法总论

知识目标

1）了解税法的概念与分类，了解税收与税法的关系。

2）掌握税法的构成要素。

能力目标

1）能对税法体系中不同类型的税法进行区分。

2）能够理解权利主体、权利客体及税收法律关系。

重点难点

1）税收法律关系和税法的构成要素。

2）税法的分类和我国现行税法体系。

案例导入

2017年4月20日，孙丽到沈阳市皇姑区一家大型超市给单位买东西，由于时间仓促，她当时没有凭购物小票去服务台开具正式发票。公司要办理报销时，孙丽才想起来去开发票。当她拿着购物小票去索要发票时，却被超市拒绝了。孙丽这才注意到，超市小票下边有一行字："如领发票请在一个月内办理，无收银条，不予办理开发票和退货。"为什么要这样规定？工作人员解释说，超市结算报表等都是按月进行的，购物一个月后不能开发票也不是一家超市的规定，沈阳多数超市开具发票的时限是这样规定的。

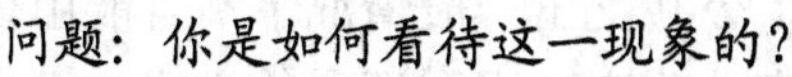

问题：你是如何看待这一现象的？

第一节　税法的基本内容

一、税收与现代国家治理

税收是政府为了满足社会公共需要，凭借政治权力，强制、无偿地取得财政收入的一种形式。我们必须在深入理解税收的基础上掌握税法的概念，而税收的内涵涉及税收的分配关系本质、国家税权和税收目的三个方面。

（一）税收的分配关系本质

税收是国家取得财政收入的一种重要工具，其本质是一种分配关系。国家要行使职能必须以一定的财政收入作为保障。取得财政收入的手段多种多样，如征税、发行货币、发行国债、收费、罚没等，其中税收是大部分国家取得财政收入的主要形式。我国自 1994 年实行税制改革以来，税收收入占财政收入的比重大多数年份维持在 90%以上，近几年随着非税收入（如土地拍卖收入等）的增加，税收收入占财政收入总额的比重有时会低于 90%。在社会再生产过程中，分配是连接生产与消费的必要环节，在市场经济条件下，分配主要是对社会产品价值的分割。税收解决的是分配问题，是国家参与社会产品价值分配的法定形式，处于社会再生产的分配环节，因而它体现的是一种分配关系。

（二）国家税权

国家征税的依据是政治权力，有别于按要素进行的分配。国家通过征税，将一部分社会产品由纳税人所有转变为国家所有，因此征税的过程实际上是国家参与社会产品的分配过程。国家与纳税人之间形成的这种分配关系与社会再生产中形成的一般分配关系不同。分配问题涉及两个基本问题：一是分配的主体。税收分配是以国家为主体进行的分配，而一般分配则是以各生产要素的所有者为主体进行的分配。二是分配的依据。税收分配是国家凭借政治权力进行的分配，而一般分配则是基于生产要素进行的分配。

（三）税收目的

国家征税的目的是满足社会公共需要。国家在履行其公共职能的过程中必然要有一定的公共支出。公共产品提供的特殊性决定了公共支出一般情况下不可能由公民个人、企业采取自愿出价的方式，只能采用由国家（政府）强制征税的方式，而由经济组织、单位和个人来负担。国家征税的目的是满足提供社会公共产品的需要，以及弥补市场失灵、促进公平分配等。同时，国家征税也要受到所提供的公共产品规模和质量的制约。

随着现代国家治理越来越复杂，需要税收在其中发挥更大的作用。税收已经不仅仅是经济领域的问题，更是政治领域、社会领域的问题。税收在现代国家治理中的作用主要体现在以下几个方面。

1）税收为现代国家治理提供最基本的财力保障。随着国际竞争的日益加剧，各种经济、政治和文化因素的渗透，一国的政治体制、经济实力和文化社会环境等决定了一国的国际竞争能力，也决定了一国政府受民众欢迎的程度和社会的稳定。而为提供更好的公共产品和更大程度地满足民众对美好生活的向往，政府必须以一定的财力作为支持，这种支持在现代国家中主要通过税收体现。从这个意义上来说，税收是真正的“国家治理的基础和重要支柱”。如果没有科学的税收制度和完善的税收法律作为保障，就无法发挥税收的基础性和支柱性作用。

2）税收是确保经济效率、政治稳定、政权稳固、不同层次政府正常运行的重要工具。正如《中共中央关于全面深化改革若干重大问题的决定》中指出“科学的财税体制是优化资源配置、维护市场统一、促进社会公平、实现国家长治久安的制度保障”。税收收入在不同政府层级之间科学合理的划分、合理的税收负担、科学的税收政策决定了经济运行的效率，而政府运行的有效性和科学化，也关乎政府运行的正常化和政权的稳定。

3）税收是促进构建现代市场体系、促进社会公平正义的重要手段。现代市场体系要求市场的公开、公正和有效，我国传统经济体制下政府对宏观经济的过多干预，影响了市场的公正性。为适应现代市场经济的需求，税收作为一种重要的经济手段，应以不影响市场主体的正常经营决策为前提，尽量保持中性。同时税收通过再分配功能纠正国民收入初次分配中的不平衡，从而有助于实现分配的公平化。

4）税收是促进依法治国、推进法治社会建立、促进社会和谐的重要载体。政府根据税法征税，公民和法人依照税法纳税由此形成的税收法律关系是政府和公民的基本关系之一。因为税收涉及公民的基本利益，征税直接影响公民和法人的可直接支配收入；税收的使用即通过预算进行的财政支出也直接影响公民和法人的公共需要的满足程度。在现代国家治理中，税收的开征、征收过程和税款的使用过程都直接受到公民和法人的强烈关注，因此税收也直接影响一国法治的进程。如果在税收征纳和税款使用过程中最大限度地实现公开、透明、高效，则税收会成为推进社会和谐的重要载体；反之，则会成为影响社会稳定的直接因素。

5）税收是一国在国际经济和政治交往中的重要政策工具，也是维护国家权益的重要手段。近几年国际贸易领域纷争不断，各国除了通过正常的国际贸易争端解决机制，还运用了包括惩罚性关税等在内的经济手段。在国际税收领域，税收协定的签订也是促进国际交往的重要方式。

小贴士

财政收入中的债、利、费

国债是自愿认购的，政府不能强制推销；国债到期要还本付息，是有偿的；国债的发行量受经济因素影响，发行规模和发行时间也难以确定。

国有企业利润凭借财产权利取得，不具有强制性；它是同一所有制的内部分配形式，不涉及无偿性的问题；在上缴比例、上缴期限、扣除项目等方面没有严格约束。

政府性规费由各级公安、司法、民政、工商行政管理等部门收取，通常是为了满足本单位的业务支出需要。规费不是无偿收取的，它是对国家机关提供服务的一种补偿。

二、税法的概念和本质

税法是国家制定的，用以调整国家与纳税人之间在征纳税方面的权利及义务关系的法律规范的总称。税法构建了国家及纳税人依法征税、依法纳税的行为准则体系，其目的是保障国家利益和纳税人的合法权益，维护正常的税收秩序，保证国家的财政收入。税法体现为法律这一规范形式，是税收制度的核心内容。一国税收制度是在税收分配活动中税收征纳双方所应遵守的行为规范的总和。其内容主要包括各个税种的法律法规及为了保证这些税法得以实施的税收征管制度和税收管理体制。

税法的本质是正确处理国家与纳税人之间因税收而产生的税收法律关系和社会关系，既要保证国家税收收入，也要保护纳税人的权利，两者缺一不可。片面强调国家税收收入或纳税人权利都不利于社会的和谐发展。如果国家征收不到充足的税款，就无法履行其公共服务的职能，无法提供公共产品，最终不利于保障纳税人的利益。从这层意义上讲，税法的核心在于兼顾和平衡纳税人权利，在保障国家税收收入稳步增长的同时，也保证对纳税人权利的有效保护，这是税法的核心要义。

三、税法的目标和功能

税法调整的对象涉及社会经济活动的各个方面，与国家的整体利益及企业、单位、个人的直接利益有着密切的关系。正确认识税法的目标和功能，对于我们在实际工作中准确地把握税法的基本价值取向，提高税收法治水平，推动税收事业各项工作的开展，具有重要的意义。我国税法的主要目标和功能体现在以下几个方面。

（一）为国家组织财政收入提供法律保障

为了维护国家机器的正常运转及促进国民经济的健康发展，政府必须筹集大量的资金，即组织国家财政收入。为了保证税收组织财政收入职能的发挥，必须以法律的形式确定企业、单位和个人履行纳税义务的具体项目、数额和纳税程序，惩治偷、逃税款的行为，防止税款流失，保证国家依法征税，及时足额地取得税收收入。针对我国税费并存（政府收费）的宏观分配格局，今后一段时期，我国实施税制改革的一个重要方向就是要逐步提高税收收入占财政收入的比重，以规范和保障财政收入。

（二）成为调节经济的重要手段

我国建立和发展社会主义市场经济体制的一个重要的改革目标，就是国家要从过去主要运用行政手段直接管理经济，向主要运用法律、经济的手段宏观调控经济转变。税收作为国家宏观调控的重要手段，以法律的形式确定国家与纳税人之间的利益分配关系，调节社会成员的收入水平，调整产业结构和优化社会资源配置，使之符合国家的宏观经济政策；同时，以法律的平等原则，平衡纳税人的税收负担，鼓励平等竞争，为市场经济的发展创造良好的条件。例如，1994 年实施的《中华人民共和国增值税暂行条例》（以下简称《增值税暂行条例》）和《中华人民共和国消费税暂行条例》（以下简称《消费税暂行条例》），对于调整产业结构，促进商品的生产、流通，适应市场竞争机制的需求，都发挥了积极的作用。

（三）维护和促进现代市场经济秩序

税法的贯彻执行，涉及从事生产经营活动的每个单位和个人，一切经营单位和个人办理税务登记、建账建制、纳税申报，其各项经营活动都将纳入税法的规范制约和管理范围，都将较全面地反映纳税人的生产经营情况，从而规范税务机关合法征税，有效保护纳税人的合法权益。

第二节 税法在我国法律体系中的地位

一、税法是我国法律体系的重要组成部分

税法属于国家法律体系中的一部重要部门法，它是调整国家与各个经济单位及公民个人间分配关系的基本法律规范。税法的调整对象具有某一种性质的社会关系，它是划分各法律部门的基本因素，也是一个法律部门区别于其他法律部门的基本标志和依据。税法以税收关系为自己的调整对象，正是这一社会关系的特定性将税法同其他法律部门划分开来。因此，税法主要以维护公共利益而非个人利益为目的，在性质上属于公法。但与宪法、行政法、刑法等典型公法相比，税法仍具有一些私法的属性，如征税依据私法化、税收法律关系私法化、税法概念范畴私法化等。

税法是我国法律体系的重要组成部分。税法在我国法律体系中的地位是由税收在国

家经济活动中的重要性决定的。税收收入是政府取得财政收入的基本来源，而财政收入是维持国家机器正常运转的经济基础。同时税收还是国家宏观调控的重要手段，它是调整国家与企业和公民之间个人分配关系的最基本、最直接的方式。特别是在市场经济条件下，税收的上述作用表现得更为明显。税收与税法密不可分，有税必有法，无法不成税。现代国家大多奉行立宪征税、依法治税的原则，即政府的征税权由宪法授予，税收法律须经议会批准，税务机关履行职责必须依法办事，税务争讼要按法定程序解决。简而言之，国家的一切税收活动均以法定方式表现。因此，税收在国家经济活动中的重要性决定了税法在法律体系中的重要地位。

二、税法与其他法律的关系

涉及税收征纳关系的法律规范，除税法本身直接在税收实体法、税收程序法、税收争讼法、税收处罚法中规定外，在某种情况下也援引一些其他法律。深入辨析税法与其他法律间的关系属性，是明确税法适用范围的基础，同时对于增强税法与整个法治体系的协调性也是十分必要的。

（一）税法与宪法的关系

宪法在现代法治社会中具有最高的法律效力，是立法的基础。税法是国家法律的组成部分，是依据宪法的原则制定的。在我国，《中华人民共和国宪法》（以下简称《宪法》）作为国家的根本大法，是制定所有法律、法规的依据和章程。

《宪法》第五十六条规定："中华人民共和国公民有依照法律纳税的义务。"该条主要有两层含义，一是明确了国家可以向公民征税；二是明确了国家向公民征税要有法律依据。因此，《宪法》的这一条规定是立法机关制定税法并据此向公民征税及公民必须依照税法纳税的最直接的法律依据。

《宪法》还对国家保护公民的合法收入、财产所有权和保护公民的人身自由不受侵犯作出了规定。因此，在制定税法时，要规定公民应享受的各项权利及国家税务机关行使征税权的约束条件，同时要求税务机关在行使征税权时，不能侵犯公民的合法权益。

（二）税法与民法的关系

1. 税法和民法的区别

税法与民法间有明显的区别。民法是调整平等主体之间，也就是公民之间、法人之间、公民与法人之间财产关系和人身关系的法律规范，故民法调整方法的主要特点是平等、等价和有偿。而税法的本质是国家依据政治权力向公民征税，是调整国家与纳税人间关系的法律规范，这种税收征纳关系不是商品的关系，明显带有国家意志和强制的特点，其调整方法要采用命令和服从的方法，这是由税法与民法的本质区别决定的。

2. 税法与民法的联系

税法与民法间有内在的联系。当税法的某些规范同民法的规范基本相同时，税法一般援引民法条款。在征税过程中，经常涉及大量的民事权利和义务问题。例如，在印花税方面有关经济合同关系的成立、房产税中有关房屋的产权认定等问题，这些在民法中已予以规定，所以税法不再另行规定。

当涉及税收征纳关系的问题时，一般应以税法的规范为准则。例如，两个关联企业之间，一方以高进低出的价格与对方进行商业交易，再以其他方式从对方取得利益补偿，以达到避税的目的。虽然上述交易符合民法中规定的“民事活动应遵循自愿、公平、等价有偿、诚实信用”的原则，但是违反了税法规定，在确定纳税义务时应该按照税法的规定对此种交易的法律属性进行相应调整。

（三）税法与刑法的关系

税法与刑法有本质区别。刑法是关于犯罪、刑事责任与刑罚的法律规范的总和。税法则是调整税收征纳关系的法律规范，其调整的范围不同。两者也有着密切的联系，税法和刑法对于违反税法的行为都规定了处罚条款。但应该指出，违反了税法，并不一定就是违反了刑法。

第三节　税法原则及税收法律关系

一、税法原则

税法原则反映税收活动的根本属性，是税收法律制度建立的基础。税法原则包括税法基本原则和税法适用原则。以下主要介绍税法适用原则。

税法基本原则是统领所有税收规范的根本准则，为包括税收立法、执法、司法在内的一切税收活动所必须遵守。其中税收法定原则是税法基本原则的核心。

（一）税收法定原则

税收法定原则又称为税收法定主义，是指税法主体的权利和义务必须由法律加以规定，税法的各类构成要素必须且只能由法律予以明确。如果没有相应的法律为前提，国家则不能征税，公民也没有纳税的义务。税收法定原则贯穿税收立法和执法的全部领域，其内容包括税收要件法定原则和税务合法性原则。

1. 税收要件法定原则

税收要件法定原则是指有关纳税人、征税对象、课税标准等税收要件必须以法律形式作出规定，且有关征税要素的规定必须尽量明确。具体内容如下。

国家对其开征的任何税种都必须由法律对其进行专门确定才能实施。

国家对任何税种征税要素的变动都应当按相关法律的规定进行。

征税的各个要素不仅应当由法律作出专门的规定，这种规定还应当尽量明确。如果规定的不明确则会产生漏洞或者歧义。在税收的立法过程中对税收的各要素加以规定之后还应当采用恰当准确的用语，使之明确化，尽量避免使用模糊性的文字。

2. 税务合法性原则

税务合法性原则是指税务机关按法定程序依法征税，不得随意减征、停征或免征，无法律依据不征税。

税务合法性原则要求立法者在立法的过程中要对各个税种征收的法定程序加以明确规定，这既可以使纳税得以程序化，提高工作效率，节约社会成本，又可以尊重和保护税收债务人的程序性权利，促使其提高纳税的意识。

要求征税机关及其工作人员在征税过程中，必须按照税收程序法和税收实体法的规定来行使自己的职权，履行自己的职责，充分尊重纳税人的各项权利。

（二）税法的其他基本原则

1. 税收公平原则

税收公平原则一般包括税收横向公平和税收纵向公平，即税收负担必须根据纳税人的负担能力分配，负担能力相等，税负相同；负担能力不等，税负不同。税收公平原则源于法律上的平等性原则，所以许多国家的税法在贯彻税收公平原则的同时也特别强调“禁止不平等对待”的法理，禁止对特定纳税人给予歧视性对待，也禁止在没有正当理由的情况下对特定纳税人给予特别优惠。

2. 税收效率原则

税收效率原则包含两个方面：一是经济效率；二是行政效率。前者要求税法的制定要有利于资源的有效配置和经济体制的有效运行，后者要求提高税收行政效率，节约税收征管成本。

3. 实质课税原则

实质课税原则指应根据客观事实确定是否符合课税要件，并根据纳税人的真实负担能力决定纳税人的税负，而不能仅考虑相关的外观和形式。

二、税收法律关系

税收法律关系是税法所确认和调整的国家与纳税人之间、国家与国家之间及各级政府之间在税收分配过程中形成的权利与义务关系。国家征税与纳税人纳税形式上表现为利益分配的关系，但经过法律明确其双方的权利与义务后，这种关系实质上已上升为一种特定的法律关系。了解税收法律关系，对于正确理解国家税法的本质，严格依法纳税、依法征税都具有重要的意义。

（一）税收法律关系的构成

税收法律关系在总体上与其他法律关系一样，都是由税收法律关系的主体、客体和内容三方面构成的，但在其内涵上，税收法律关系具有一定的特殊性。

1. 税收法律关系的主体

法律关系的主体是指法律关系的参加者。税收法律关系的主体即税收法律关系中享有权利和承担义务的当事人。在我国，税收法律关系的主体包括征纳双方，一方是代表国家行使征税职责的国家行政机关，包括国家各级税务机关、海关和财政机关；另一方是履行纳税义务的人，包括法人、自然人和其他组织，在中国境内的外国企业、组织、外籍人、无国籍人，以及在中国境内虽然没有机构、场所但有来源于中国境内所得的外国企业或组织。在我国对税收法律关系中权利主体另一方的确定采取的是属地兼属人的原则。

2. 税收法律关系的客体

税收法律关系的客体即税收法律关系主体的权利、义务共同指向的对象，也就是征税对象。例如，所得税法律关系的客体就是生产经营所得和其他所得，财产税法律关系的客体即财产，流转税法律关系的客体就是货物销售收入或劳务收入。税收法律关系的客体也是国家利用税收杠杆调整和控制的目标，国家在一定时期根据客观经济形势发展的需要，通过扩大或缩小征税范围、调整征税对象，以达到限制或鼓励国民经济中某些产业、行业发展的目的。

3. 税收法律关系的内容

税收法律关系的内容就是主体所享有的权利和所应承担的义务，这是税收法律关系中最实质的东西，也是税法的灵魂。它规定权利主体可以有什么行为、不可以有什么行为，若违反了这些规定，须承担相应的法律责任。税务机关的权利主要表现在依法进行征税、税务检查及对违章者进行处罚；其义务主要包括向纳税人宣传、接受咨询、辅导理解税法，及时把征收的税款解缴国库，依法受理纳税人对税收争议的申诉等。

纳税义务人的权利主要包括多缴税款申请退还权、延期纳税权、依法申请减免税权、申请复议和提起诉讼权等；其义务主要包括按税法规定办理税务登记、进行纳税申报、接受税务检查、依法缴纳税款等。

（二）税收法律关系的产生、变更和消灭

税法是引起税收法律关系的前提条件，但税法本身并不能产生具体的税收法律关系。税收法律关系的产生、变更和消灭必须有能够引起税收法律关系产生、变更和消灭的客观情况，也就是由税收法律事实决定。税收法律事实可以分为税收法律事件和税收法律行为。税收法律事件是指不以税收法律关系权利主体的意志为转移的客观事件。例如，自然灾害可以导致税收减免，从而改变税收法律关系内容的变化。税收法律行为是指税收法律关系主体在正常意志支配下进行的活动。例如，纳税人开业经营即产生税收法律关系，纳税人转业或停业就会造成税收法律关系的变更或消灭。

（三）税收法律关系的保护

税收法律关系是同国家利益及企业和个人的权益相联系的。保护税收法律关系，实质上就是保护国家正常的经济秩序、保障国家财政收入、维护纳税人的合法权益。税收法律关系的保护形式和方法是多样的，税法中关于限期纳税、征收滞纳金和罚款的规定，《中华人民共和国刑法》（以下简称《刑法》）对构成逃税、抗税罪给予刑罚的规定，以及税法中对纳税人不服从税务机关征税处理决定，可以复议或提出诉讼的规定等都是对税收法律关系的直接保护。税收法律关系的保护对权利主体双方是平等的，不能只对一方保护，而对另一方不予保护。同时对其享有权利的保护，就是对其承担义务的制约。

第四节 税 法 要 素

税法要素是指各种单行税法具有的共同的基本要素的总称。首先，税法要素既包括实体性的，也包括程序性的；其次，税法要素是所有完善的单行税法都共同具备的，仅为某一税法所单独具有而非普遍性的内容，不构成税法要素，如扣缴义务人。税法要素一般包括总则、纳税义务人、征税对象、税目、税率、纳税环节、纳税期限、纳税地点、减税免税、罚则、附则等项目。

一、总则

总则主要包括立法依据、立法目的、适用原则等。

二、纳税义务人

纳税义务人又称纳税人或纳税主体，是税法规定的直接负有纳税义务的单位和个人。任何一个税种首先要解决的就是国家对谁征税的问题，如《中华人民共和国个人所得税》《增值税暂行条例》《消费税暂行条例》《中华人民共和国资源税暂行条例》（以下简称《资源税暂行条例》）《中华人民共和国印花税暂行条例》（以下简称《印花税暂行条例》）的第一条规定的都是该税种的纳税义务人。纳税义务人有两种基本形式：自然人和法人。自然人和法人是两个相对称的法律概念。自然人是基于自然规律而出生的，是有民事权利和义务的主体，既包括本国公民，也包括外国人和无国籍人。法人是自然人的对称根据，《中华人民共和国民法通则》（以下简称《民法通则》）第三十六条规定，法人是具有民事权利能力和民事行为能力，依法独立享有民事权利和承担民事义务的组织。我国的法人主要有四种：机关法人、事业法人、企业法人和社团法人。

税法中规定的纳税义务人有自然人和法人两种最基本的形式，按照不同的目的和标准，还可以对自然人和法人进行多种详细的分类，这些分类对国家制定区别对待的税收政策，发挥税收的经济调节作用，具有重要的意义。例如，自然人可划分为居民纳税人和非居民纳税人，个体经营者和其他个人等；法人可划分为居民企业和非居民企业，还可按企业的不同所有制性质来进行分类等。

与纳税义务人紧密联系的两个概念是代扣代缴义务人和代收代缴义务人。前者是指虽不承担纳税义务，但依照有关规定，在向纳税人支付收入、结算货款、收取费用时有义务代扣代缴其应纳税款的单位和个人，如出版社代扣作者稿酬所得的个人所得税等。如果代扣代缴义务人按规定履行了代扣代缴义务，税务机关将支付一定的手续费。反之，如果未按规定代扣代缴税款，造成应纳税款流失或将已扣缴的税款私自截留挪用、不按时缴入国库，一经税务机关发现，将要承担相应的法律责任。代收代缴义务人是指虽不承担纳税义务，但依照有关规定，在向纳税人收取商品或劳务收入时，有义务代收代缴其应纳税款的单位和个人。例如，《消费税暂行条例》规定，委托加工的应税消费品，除委托方为个人外，由受托方在向委托方交货时代收代缴税款。

三、征税对象

征税对象又叫课税对象、征税客体，指税法规定对什么物征税，是征纳税双方权利和义务共同指向的客体或标的物，是一种税区别于另一种税的重要标志。例如，消费税的征税对象是《消费税暂行条例》所列举的应税消费品，房产税的征税对象是房屋等。征税对象是税法最基本的要素，因为它体现着征税的最基本界限，决定着某一种税的基本征税范围。同时，征税对象也决定了各个不同税种的名称，如消费税、土地增值税、个人所得税等，这些税种因征税对象不同、性质不同，税种名称也就不同。征税对象按其性质，通常可划分为流转额、所得额、财产、资源、特定行为五大类，因此也将税收分为相应的五大类，即流转税（或称商品和劳务税）、所得税、财产税、资源税和特定行为税。

与征税对象相关的两个基本概念为税目和税基。税目本身也是一个重要的税法要素，下面将单独讨论。税基又称计税依据，是计算征税对象应纳税款的直接数量依据，它解决的是对征税对象课税的计算问题，是对课税对象的量的规定。例如，企业所得税应纳税额的基本计算方法是应纳税所得额乘以适用税率。其中，应纳税所得额是计算企业所得税应纳税额的数量基础，为所得税的税基。计税依据按照计量单位的性质，可分为两种基本形态：价值形态和物理形态。价值形态包括应纳税所得额、销售收入、营业收入等；物理形态包括面积、体积、容积、重量等。计税方法主要有两种，一种是从价计征，以价值形态作为税基，即按征税对象的货币价值计算，如生产销售化妆品应纳消费税税额是由化妆品的销售收入乘以适用税率计算产生的，其税基为销售收入，属于从价计征的方法。另一种是从量计征，即直接按征税对象的自然单位计算，如城镇土地使用税应纳税额是由占用土地面积乘以每单位面积应纳税额计算产生的，其税基为占用土地的面积，属于从量计征的方法。

四、税目

税目是在税法中对征税对象分类规定的具体的征税项目，反映具体的征税范围，是对征税对象质的界定。设置税目的目的首先是明确具体的征税范围，凡列入税目的即为应税项目，未列入税目的则不属于应税项目。其次是划分税目，这也是贯彻国家税收调节政策的需要，国家可以不同项目的利润水平及国家经济政策等为依据制定高低不同的税率，以体现不同的税收政策。并非所有税种都需要规定税目，有些税种不分征税对象的具体项目，一律按照征税对象的应税数额采用同一税率计征税款，因此一般无须设置税目，如企业所得税。有些税种的具体课税对象比较复杂，需要规定税目，如消费税等一般规定有不同的税目。

五、税率

税率是对征税对象的征收比例或征收额度。税率是计算税额的尺度，也是衡量税收负担轻重与否的重要标志。我国现行的税率主要有以下几种。

（一）比例税率

比例税率即对同一征税对象不分数额大小，规定相同的征收比例。我国的增值税、城市维护建设税、企业所得税等采用的是比例税率。比例税率在适用中又可分为三种具体形式。

1）单一比例税率，是指对同一征税对象的所有纳税人都适用同一比例税率。

2）差别比例税率，是指对同一征税对象的不同纳税人适用不同的比例征税。我国现行税法又分别按产品、行业和地区将差别比例税率划分为以下三种类型：一是产品差别比例税率，即对不同产品分别适用不同的比例税率，同一产品采用同一比例税率，如消费税、关税等；二是行业差别比例税率，即对不同行业分别适用不同的比例税率，同一行业采用同一比例税率，如增值税等；三是地区差别比例税率，即不同的地区分别适用不同的比例税率，同一地区采用同一比例税率，如我国的城市维护建设税等。

3）幅度比例税率，是指对同一征税对象，税法只规定最低税率和最高税率，各地区在该幅度内确定具体的适用税率。

比例税率具有计算简单、税负透明度高、有利于保证财政收入、有利于纳税人公平竞争、不妨碍商品流转额或非商品营业额扩大等优点，符合税收效率原则。但比例税率不能针对不同的收入水平实施不同的税收负担，在调节纳税人的收入水平方面难以体现税收的公平原则。

（二）超额累进税率

为解释超额累进税率，在此先说明累进税率和全额累进税率的区别。累进税率是指随着征税对象数量增大而提高的税率，即按征税对象的数额划分为若干等级，不同等级的征税数额分别适用不同的税率，征税数额越大，适用税率越高。累进税率一般在所得税中使用，可以充分体现对纳税人收入多的多征、收入少的少征、无收入的不征的税收原则，从而有效地调节纳税人的收入，正确处理税收负担的纵向公平问题。全额累进税率，是把征税对象的数额划分为若干等级，对每个等级分别规定相应的税率，当税基超过某个级距时，征税对象的全部数额都按提高后级距的相应税率征税。某三级全额累进税率表如表 1-1 所示。

表 1-1 某三级全额累进税率表

级数	全月应纳税所得额/元	税率/%
1	5 000 以下	10
2	5 000～20 000（含）	20
3	20 000 以上	30

运用全额累进税率的关键是查找每一个纳税人应税收入在税率表中所属的级次，与其对应的税率便是该纳税人适用的税率，全部税基乘以适用税率即可计算出应纳税额。例如，某纳税人某月应纳税所得额为 6 000 元，按表 1-1 所列税率，适用第二级次，其应纳税额为 6 000×20%=1 200（元）。

全额累进税率计算方法简便，但税收负担不合理，特别是在划分级距的临界点附近，税负呈跳跃式递增，甚至会出现税额增加超过征税对象数额增加的不合理现象，不利于鼓励纳税人增加收入。

超额累进税率指把征税对象按数额的大小分成若干等级，每一个等级规定一个税率，税率依次提高，但每一个纳税人的征税对象则依所属等级同时适用几个税率分别计算，将计算结果相加后得出应纳税款。某三级超额累进税率表如表1-2所示。

表1-2 某三级超额累进税率表

级数	全月应纳税所得额/元	税率/%	速算扣除数/元
1	5 000 以下	10	0
2	5 000～20 000（含）	20	500
3	20 000 以上	30	2 500

例如，某人某月应纳税所得额为6 000元，按表1-2所列税率，其应纳税额可以分步计算：

第一级的5 000元适用10%的税率，应纳税额为5 000×10% =500（元）；第二级的1 000元(6 000－5 000)适用20%的税率，应纳税额为1 000×20% =200（元）；

则该月应纳税额=5 000×10%＋1 000×20%＝700（元）。

目前我国采用这种税率的税种有个人所得税。在级数较多的情况下，分级计算然后相加的方法比较烦琐。为了简化计算，也可采用速算法。速算法的原理是因全额累进计算的方法比较简单，可将超额累进计算的方法转化为全额累进计算的方法。对于同样的征税对象数量，按全额累进方法计算的税额比按超额累进方法计算的税额多，即有重复计算的部分，这个多征的常数叫速算扣除数。用公式表示为

速算扣除数=按全额累进方法计算的税额-按超额累进方法计算的税额

公式移项得

按超额累进方法计算的税额=按全额累进方法计算的税额-速算扣除数

接上例某人某月应纳税所得额为6 000元，如果直接用6 000元乘以所对应级次的税率20%，则对于第一级次的5 000元应纳税所得额就出现了5 000×(20%-10%)的重复计算的部分。因为这5 000元仅适用10%的税率，而现在全部用20%的税率来计算，故多算了10%，这就是应该扣除的速算扣除数。如果用简化的方法计算，则应纳税额为6 000×20%-500 =700（元）。

（三）定额税率

定额税率即按征税对象确定的计算单位，直接规定一个固定的税额。目前采用定额税率的有城镇土地使用税和车船税等。

（四）超率累进税率

超率累进税率即以征税对象数额的相对率划分若干级距，分别规定相应的差别税率，相对率每超过一个级距，对超过的部分就按高一级的税率计算征税。目前我国税收

体系中采用这种税率的是土地增值税。

六、纳税环节

纳税环节主要指税法规定的征税对象在从生产到消费的流转过程中应当缴纳税款的环节，如流转税在生产和流通环节纳税、所得税在分配环节纳税等。纳税环节有广义和狭义之分。广义的纳税环节指全部征税对象在再生产中的分布情况，如资源税分布在资源生产环节，商品税分布在生产或流通环节，所得税分布在分配环节等。狭义的纳税环节特指应税商品在流转过程中应纳税的环节。商品从生产到消费要经历诸多流转环节，各个环节都存在销售额，都可能成为纳税环节。但考虑到税收对经济的影响、财政收入的需要及税收征管的能力等因素，国家常常对在商品流转过程中所征税种规定不同的纳税环节。

按照某税种征税环节的多少，可以将税种划分为一次课征制或多次课征制。合理选择纳税环节，对加强税收征管、有效控制税源，保证国家财政收入的及时、稳定、可靠，方便纳税人生产经营活动和财务核算，灵活机动地发挥税收调节经济的作用，具有十分重要的理论和实践意义。

七、纳税期限

纳税期限是指税法规定的关于税款缴纳时间方面的限定。税法关于纳税期限的规定，有以下几个概念。

1）纳税义务发生时间。纳税义务发生时间，是指应税行为发生的时间，如《增值税暂行条例》规定采取预收货款方式销售货物的，其纳税义务发生时间为货物发出的当天。

2）纳税期限，纳税人每次发生纳税义务后，不可能立即缴纳税款。税法规定了每种税的纳税期限，即每隔固定时间汇总一次纳税义务的时间。例如《增值税暂行条例》规定，增值税的具体纳税期限分别为 1 日、3 日、5 日、10 日、15 日、1 个月或者 1 个季度。纳税人的具体纳税期限，由主管税务机关根据纳税人应纳税额的大小分别核定；不能按照固定期限纳税的，可以按次纳税。

3）缴库期限，即税法规定的纳税期满后，纳税人将应纳税款缴入国库的期限。例如，《增值税暂行条例》规定，纳税人以 1 个月或者 1 个季度为 1 个纳税期的，自期满之日起 15 日内申报纳税；以 1 日、3 日、5 日、10 日或者 15 日为 1 个纳税期的，自期满之日起 5 日内预缴税款，于次月 1 日起 15 日内申报纳税并结清上月应纳税款。

八、纳税地点

纳税地点主要是指根据各个税种征税对象的纳税环节和有利于对税款的源泉控制而规定的纳税人（包括代征、代扣、代缴义务人）的具体纳税地点。

九、减税免税

减税免税主要是对某些纳税人和征税对象采取减少征税或者免予征税的特殊规定。

十、罚则

罚则主要是指对纳税人违反税法的行为采取的处罚措施。

十一、附则

附则一般规定与该法紧密相关的内容，如该法的解释权、生效时间等。

第五节　税收立法与我国现行税法体系

一、税收管理体制的概念

税收管理体制是在各级国家机构之间划分税权的制度。税收管理权限，包括税收立法权、税收法律法规的解释权、税种的开征或停征权、税目和税率的调整权、税收的加征和减免权等。如果按大类，可以简单地将税收管理权限划分为税收立法权和税收执法权两类。税权的划分有纵向划分和横向划分的区别。纵向划分是指税权在中央与地方国家机构之间的划分；横向划分是指税权在同级立法、司法、行政等国家机构之间的划分。我国的税收管理体制是税收制度的重要组成部分，也是财政管理体制的重要内容。

二、税收立法原则

税收立法是指有权力的机关依据一定的程序，遵循一定的原则，运用一定的技术，制定、公布、修改、补充和废止有关税收法律、法规、规章的活动。税收立法是税法实施的前提，有法可依、有法必依、执法必严、违法必究，是税收立法与税法实施过程中必须遵循的基本原则。

（一）税收立法原则的含义

税收立法原则是指税收立法活动中必须遵循的准则。我国的税收立法原则是根据我国的社会性质和具体国情确定的，是立法机关根据社会经济活动、经济关系，特别是税收征纳双方的特点确定的，并贯穿于税收立法工作始终的指导方针。税收立法主要应遵循以下几个原则：①从实际出发的原则；②公平原则；③民主决策的原则；④法律的稳定性、连续性与废、改、立相结合的原则。

税收立法权是制定、修改、解释或废止税收法律、法规、规章和规范性文件的权力。

它包括两个方面的内容：一是什么机关有税收立法权；二是各级机关的税收立法权是如何划分的。

（二）我国税收立法权划分的情况[①]和层次

1. 我国税收立法权划分的情况

1）中央税、中央与地方共享税及全国统一实行的地方税的立法权集中在中央，以保证中央政令统一，维护全国统一市场和企业平等竞争。其中，中央税是指维护国家权益、实施宏观调控所必需的税种，具体包括海关代征的消费税和增值税、关税、车辆购置税等。中央和地方共享税是指同经济发展直接相关的主要税种，具体包括增值税、企业所得税、个人所得税、证券交易印花税。地方税具体包括资源税、土地增值税、印花税、城市维护建设税、城镇土地使用税、房产税、车船税等。

2）依法赋予地方适当的地方税收立法权。我国地域辽阔，地区间经济发展水平不平衡，经济资源包括税源都存在着较大差异，这种状况给全国统一制定税收法律带来一定的难度。因此，随着分税制改革的进行，有前提地、适当地给地方下放一些税收立法权，使地方可以实事求是地根据自己特有的税源开征新的税种，促进地方经济的发展。这样，既有利于地方因地制宜地发挥当地的经济优势，同时也便于同国际税收惯例对接。

2. 我国税收立法权划分的层次

具体地说，我国税收立法权划分的层次如下。

1）全国性税种的立法权，即包括全部中央税、中央与地方共享税和在全国范围内征收的地方税税法的制定、公布和税种的开征、停征权，属于全国人民代表大会（以下简称全国人大）及其常务委员会（以下简称常委会）。

经全国人大及其常委会授权，全国性税种可先由国务院以“条例”或“暂行条例”的形式发布施行。经过一段时期后，再行修订并通过立法程序，由全国人大及其常委会正式立法。经全国人大及其常委会授权，国务院有制定税法实施细则、增减税目和调整税率的权力。经全国人大及其常委会的授权，国务院有税法的解释权；经国务院授权，国家税务主管部门（财政部和国家税务总局）有税收条例的解释权和制定税收条例实施细则的权力。

2）省级人民代表大会及其常务委员会有根据本地区经济发展的具体情况和实际需要，在不违背国家统一税法，不影响中央的财政收入，不妨碍我国统一市场的前提下，

① 2018 年 3 月 13 日，中共中央印发的《深化党和国家机构改革方案》提出，将省级和省级以下国税、地税机构合并，具体承担所辖区域内各项税收、非税收入征管等职责。该方案也提出了地方机构改革时间表，要求所有地方机构改革任务在 2019 年 3 月底前基本完成。

开征全国性税种以外的地方税种的税收立法权。税法的公布，税种的开征、停征，由省级人民代表大会及其常务委员会统一规定，所立税法在公布实施前须报全国人大常委会备案。

经省级人民代表大会及其常务委员会授权，省级人民政府有本地区地方税法的解释权和制定税法实施细则、调整税目、税率的权力，也可在上述规定的前提下，制定一些税收征收办法，还可以在全国性地方税条例规定的幅度内，确定本地区适用的税率或税额。上述权力除税法解释权外，在行使后和发布实施前须报国务院备案。

3）地区性地方税收的立法权应只限于省级立法机关或经省级立法机关授权同级政府，不能层层下放。所立税法可在全省（自治区、直辖市）范围内执行，也可只在部分地区执行。

三、税收立法机关

根据《宪法》、《中华人民共和国全国人民代表大会组织法》、《中华人民共和国国务院组织法》及《中华人民共和国地方各级人民代表大会和地方各级人民政府组织法》（以下简称《地方各级人民代表大会和地方各级人民政府组织法》）的规定，我国的立法体制是全国人大及其常委会行使立法权，制定法律；国务院及所属各部委，有权根据宪法和法律制定行政法规和规章；地方人民代表大会（以下简称地方人大）及其常务委员会，在不与宪法、法律、行政法规相抵触的前提下，有权制定地方性法规，但须报全国人大常委会和国务院备案；民族自治地方的人民代表大会有权依照当地民族政治、经济和文化的特点，制定自治条例和单行条例。

各有权机关根据国家立法体制规定所制定的一系列税收法律、法规、规章和规范性文件，构成了我国的税收法律体系。需要说明的是，税法有广义和狭义之分。广义概念上的税法包括所有调整税收关系的法律、法规、规章和规范性文件，是税法体系的总称；而狭义概念上的税法，特指由全国人大及其常委会制定和颁布的税收法律。由于制定税收法律、法规和规章的机关不同，其法律级次不同，因此其法律效力也不同。下面简单地予以介绍。

1. 全国人大和全国人大常委会

（1）全国人大和全国人大常委会制定的税收法律

《宪法》第五十八条规定："全国人民代表大会和全国人民代表大会常务委员会行使国家立法权。"上述规定确定了我国税收法律的立法权由全国人大及其常委会行使，其他任何机关都没有制定税收法律的权力。在国家税收中，凡是基本的、全局性的问题，例如，国家税收的性质，税收法律关系中征纳双方权利与义务的确定，税种的设置，税目、税率的确定等，都需要由全国人大及其常委会以税收法律的形式制定实施，并且在全国范围内，无论是国内纳税人还是涉外纳税人都普遍适用。在现行税法中，如《中华人民共和国企业所得税法》（以下简称《企业所得税法》）、《中华人民共和国个人所得税法》（以下简称《个人所得税法》）、《中华人民共和国税收征收管理法》（以下简称《税收征收管理法》）及1993年12月全国人大常委会通过的《关于外商投资企业和外国企业适用增值税、消费税、营业税等税收暂行条例的决定》都是税收法律。除《宪法》外，在税法体系中，税收法律具有最高的法律效力，是其他有权机关制定税收法规、规章的法律依据，其他各级有权机关制定的税收法规、规章，都不得与《宪法》和税收法律相抵触。

（2）全国人大或全国人大常委会授权立法

授权立法是指全国人大及其常委会根据需要授权国务院制定某些具有法律效力的暂行规定或者条例。授权立法与制定行政法规不同。国务院经授权立法所制定的规定或条例等，具有国家法律的性质和地位，它的法律效力高于行政法规，在立法程序上还须报全国人大常委会备案。1984年9月1日，全国人大常委会授权国务院改革工商税制和发布有关税收条例。1985年，全国人大授权国务院在经济体制改革和对外开放方面制定暂行的规定或者条例，都是授权国务院立法的依据。按照这两次授权立法，国务院从1994年1月1日起实施工商税制改革，制定实施了增值税、营业税、消费税、资源税、土地增值税、企业所得税六个暂行条例。授权立法，在一定程度上解决了我国经济体制改革和对外开放工作急需法律保障的问题。税收暂行条例的制定和公布施行，也为全国人大及其常委会的立法工作提供了有益的经验和条件，为这些条例在条件成熟时上升为法律做好了准备。

2. 国务院

国务院作为最高国家权力机关的执行机关，是最高的国家行政机关，拥有广泛的行政立法权。《宪法》规定，国务院可“根据宪法和法律，规定行政措施，制定行政法规，发布决定和命令”。行政法规作为一种法律形式，在我国的法律形式中处于低于宪法、法律和高于地方法规、部门规章、地方规章的地位，也是在全国范围内普遍适用的。行政法规的立法目的在于保证宪法和法律的实施，行政法规不得与宪法、法律相抵触，否则无效。国务院发布的《中华人民共和国企业所得税法实施条例》（以下简称《企业所得税法实施条例》）、《中华人民共和国税收征收管理法实施细则》（以下简称《税收征收管理法实施细则》）等，都是税收行政法规。

3. 地方人大及其常委会

地方人大及其常委会制定的税收地方性法规。根据《地方各级人民代表大会和地方各级人民政府组织法》的规定，省、自治区、直辖市的人民代表大会，以及省、自治区的人民政府所在地的市和经国务院批准的较大的市的人民代表大会有制定地方性法规的权力。由于我国在税收立法上坚持“统一税法”的原则，因此地方权力机关制定税收地方法规不是无限制的，而是要严格按照税收法律的授权行事。目前，除了海南省、民族自治地区按照全国人大授权立法规定，在遵循宪法、法律和行政法规的原则基础上，可以制定有关税收的地方性法规外，其他省、市一般无权自定税收地方性法规。

4. 国务院税务主管部门

国务院税务主管部门制定的税收部门规章。《宪法》第九十条规定："各部、各委员会根据法律和国务院的行政法规、决定、命令，在本部门的权限内，发布命令、指示和规章。"其制定规章的范围包括对有关税收法律、法规的具体解释、税收征收管理的具体规定、办法等，税收部门规章在全国范围内具有普遍适用效力，但不得与税收法律、行政法规相抵触。例如，财政部颁布的《中华人民共和国增值税暂行条例实施细则》（以下简称《增值税暂行条例实施细则》）、国家税务总局颁发的《税务代理试行办法》等都属于税收部门规章。

5. 地方政府

地方政府制定的税收地方规章。《地方各级人民代表大会和地方各级人民政府组织法》规定："省、自治区、直辖市的人民政府可以根据法律、行政法规和本省、自治区、直辖市的地方性法规，制定规章，报国务院和本级人民代表大会常务委员会备案。设区的市的人民政府可以根据法律、行政法规和本省、自治区的地方性法规，制定规章，报国务院和省、自治区的人民代表大会常务委员会、人民政府以及本级人民代表大会常务委员会备案。"按照"统一税法"的原则，上述地方政府制定税收规章都必须在税收法律、法规明确授权的前提下进行，并且不得与税收法律、行政法规相抵触。没有税收法律、法规的授权，地方政府是无权自定税收规章的，凡是越权自定的税收规章都没有法律效力。例如，国务院发布实施的城市维护建设税、车船税、房产税等地方性税种暂行条例，都规定省、自治区、直辖市人民政府可根据条例制定实施细则。

四、我国现行税法体系

税法内容十分丰富，涉及范围也极为广泛，各单行税收法律法规结合起来，就形成了完整配套的税法体系，共同规范和制约税收分配的全过程，是实现依法治税的前提和保证。从法律角度来讲，一个国家在一定时期内、一定体制下以法定形式规定的各种税收法律、法规的总和，称为税法体系。但从税收工作的角度来讲，税法体系往往被称为税收制度。一个国家的税收制度是指在既定的管理体制下设置的税种，以及与这些税种的征收、管理有关的，具有法律效力的各级成文法律、行政法规、部门规章等的总和。换句话说，税法体系就是通常所说的税收制度（以下简称税制）。

一个国家的税制，可按照构成方法和形式分为简单型税制和复合型税制。简单型税制主要是指税种单一、结构简单的税制，复合型税制主要是指由多个税种构成的税制。

在现代社会中，世界各国一般采用多个税种并存的复税型税制。一个国家为了有效取得财政收入或调节社会经济活动，必须设置一定数量的税种，并规定每种税的征收和缴纳办法，包括对什么征税、向谁征税、征多少税及何时纳税、何地纳税、按什么手续纳税和不纳税如何处理等。

因此，税制的内容主要有三个层次：一是不同的要素构成税种。构成税种的要素主要包括纳税义务人、征税对象、税目、税率、纳税环节、纳税期限、减税免税等。二是不同的税种构成税制。构成税制的具体税种，国与国之间差异较大，但一般包括所得税（直接税），如企业（法人）所得税、个人所得税；也包括商品课税（间接税），如增值税、消费税及其他一些税种，如财产税（房地产税、车船税）、关税、社会保障税等。三是规范税款征收程序的法律法规，如《税收征收管理法》等。

我国的现行税制就其实体法而言，是 1949 年中华人民共和国成立后经过几次较大的改革逐步演变而来的，按征税对象大致分为以下五类。

1）商品和劳务税类，包括增值税、消费税和关税，主要在生产、流通或者服务业中发挥调节作用。

2）所得税类，包括企业所得税、个人所得税，主要是在国民收入形成后，对生产经营者的利润和个人的纯收入发挥调节作用。

3）财产和行为税类，包括房产税、车船税、印花税、契税，主要是对某些财产和行为发挥调节作用。

4）资源税类，包括资源税、土地增值税和城镇土地使用税，主要是对因开发和利用自然资源差异而形成的级差收入发挥调节作用。

5）特定目的税类，包括城市维护建设税、车辆购置税、耕地占用税、船舶吨税和烟叶税，主要是为了达到特定目的，对特定对象和特定行为发挥调节作用。

现行税种中，除企业所得税、个人所得税、车船税是以国家法律的形式发布实施的外，其他税种都是经全国人大授权立法，由国务院以暂行条例的形式发布实施的。这些法律法规共同组成了我国的税收实体法体系。

第六节 税收执法

税法的实施即税法的执行。它包括税收执法和守法两个方面：一方面，要求税务机关和税务人员正确运用税收法律，并对违法者实施制裁；另一方面，要求税务机关、税务人员、公民、法人、社会团体及其他组织严格遵守税收法律。

税收执法权和行政管理权是国家赋予税务机关的基本权力，是税务机关实施税收管理和系统内部行政管理的法律手段。其中，税收执法权是指税收机关依法征收税款、依法进行税收管理活动的权力，具体包括税款征收管理权、税务检查权、税务稽查权、税务行政复议裁决权及其他税务管理权。

一、税务机构设置

根据我国经济和社会发展及实行分税制财政管理体制的需要，现行税务机构设置是中央政府设立国家税务总局（正部级），省及省以下税务机构分为国家税务局和地方税务局两个系统。

国家税务总局对国家税务局系统实行机构、编制、干部、经费的垂直管理，协同省级人民政府对省级地方税务局实行双重领导。

国家税务局系统包括省、自治区、直辖市国家税务局，地区、地级市、自治州、盟国家税务局，县、县级市、旗国家税务局，征收分局、税务所。征收分局、税务所是县级国家税务局的派出机构，前者一般按照行政区划、经济区划或者行业设置，后者一般按照经济区划或者行政区划设置。

省级国家税务局是国家税务总局直属的正厅（局）级行政机构，是本地区主管国家税收工作的职能部门，负责贯彻执行国家的有关税收法律、法规和规章，并结合本地实际情况制定具体实施办法。局长、副局长均由国家税务总局任命。

地方税务局系统包括省、自治区、直辖市地方税务局，地区、地级市、自治州、盟地方税务局，县、县级市、旗地方税务局，征收分局、税务所。省以下地方税务局实行上级税务机关和同级政府双重领导、以上级税务机关垂直领导为主的管理体制，即地区（市）、县（市）地方税务局的机构设置、干部管理、人员编制和经费开支均由所在省（自治区、直辖市）地方税务局垂直管理。

省级地方税务局是省级人民政府所属的主管本地区地方税收工作的职能部门，一般为正厅（局）级行政机构，实行地方政府和国家税务总局双重领导，以地方政府领导为主的管理体制。

国家税务总局对省级地方税务局的领导，主要体现在税收政策、业务的指导和协调，对国家统一的税收制度、政策的监督，组织经验交流等方面。省级地方税务局的局长人选由地方政府征求国家税务总局意见之后任免。

二、税款征收管理权限划分

《税收征收管理法》第二十八条规定，“税务机关依照法律、行政法规的规定征收税款”。

根据《国务院关于实行财政分税制有关问题的通知》等有关法律、法规的规定，我国现行税制下税收执法管理权限的划分大致如下。

根据《国务院关于实行分税制财政管理体制的决定》，按税种划分为中央和地方的收入。将维护国家权益、实施宏观调控所必需的税种划为中央税；将同国民经济发展直接相关的主要税种划为中央与地方共享税；将适合地方征管的税种划为地方税，并充实地方税税种，增加地方税收收入。同时根据按收入归属划分税收管理权限的原则，对中央税，其税收管理权由国务院及其税务主管部门（财政部和国家税务总局）掌握，由中央税务机构负责征收；对地方税，其管理权由地方人民政府及其税务主管部门掌握，由地方税务机构负责征收；对中央与地方共享税，原则上由中央税务机构负责征收，共享税中地方分享的部分，由中央税务机构直接划入地方金库。在实践中，由于税制在不断地完善，因此，税收的征收管理权限也在不断地完善。地方自行立法的地区性税，其管理权由省级人民政府及其税务主管部门掌握。

属于地方税收管理权限在省级及其以下的地区如何划分，由省级人民代表大会或省级人民政府决定。

除少数民族自治地区和经济特区外，各地均不得擅自停征全国性的地方税种。

经全国人大及其常委会和国务院的批准，民族自治区可以拥有某些特殊的税收管理权，如全国性地方税种某些税目税率的调整权及一般地方税收管理权以外的其他一些管理权等。

经全国人大及其常委会和国务院的批准，经济特区也可以在享有一般地方税收管理权之外，拥有一些特殊的税收管理权。

三、税收征收管理范围划分

目前，我国的税收分别由财政、税务、海关等系统负责征收管理。

国家税务局系统负责征收和管理的税种有增值税、消费税、车辆购置税，铁道部门、各银行总行、各保险总公司集中缴纳的营业税、所得税、城市维护建设税，中央企业缴纳的所得税，中央与地方所属企业、事业单位组成的联营企业、股份制企业缴纳的所得税，地方银行、非银行金融企业缴纳的所得税，海洋石油企业缴纳的所得税、资源税，部分企业的企业所得税，证券交易税（开征之前为对证券交易征收的印花税），个人所得税中对储蓄存款利息所得征收的部分，中央税的滞纳金、补税、罚款。

地方税务局系统负责征收和管理的税种有营业税，城市维护建设税（不包括上述由国家税务局系统负责征收管理的部分），地方国有企业、集体企业、私营企业缴纳的所得税，个人所得税（不包括对银行储蓄存款利息所得征收的部分），资源税，城镇土地使用税，耕地占用税，土地增值税，房产税，车船税，印花税，契税，地方税的滞纳金、补税、罚款。

在大部分地区，地方附加、契税、耕地占用税仍由地方财政部门征收和管理。

海关系统负责征收和管理的项目有关税、行李和邮递物品进口税，同时负责代征进出口环节的增值税和消费税。

四、税收收入划分

根据《国务院关于实行分税制财政管理体制的决定》，我国的税收收入分为中央政府固定收入、地方政府固定收入和中央政府与地方政府共享收入。

1. 中央政府固定收入

中央政府固定收入包括消费税（含进口环节海关代征的部分）、车辆购置税、关税、海关代征的进口环节增值税等。

2. 地方政府固定收入

地方政府固定收入包括城镇土地使用税、耕地占用税、土地增值税、房产税、车船税、契税。

3. 中央政府与地方政府共享收入

中央政府与地方政府共享收入主要包括以下几种。

1）增值税（不含进口环节由海关代征的部分）：中央政府分享75%，地方政府分享25%。

2）企业所得税：中国铁路总公司、各银行总行及海洋石油企业缴纳的部分归中央政府，其余部分中央与地方政府按60%与40%的比例分享。

3）个人所得税：除储蓄存款利息所得的个人所得税外，其余部分的分享比例与企业所得税相同。

4）资源税：海洋石油企业缴纳的部分归中央政府，其余部分归地方政府。

5）城市维护建设税：中国铁路总公司、各银行总行、各保险总公司集中缴纳的部分归中央政府，其余部分归地方政府。

6）印花税：证券交易印花税收入的97%归中央政府，其余3%和其他印花税收入归地方政府。

营业税改征增值税（以下简称“营改增”）试点期间保持现行财政体制基本稳定，原归属试点地区的营业税收入，改征增值税后收入仍归属试点地区，税款分别入库。因试点产生的财政减收，按现行财政体制由中央和地方分别负担。

课后练习

在线测试1

一、名词解释

1. 税制 2. 征税对象 3. 税法 4. 起征点 5. 税制体系

二、填空题

1. 以征税对象划分税种分为________、所得额、________、资源和特定行为五大类。

2. 税率的三种主要形式包括________、累进税率和________。

3. 税收法律关系包括________、客体和________三个要素。

4. 按照税收负担能否转嫁，税收可分为________和________。

5. 扣缴义务人是指税法规定的，在经营活动中负有________并向国库________义务的单位和个人。

6. 税收法律关系的保护方法主要包括行政手段和________。

7. 减税免税规定是对特定的________和特定的________所作的某种程序的减征税款或免征税款的规定。

8. 累进税率是随征税对象数额增大而________的税率。

9. 纳税人是指税法规定的直接负有纳税义务的________和________。

10. 比例税率在具体运用上分为________、差别比例税率、________。

三、判断题（判断对错，并将错误的改正过来）

1. 违章处理是对纳税人违反税法行为所采取的行政处罚措施。（　　）

2. 税法关系主体之间权利与义务是对等的。（　　）

3. 纳税人就是负税人，即最终负担国家征收税款的单位和个人。（　　）

4. 我国现行流转税包括增值税、关税、车船使用税、营业税和消费税。（　　）

5. 我国的税收诉讼法规仅在《税收征收管理法》中作了具体规定。（　　）

6. 征税对象是税收制度的基本要素之一，是税种相区别的主要标志。（　　）

7. 在处理国际税收协定与国内税法不一致的问题时，国内税法应处于优先地位，以不违反国内税法为准。（　　）

8. 我国现行税制是以流转税、所得税为主体，其他税与之相互配合的复合型税制体系。（　　）

9. 税收法律关系主体指的是税收法律关系主体双方的权利和义务所指向的对象。（　　）

10. 计税依据是税目的计量单位和征收标准。（　　）

四、多项选择题

1. 税收法律关系客体包括（　　）。

A. 货币　　B. 纳税主体　　C. 实物　　D. 行为

2. 累进税率又可分为（　　）。

A. 全额累进税率　B. 比例税率　C. 超率累进税率　D. 定额税率

3. 纳税期限是税收的（　　）在时间上的体现。

A. 固定性　B. 强制性　C. 返还性　D. 无偿性

4. 税目设计方法有（　　）。

A. 从价法　B. 从量法　C. 概括法　D. 列举法

5. 以资源为征税对象的税种是（　　）。

A. 资源税　B. 土地增值税　C. 营业税　D. 城镇土地使用税

6. 影响税制设计的主要因素是（　　）。

A. 社会经济发展水平　B. 税收管理水平

C. 国家政策取向　D. 纳税人的要求

7. 所得税税制的特点是（　　）。

A. 税负不易转嫁　B. 税负具有弹性

C. 征收及时便利　D. 税源分散

8. 税收按管理和受益权限划分为（　　）。

A. 直接税　B. 中央税

C. 中央与地方共享税　D. 地方税

9. 构成犯罪的税收违法行为包括（　　）。

A. 偷税罪　B. 虚开增值税专用发票罪

C. 抗税罪　D. 骗取国家出口退税罪

10. 我国现行的税收实体法包括（　　）等税种。

A. 印花税　B. 企业所得税

C. 关税　D. 个人所得税

五、问答题

1. 如何理解税制的含义？其意义是什么？

2. 如何理解税法的特征？

第二章 增值税法

知识目标

1）明确我国现行增值税的征税范围、纳税人和适用税率的规定。
2）熟悉增值税一般纳税人与小规模纳税人的认定标准。
3）掌握增值税一般纳税人销项税额的计算与进项税额的抵扣制度。
4）掌握增值税一般纳税人应纳税额的计算。
5）了解增值税专用发票的管理规定。

能力目标

掌握增值税的基本知识，并能够熟练运用增值税法的规定解决实际工作中的涉税问题。

重点难点

1）增值税的征税范围。
2）两类增值税纳税人的划分。
3）增值税税率的使用范围。
4）增值税应纳税额及出口退税的计算。

案例导入

甲棉纺织厂为增值税一般纳税人，2017 年 4 月发生以下经济业务：

1）向农业生产者购进棉花，买价 40 万元。

2）购进燃料动力花费 20 万元，增值税专用发票注明的进项税额为 3.4 万元，已在 4 月 15 日经过税务机关认证。

3）从小规模纳税人处购进辅助材料一批，对方开具的普通发票上列明价款为 1.5 万元。

4）购进不需安装的设备一台，增值税专用发票上注明的价款为 50 万元，增值税税额为 8.5 万元，已在 4 月 20 日经过税务机关认证。

5）本月销售产品销售额计 200 万元。

要求：根据上述资料，计算该厂当月应纳增值税税额。

增值税是以商品（含应税劳务和应税服务）在流转过程中产生的增值额作为征税对象而征收的一种流转税。按照我国增值税法的规定，增值税是对在我国境内销售货物或者提供加工、修理修配劳务（以下简称应税劳务），交通运输业、邮政业、电信业、部分现代服务业服务（以下简称应税服务），以及进口货物的企业单位和个人，就其销售货物、提供应税劳务、提供应税服务的增值额和货物进口金额为计税依据而课征的一种流转税。增值税法是指国家制定的用以调整增值税征收与缴纳之间权利及义务关系的法律规范。我国现行增值税的基本规范是国务院公布的《增值税暂行条例》。

增值税之所以能够在世界上的众多国家推广，是因为其可以有效地防止商品在流转过程中的重复征税问题，并使其具备保持税收中性、普遍征收、税收负担由最终消费者承担、实行税款抵扣制度、实行比例税率、实行价外税制度等特点。我国从 1979 年开始在部分城市试行生产型增值税。2008 年，国务院决定全面实施增值税改革，即将生产型增值税转为消费型增值税。2011 年年底，国家决定在上海试点“营改增”工作，从 2012 年 1 月 1 日起，在上海交通运输业和部分现代服务业开展“营改增”试点。自 2012 年 8 月 1 日起至年底，国务院扩大“营改增”试点至 8 个省市；2013 年 8 月 1 日，“营改增”范围已推广到全国试行，将广播影视服务业纳入试点范围。2014 年 1 月 1 日起，将铁路运输和邮政服务业纳入“营改增”试点，至此交通运输业已全部纳入“营改增”范围；2016 年 3 月 18 日召开的国务院常务会议决定，自 2016 年 5 月 1 日起，中国将全面推广“营改增”试点，将建筑业、房地产业、金融业、生活服务业全部纳入“营改增”试点，至此，营业税退出历史舞台，增值税制度更加规范。这是自 1994 年分税制改革以来，财税体制的又一次深刻变革。截至 2015 年年底，“营改增”累计实现减税 6 412 亿元。

第一节　征税范围与纳税义务人

增值税

根据《增值税暂行条例》和《营业税改征增值税试点实施办法》的规定，在中华人民共和国境内销售货物、提供应税劳务、提供应税服务及进口货物的单位和个人为增值税的纳税人。纳税人应当依照《增值税暂行条例》和《营业税改征增值税试点实施办法》的规定缴纳增值税。增值税的征税范围包括在中华人民共和国境内销售货物、提供应税劳务、提供应税服务及进口货物。中华人民共和国境内是指销售货物的起运地或者所在地在中华人民共和国境内、提供的应税劳务发生在中华人民共和国境内及应税服务提供方或者接受方在中华人民共和国境内。

一、征税范围

根据《增值税暂行条例》和《营业税改征增值税试点实施办法》的规定，我们将增值税的征税范围分为一般规定和具体规定。

（一）征税范围的一般规定

现行增值税征税范围的一般规定包括以下几个方面。

1. 销售或者进口的货物

货物是指有形动产，包括电力、热力、气体在内。销售货物是指有偿转让货物的所有权。

2. 提供的应税劳务

应税劳务是指纳税人提供的加工、修理修配劳务。加工是指受托加工货物，即委托方提供原料及主要材料，受托方按照委托方的要求制造货物并收取加工费的业务；修理修配是指受托对损伤和丧失功能的货物进行修复，使其恢复原状和功能的业务。提供应税劳务，是指有偿提供加工、修理修配劳务。有偿，是指从购买方取得货币、货物或者其他经济利益。单位或者个体工商户聘用的员工为本单位或者雇主提供加工、修理修配劳务的，不包括在内。

3. 提供的应税服务

应税服务主要包括陆路运输服务、水路运输服务、航空运输服务、管道运输服务、邮政特殊服务、其他邮政服务、基础电信服务、增值电信服务、研发和技术服务、技术服务、文化创意服务、物流辅助服务、有形动产租赁服务、鉴证咨询服务、广播影视服务。

（1）非营业活动中提供的应税劳务

提供应税服务，是指有偿提供应税服务，但不包括非营业活动中提供的应税服务。非营业活动，具体包括以下几种。

1）非企业性单位按照法律和行政法规的规定，为履行国家行政管理和公共服务职能收取政府性基金或者行政事业性收费的活动。

2）单位或者个体工商户聘用的员工为本单位或者雇主提供应税服务。

3）单位或者个体工商户为员工提供应税服务。

4）财政部和国家税务总局规定的其他情形。

（2）不属于在中国境内提供的应税服务

在中国境内提供应税服务，是指应税服务提供方或者接受方在中国境内。以下几种情形不属于在中国境内提供应税服务。

1）中国境外单位或者个人向中国境内单位或者个人提供完全在中国境外消费的应税服务。例如，中国境外单位或者个人为出境的函件、包裹在中国境外提供邮政服务和收派服务，属于完全在中国境外消费的应税服务。

2）境外单位或者个人向中国境内单位或者个人出租完全在境外使用的有形动产。

3）财政部和国家税务总局规定的其他情形。

（二）征税范围的具体规定

增值税的征税范围除了上述的一般规定外，还对经济实务中某些特殊项目或行为是否属于增值税的征税范围作出了具体规定。

1. 属于征税范围的特殊项目

货物期货（包括商品期货和贵金属期货）应当征收增值税。纳税人应在期货的实物交割环节纳税，其中，交割时采取由期货交易所开具发票的，以期货交易所为纳税人；交割时采取由供货的会员单位直接将发票开给购货会员单位的，以供货会员单位为纳税人。

交易所交易的期货保税交割标的物，仍按保税货物暂免征收增值税。银行销售金银的业务，应当征收增值税。典当业的死当物品销售业务和寄售业代委托人销售寄售物品的业务，均应征收增值税。电力公司向发电企业收取的过网费，应当征收增值税。

对从事热力、电力、燃气、自来水等公用事业的增值税纳税人收取的一次性费用，凡与货物的销售数量有直接关系的，征收增值税；凡与货物的销售数量无直接关系的，不征收增值税。

对增值税纳税人收取的会员费收入不征收增值税。

各燃油电厂从政府财政专户取得的发电补贴不属于增值税规定的价外费用，不计入应税销售额，不征收增值税。

纳税人提供的矿产资源开采、挖掘、切割、破碎、分拣、洗选等劳务，属于增值税应税劳务，应当缴纳增值税。

纳税人转让土地使用权或者销售不动产的同时一并销售的附着于土地或者不动产上的固定资产中，凡属于增值税应税货物的，应按照《财政部　国家税务总局关于部分货物适用增值税低税率和简易办法征收增值税政策的通知》（财税〔2009〕9号）第二条有关规定，计算缴纳增值税。“营改增”之后，中央层面虽然未专门发文明确该问题，但部分国税部门已通过发文方式明确统一按销售不动产征收增值税。

以积分兑换形式赠送的电信业服务，不征收增值税。

试点纳税人根据国家指令无偿提供的铁路运输服务、航空运输服务，属于以公益活动为目的的服务，不征收增值税。

根据现行增值税有关规定，融资性售后回租业务中，承租方出售资产的行为不属于增值税的征税范围，不征收增值税。

2. 属于征税范围的特殊行为

视同销售货物或视同提供应税服务行为。单位或者个体工商户的下列行为，视同销售货物。

1）将货物交付其他单位或者个人代销。

2）销售代销货物。

3）设有两个以上机构并实行统一核算的纳税人，将货物从一个机构移送至其他机构用于销售，但相关机构设在同一县（市）的除外。

4）将自产或者委托加工的货物用于非增值税应税项目。

5）将自产、委托加工的货物用于集体福利或者个人消费。

6）将自产、委托加工或者购进的货物作为投资提供给其他单位或者个体工商户。

7）将自产、委托加工或者购进的货物分配给股东或者投资者。

8）将自产、委托加工或者购进的货物无偿赠送其他单位或者个人。

9）单位和个体工商户向其他单位或者个人无偿提供应税服务，但以公益活动为目的或者以社会公众为对象的除外。

10）财政部和国家税务总局规定的其他情形。

上述十种行为应该确定为视同销售货物行为，均要征收增值税。其确定的目的主要有三个：一是保证增值税税款抵扣制度的实施，不致因发生上述行为而造成各相关环节税款抵扣链条的中断。如果不将其视同销售就会出现销售代销货物方仅有销项税额而无进项税额，而将货物交付其他单位或者个人代销方仅有进项税额而无销项税额的情况，就会出现增值税抵扣链条不完整。二是避免因发生上述行为而造成货物、应税劳务和应税服务销售税收负担不平衡的情况，防止出现以上述行为逃避纳税的现象。三是体现增值税计算的配比原则，即购进货物、应税劳务和应税服务已经在购进环节实施了进项税额抵扣，这些购进货物、应税劳务和应税服务应该产生相应的销售额，同时也应该产生相应的销项税额，否则就会产生不配比的情况。

3. 混合销售行为

一项销售行为如果既涉及货物又涉及非增值税应税劳务，为混合销售行为。

4. 兼营非增值税应税劳务行为

纳税人兼营非增值税应税项目的，应分别核算货物或者应税劳务的销售额和非增值税应税项目的营业额；未分别核算的，由主管税务机关核定货物或者应税劳务的销售额。

5. 混业经营

试点纳税人兼有不同税率或者征收率的销售货物、提供应税劳务或者应税服务的，应当分别核算适用不同税率或征收率的销售额，未分别核算销售额的，则服从高适用税率。

二、纳税义务人和扣缴义务人

（一）纳税义务人

根据《增值税暂行条例》和《营业税改征增值税试点实施办法》的规定，凡在中华人民共和国境内销售或者提供应税劳务和应税服务、进口货物的单位和个人都是增值税纳税义务人。单位，是指企业、行政单位、事业单位、军事单位、社会团体及其他单位。个人，是指个体工商户和其他个人。

在中华人民共和国境内销售或进口货物、提供应税劳务的单位租赁或承包给其他单位或者个人经营的承租人或承包人为纳税人。

（二）扣缴义务人

中华人民共和国境外的单位或者个人在中华人民共和国境内提供应税劳务和应税服务，在中华人民共和国境内未设有经营机构的，以其中华人民共和国境内代理人为扣缴义务人；在中华人民共和国境内没有代理人的，以购买方或接受方为扣缴义务人。

第二节　增值税一般纳税人和小规模纳税人的认定与管理

增值税实行凭专用发票抵扣税款的制度，客观上要求纳税人具备健全的会计核算制度和能力。在实际经济生活中我国增值税纳税人众多，会计核算水平差异较大，大量的小企业和个人还不具备用发票抵扣税款的条件，为了简化增值税的计算和征收程序，减少税收征管漏洞，按会计核算水平和经营规模将增值税纳税人分为增值税一般纳税人和小规模纳税人两类，分别采取不同的增值税计税方法。

一、增值税一般纳税人的认定与管理

（一）增值税一般纳税人的认定标准

增值税一般纳税人是指年应征增值税销售额（以下简称年应税销售额），超过财政部、国家税务总局规定的小规模纳税人标准的企业和企业性单位（以下简称企业）。年应税销售额，是指纳税人在连续不超过 12 个月的经营期内累计应征增值税销售额，包

括纳税申报销售额、稽查查补销售额、纳税评估调整销售额、税务机关代开发票销售额和免税销售额。其中，稽查查补销售额和纳税评估调整销售额计入查补税款申报当月的销售额，不计入税款所属期销售额。经营期，是指在纳税人存续期内的连续经营期间，含未取得销售收入的月份。

应税服务的年应征增值税销售额（以下称应税服务年销售额）超过财政部和国家税务总局规定标准的纳税人为增值税一般纳税人，未超过规定标准的纳税人为小规模纳税人。

兼有销售货物、提供应税劳务及应税服务的纳税人，应税货物及劳务销售额与应税服务销售额分别计算，分别适用增值税一般纳税人资格认定标准。

兼有销售货物、提供加工修理修配劳务及应税服务，且不经常发生应税行为的单位和个体工商户可选择按照小规模纳税人纳税。

试点实施前应税服务年销售额未超过500万元的试点纳税人，如符合相关规定条件，也可以向主管税务机关申请增值税一般纳税人资格认定。

（二）申请增值税一般纳税人资格的条件

年应税销售额未超过财政部、国家税务总局规定的小规模纳税人标准及新开业的纳税人，可以向主管税务机关申请增值税一般纳税人资格认定。对提出申请并且同时符合下列条件的纳税人，主管税务机关应当为其办理增值税一般纳税人资格认定：①有固定的生产经营场所；②能够按照国家统一的会计制度规定设置账簿，根据合法、有效的凭证核算，能够提供准确的税务资料。

（三）无须办理增值税一般纳税人资格认定的纳税人

无须办理增值税一般纳税人资格认定的纳税人包括个体工商户以外的其他个人，即自然人；选择按照小规模纳税人纳税的非企业性单位，即行政单位、事业单位、军事单位、社会团体和其他单位。选择按照小规模纳税人纳税的不经常发生应税行为的企业，即非增值税纳税人，不经常发生应税行为是指其偶然发生增值税应税行为。

应税服务年销售额超过规定标准的其他个人不属于增值税一般纳税人；不经常提供应税服务的非企业性单位、企业和个体工商户可选择按照小规模纳税人纳税。

试点实施前已取得增值税一般纳税人资格并兼有应税服务的试点纳税人，不需要重新申请认定，由主管税务机关制作、送达《税务事项通知书》，告知纳税人。

（四）增值税一般纳税人资格认定的所在地和权限

纳税人应当向其机构所在地主管税务机关申请增值税一般纳税人资格认定。一般纳税人资格认定的权限，在县（市、区）国家税务局或者同级别的税务分局（以下简称认定机关）。除国家税务总局另有规定外，纳税人一经认定为一般纳税人后，不得转为小规模纳税人。

二、小规模纳税人的认定与管理

（一）小规模纳税人的认定标准

小规模纳税人是指年销售额在规定标准以下，并且会计核算不健全，不能按规定报送有关税务资料的增值税纳税人。会计核算不健全是指不能正确核算增值税的销项税额、进项税额和应纳税额。

根据《增值税暂行条例》、《增值税暂行条例实施细则》和《营业税改征增值税试点实施办法》及相关文件的规定，小规模纳税人的认定标准：从事货物生产或者提供应税劳务的纳税人，以及以从事货物生产或者提供应税劳务为主，并兼营货物批发或者零售的纳税人，年应税销售额在 50 万元以下（含本数，下同）的；以从事货物生产或者提供应税劳务为主是指纳税人的年货物生产或者提供应税劳务的销售额占年应税销售额的比重在 50%以上的经营活动。

对上述规定以外的纳税人（不含提供应税服务的纳税人），年应税销售额在 80 万元以下的：①年应税销售额超过小规模纳税人标准的其他个人按小规模纳税人纳税；②非企业性单位、不经常发生应税行为的企业可选择按小规模纳税人纳税；对于应税服务年销售额超过规定标准但不经常提供应税服务的单位和个体工商户可选择按照小规模纳税人纳税。

应税服务年销售额标准为 500 万元，应税服务年销售额未超过 500 万元的纳税人为小规模纳税人。

（二）小规模纳税人的管理

小规模纳税人会计核算健全，能够提供准确税务资料的，可以向主管税务机关申请资格认定，不作为小规模纳税人。会计核算健全，是指能够按照国家统一的会计制度规定设置账簿，根据合法、有效的凭证核算。

◈想一想◈

武汉市国家税务局开出国内首张个人网店税单——对淘宝网某女装店征税430余万元。据称，在武汉的淘宝皇冠级以上网店都将被纳入该市税收征管范围。你对网店征税有何看法？

第三节　税率与征收率

我国增值税采用比例税率形式。为了发挥增值税的中性作用，原则上增值税的税率应该对不同行业、不同企业实行单一税率，称为基本税率。实践中为照顾一些特殊行业或产品也增设了低税率档次，对出口产品实行零税率。为了适应增值税纳税人分成两类的情况，故对这两类不同的纳税人又采用了不同的税率和征收率。

一、基本税率

增值税一般纳税人销售或者进口货物，提供应税劳务，提供应税服务，除低税率适用范围外，税率一律为17%，这就是通常所说的基本税率。

二、低税率

（一）增值税一般纳税人低税率的征收范围

增值税一般纳税人销售或者进口下列货物，按低税率11%计征增值税：粮食等农产品、食用植物油、食用盐；自来水、暖气、冷气、热水、煤气、石油液化气、天然气、沼气、居民用煤炭制品；图书、报纸、杂志、音像制品、电子出版物；饲料、化肥、农药、农机、农膜；国务院规定的其他货物。

（二）“营改增”应税服务税率

“营改增”应税服务税率为11%或6%，详细情况如表2-1所示。应税服务的具体范围见附录。

表2-1 增值税税率表

类别	应税行为		增值税税率/%
销售货物	销售或者进口货物（另有举例的货物除外）		17
	农产品（含粮食）、自来水、暖气、石油液化气、天然气、食用植物油、冷气、热水、煤气、居民用煤炭用品、食用盐、农机、饲料、农药、农膜、化肥、沼气、二甲醚、图书、报纸、杂志、录像制品、电子出版物		（2017年7月1日后调整）
提供加工、修理修配劳务			17
销售服务	交通运输服务	陆路运输服务	11
		水路运输服务	
		航空运输服务	
		管道运输服务	
	邮政服务	邮政普遍服务	11
		邮政特殊服务	
		其他邮政服务	
	电信服务	基础电信服务	11
		增值电信服务	6

续表

<table>
<tr><th>类别</th><th colspan="3">应税行为</th><th>增值税税率/%</th></tr>
<tr><td rowspan="36">销售服务</td><td rowspan="5">建筑服务</td><td colspan="2">工程服务</td><td rowspan="5">11</td></tr>
<tr><td colspan="2">安装服务</td></tr>
<tr><td colspan="2">修缮服务</td></tr>
<tr><td colspan="2">装饰服务</td></tr>
<tr><td colspan="2">其他建筑服务</td></tr>
<tr><td rowspan="4">金融服务</td><td colspan="2">贷款服务</td><td rowspan="4">6</td></tr>
<tr><td colspan="2">直接收费金融服务</td></tr>
<tr><td colspan="2">保险服务</td></tr>
<tr><td colspan="2">金融商品转让</td></tr>
<tr><td rowspan="27">现代服务</td><td rowspan="5">研发和技术服务</td><td>研发服务</td><td rowspan="5">6</td></tr>
<tr><td>技术转让</td></tr>
<tr><td>技术咨询</td></tr>
<tr><td>合同能源管理服务</td></tr>
<tr><td>工程勘查勘探服务</td></tr>
<tr><td rowspan="5">信息技术服务</td><td>软件服务</td><td rowspan="5">6</td></tr>
<tr><td>电路设计及测试服务</td></tr>
<tr><td>信息系统服务</td></tr>
<tr><td>业务流程管理服务</td></tr>
<tr><td>信息系统增值服务</td></tr>
<tr><td rowspan="5">文化创意服务</td><td>设计服务</td><td rowspan="5">6</td></tr>
<tr><td>商标和著作权转让服务</td></tr>
<tr><td>知识产权服务</td></tr>
<tr><td>广告服务</td></tr>
<tr><td>会议展览服务</td></tr>
<tr><td rowspan="9">物流辅助服务</td><td>航空服务</td><td rowspan="9">6</td></tr>
<tr><td>港口码头服务</td></tr>
<tr><td>货运客运场站服务</td></tr>
<tr><td>打捞救助服务</td></tr>
<tr><td>货物运输代理服务</td></tr>
<tr><td>代理报关服务</td></tr>
<tr><td>仓储服务</td></tr>
<tr><td>装卸搬运服务</td></tr>
<tr><td>收派服务</td></tr>
<tr><td rowspan="4">租赁服务</td><td>有形动产融资租赁服务</td><td>17</td></tr>
<tr><td>不动产融资租赁服务</td><td>11</td></tr>
<tr><td>有形动产经营租赁服务</td><td>17</td></tr>
<tr><td>不动产经营租赁服务</td><td>11</td></tr>
</table>

续表

类别	应税行为			增值税税率/%
销售服务	现代服务	签证咨询服务	认证服务	6
		租赁服务	有形动产经营租赁服务	17
			不动产经营租赁服务	11
		鉴证咨询服务	认证服务	6
			鉴证服务	
			咨询服务	
			代理记账	
			翻译服务	
		广播影视服务	广播影视节目（作品）制作服务	6
			广播影视节目（作品）发行服务	
			广播影视节目（作品）播映服务	
		商务辅助服务	企业管理服务	6
			经济代理服务	
		商务辅助服务	人力资源服务	6
			安全保护服务	
		其他现代服务		6
	生活服务	文化体育服务	文化服务	6
			体育服务	
		教育医疗服务	教育服务	
			医疗服务	
		旅游娱乐服务	旅游服务	
			娱乐服务	
		餐饮住宿服务	餐饮服务	
			住宿服务	
		居民日常服务		
		其他生活服务		
销售无形资产	技术	专利技术		6
		非专利技术		
	商标权			
	著作权			
	商誉			
	其他权益性无形资产	基础设施资产经营权		
		公共事业特许权		
		配额		
		经营权（包括特许经营权、连锁经营权、其他经营权）		
		经销权		
		分销权		
		代理权		
		会员权		
		席位权		
		网络游戏虚拟道具		

续表

<table>
<tr><th>类别</th><th colspan="2">应税行为</th><th>增值税税率/%</th></tr>
<tr><td rowspan="11">销售无形资产</td><td rowspan="5">其他权益性无形资产</td><td>域名</td><td rowspan="10">6</td></tr>
<tr><td>名称权</td></tr>
<tr><td>肖像权</td></tr>
<tr><td>冠名权</td></tr>
<tr><td>转会费</td></tr>
<tr><td rowspan="6">自然资源使用权</td><td>海域使用权</td></tr>
<tr><td>探矿权</td></tr>
<tr><td>采矿权</td></tr>
<tr><td>取水权</td></tr>
<tr><td>其他自然资源使用权</td></tr>
<tr><td>土地使用权</td><td>11</td></tr>
<tr><td rowspan="2">销售不动产</td><td colspan="2">建筑物</td><td rowspan="2">11</td></tr>
<tr><td colspan="2">构筑物</td></tr>
</table>

三、零税率

纳税人出口货物和财政部、国家税务总局规定的应税服务，税率为零；但是，国务院另有规定的除外。

四、征收率

增值税对小规模纳税人及一些特殊情况采用简易征收办法，对小规模纳税人及特殊情况适用的税率称为征收率。

（一）一般规定

考虑到小规模纳税人经营规模小，且会计核算不健全，难以按上述增值税税率计税和使用增值税专用发票抵扣进项税款，因此实行按销售额与征收率计算应纳税额的简易办法。自2009年1月1日起，小规模纳税人增值税征收率由过去的6%和4%一律调整为3%，不再设置工业和商业两档征收率。征收率的调整由国务院决定。

根据《营业税改征增值税试点实施办法》的规定，交通运输业、邮政业、电信业和部分现代服务业“营改增”中的小规模纳税人适用3%的征收率。

之所以调整小规模纳税人的征收率，有两个原因：一是为了平衡小规模纳税人与增值税一般纳税人之间的税收负担水平，并且促进中小企业的发展和扩大就业，需要相应降低小规模纳税人的征收率；二是考虑到现实经济活动中小规模纳税人混业经营现象十分普遍，实际征管中难以明确划分工业和商业小规模纳税人。所以对小规模纳税人不再区分工业和商业设置两档征收率，将小规模纳税人的征收率统一降低至3%。

（二）特殊规定

1. 纳税人销售自己使用过的物品

纳税人销售自己使用过的物品，按下列政策执行。

1）增值税一般纳税人销售自己使用过的属于《增值税暂行条例》规定不得抵扣且未抵扣进项税额的固定资产，按照简易办法依照3%征收率减按2%征收增值税。

2）增值税一般纳税人销售自己使用过的除固定资产以外的物品，应当按照适用税率征收增值税。

3）小规模纳税人（除其他个人外，下同）销售自己使用过的固定资产，减按2%征收率征收增值税。

4）小规模纳税人销售自己使用过的除固定资产以外的物品，应按3%的征收率征收增值税。

5）纳税人销售旧货，按照简易办法依照3%征收率减按2%征收增值税。所称旧货，是指进入二次流通的具有部分使用价值的货物（含旧汽车、旧摩托车和旧游艇），但不包括自己使用过的物品。

上述纳税人销售自己使用过的固定资产、物品和旧货适用按照简易办法依照3%征收率减按2%征收增值税的，按下列公式确定销售额和应纳税额：

$$销售额=含税销售额\div(1+3\%) \qquad (2\text{-}1)$$

$$应纳税额=销售额\times2\% \qquad (2\text{-}2)$$

2. 增值税一般纳税人选择简易办法计算缴纳增值税

增值税一般纳税人选择简易办法计算缴纳增值税后，36个月内不得变更。

3. 增值税一般纳税人销售货物暂按3%征收率的情形

增值税一般纳税人销售货物属于下列情形之一的，暂按简易办法依照3%征收率计算缴纳增值税。

1）寄售商店代销寄售物品（包括居民个人寄售的物品在内）。

2）典当业销售死当物品。

第四节　增值税的计税方法

增值税的计税方法，包括一般计税方法、简易计税方法和扣缴计税方法。

一、一般计税方法

增值税一般纳税人销售货物或者提供应税劳务和应税服务适用一般计税方法计税。其计算公式为

当期应纳增值税税额=当期销项税额-当期进项税额　　　　(2-3)

但是，增值税一般纳税人销售或提供财政部和国家税务总局规定的特定的货物、应税劳务、应税服务，可以选择适用简易计税方法计税，一经选择，36个月内不得变更。

二、简易计税方法

小规模纳税人销售货物、提供应税劳务和应税服务适用简易计税方法计税。但是上述增值税一般纳税人销售或提供财政部和国家税务总局规定的特定的货物、应税劳务、应税服务，也可以选择适用简易计税方法计税。其计算公式为

当期应纳增值税税额=当期销售额(不含增值税)×征收率　　　　(2-4)

三、扣缴计税方法

中国境外单位或者个人在中国境内提供应税服务，在中国境内未设有经营机构的，扣缴义务人按照下列公式计算应扣缴税额：

应扣缴税额=接受方支付的价款÷(1+税率)×税率　　　　(2-5)

第五节　一般计税方法应纳税额的计算

我国目前对增值税一般纳税人采用的一般计税方法是国际上通行的购进扣税法，即先按当期销售额和适用税率计算出销项税额（这是对销售全额的征税），然后对当期购进项目向对方支付的税款进行抵扣，从而间接计算出对当期增值额部分的应纳税额。

增值税应纳税额计算

增值税一般纳税人销售货物或者提供应税劳务和应税服务的应纳税额，应该等于当期销项税额抵扣当期进项税额后的余额。其计算公式为

当期应纳税额=当期销项税额-当期进项税额

=当期销售额×适用税率-当期进项税额　　　　(2-6)

增值税一般纳税人当期应纳税额的多少，取决于当期销项税额和当期进项税额这两个因素。而当期销项税额的确定关键在于确定当期销售额。对当期进项税额的确定在税法中也做了一些具体的规定。纳税人在分别确定销项税额和进项税额的情况下，就不难计算出应纳税额。下面就按照这个逻辑进行介绍。

一、销项税额的计算

销项税额是指纳税人销售货物或者提供应税劳务和应税服务，按照销售额或提供应税劳务和应税服务收入与规定的税率计算并向购买方收取的增值税税额。其计算公式为

$$销项税额=销售额\times适用税率 \tag{2-7}$$

从销项税额的定义和式（2-7）中得出，它是由购买方在购买货物或者应税劳务和应税服务支付价款时，一并向销售方支付的税额。对于属于一般纳税人的销售方来说，在没有抵扣其进项税额前，销售方收取的销项税额还不是其应纳增值税税额。销项税额的计算取决于销售额和适用税率两个因素。在适用税率既定的前提下，销项税额的大小主要取决于销售额的大小。增值税适用税率的选择是比较简单的，因而销项税额计算的关键就是准确确定作为增值税计税依据的销售额。

（一）一般销售方式下的销售额

销售额是指纳税人销售货物或者提供应税劳务和应税服务向购买方（承受应税劳务和应税服务也视为购买方）收取的全部价款和价外费用。特别需要强调的是，尽管销项税额也是销售方向购买方收取的，但是由于增值税采用价外计税方式，用不含税价作为计税依据，因而销售额中不包括向购买方收取的销项税额。

价外费用，包括价外向购买方收取的手续费、补贴、基金、集资费、返还利润、奖励费、违约金、滞纳金、延期付款利息、赔偿金、代收款项、代垫款项、包装费、包装物租金、储备费、优质费、运输装卸费及其他各种性质的价外收费。但下列项目不包括在内。

1）受托加工应征消费税的消费品所代收代缴的消费税。

2）同时符合以下条件的代垫运输费用：承运部门的运输费用发票开具给购买方的；纳税人将该项发票转交给购买方的。

3）同时符合以下条件代为收取的政府性基金或者行政事业性收费：由国务院或者财政部批准设立的政府性基金，由国务院或者省级人民政府及其财政、价格主管部门批准设立的行政事业性收费；收取时开具省级以上财政部门印制的财政票据；所收款项全额上缴财政。

4）销售货物的同时代办保险等而向购买方收取的保险费，以及向购买方收取的代购买方缴纳的车辆购置税、车辆牌照费。

5）凡随同销售货物或提供应税劳务和应税服务向购买方收取的价外费用，无论其会计制度如何核算，均应并入销售额计算应纳税额。税法规定各种性质的价外收费都要并入销售额计算征税，目的是防止以各种名目的收费减少销售额逃避纳税的行为。上述四项允许不计入价外费用是因为在满足了上述相关条件后可以确认销售方在其中仅仅是代为收取了有关费用，这些价外费用确实没有形成销售方的收入。

应当注意，根据国家税务总局规定：对增值税一般纳税人（包括纳税人自己或代其

他部门）向购买方收取的价外费用和逾期包装物押金，应视为含税收入，在征税时换算成不含税收入再并入销售额。

6）销售额以人民币计算。纳税人以人民币以外的货币结算销售额的，应当折合成人民币计算。折合率可以选择销售额发生的当天或者当月1日的人民币汇率中间价。纳税人应当事先确定采用的折合率，确定后12个月内不得变更。

（二）特殊销售方式下的销售额

在销售活动中，为了达到促销的目的，有多种销售方式。不同销售方式下，销售者取得的销售额会有所不同。不同销售方式如何确定其计征增值税的销售额，既是纳税人关心的问题，也是税法必须分别予以明确规定的事情。税法对以下几种销售方式分别作出了规定。

1. 采取折扣方式销售

折扣销售是指销货方在销售货物或提供应税劳务和应税服务时，因购货方购货数量较大等而给予购货方的价格优惠（如购买5件，销售价格折扣10%；购买10件，销售价格折扣20%等）。根据税法规定，纳税人销售货物并向购买方开具增值税专用发票后，由于购货方在一定时期内累计购买货物达到一定数量，或者由于市场价格下降等原因，销货方给予购货方相应的价格优惠或补偿等折扣、折让行为，销货方可按现行《增值税专用发票使用规定》（国税发〔2006〕156号）的有关规定开具红字增值税专用发票。这里需要解释的内容如下。

1）折扣销售不同于销售折扣。销售折扣是指销货方在销售货物或提供应税劳务和应税服务后，为了鼓励购货方及早偿还货款而协议许诺给予购货方的一种折扣优待（如10天内付款，货款折扣2%；20天内付款，货款折扣1%；30天内全价付款）。销售折扣发生在销货之后，是一种融资性质的理财费用，因此销售折扣不得从销售额中减除。企业在确定销售额时应把折扣销售与销售折扣严格区分开。

2）销售折扣不同于销售折让。销售折让是指货物销售后，由于其品种、质量等购货方未予退货，但销货方需要给予购货方的一种价格折让。销售折让与销售折扣相比，虽然都是在货物销售后发生的，但销售折让是由于货物的品种和质量引起的销售额的减少，因此对销售折让可以以折让后的货款为销售额。

3）折扣销售仅限于货物价格的折扣。如果销货者将自产、委托加工和购买的货物用于实物折扣，则该实物款额不能从货物销售额中减除，且该实物应按《增值税暂行条例》“视同销售货物”中的“赠送他人”计算征收增值税。

纳税人采取折扣方式销售货物，如果销售额和折扣额在同一张发票上分别注明的，可按折扣后的销售额征收增值税。纳税人采取折扣方式销售货物，销售额和折扣额在同一张发票上分别注明是指销售额和折扣额在同一张发票上的“金额”栏分别注明的，可按折扣后的销售额征收增值税。未在同一张发票“金额”栏注明折扣额，而仅在发票的“备注”栏注明折扣额的，折扣额不得从销售额中减除。

《营业税改征增值税试点实施办法》也规定纳税人提供应税服务，将价款和折扣额在同一张发票上分别注明的，以折扣后的价款为销售额；未在同一张发票上分别注明的，以价款为销售额，不得扣减折扣额。

2. 采取以旧换新方式销售

以旧换新是指纳税人在销售自己的货物时，有偿收回旧货物的行为。根据税法规定，采取以旧换新方式销售货物的，应按新货物的同期销售价格确定销售额，不得扣减旧货物的收购价格。之所以这样规定，既是因为销售货物与收购货物是两个不同的业务活动，销售额与收购额不能相互抵减，也是为了严格增值税的计算征收，防止出现销售额不实、减少纳税的现象。考虑到金银首饰以旧换新业务的特殊情况，对金银首饰以旧换新业务，可以按销售方收取的不含增值税的全部价款征收增值税。

3. 采取还本销售方式销售

还本销售是指纳税人在销售货物后，到一定期限由销售方一次或分次退还给购货方全部或部分价款的行为。这种方式实际上是一种筹资行为，是以货物换取资金的使用价值，到期还本不付息的方法。税法规定，采取还本销售方式销售货物的，其销售额就是货物的销售价格，不得从销售额中减除还本支出。

4. 采取以物易物方式销售

以物易物是一种较为特殊的购销活动，是指购销双方不是以货币结算，而是以同等价款的货物相互结算，实现货物购销的一种方式。在实务中，有的纳税人以为以物易物不是购销行为，销货方收到购货方抵顶货款的货物，认为自己不是购货；购货方发出抵顶货款的货物，认为自己不是销货。这两种认识都是错误的。正确的方法应当是，以物易物双方都应作购销处理，以各自发出的货物核算销售额并计算销项税额，以各自收到的货物按规定核算购货额并计算进项税额。应注意，在以物易物活动中，销货方和购货方应分别开具合法的票据，如收到的货物不能取得相应的增值税专用发票或其他合法票据的，不能抵扣进项税额。

5. 包装物押金的税务处理

包装物是指纳税人包装本单位货物的各种物品。纳税人销售货物时另收取包装物押金，目的是促使购货方及早退回包装物以便周转使用。对包装物的押金是否计入货物销售额征收增值税呢？

税法规定，纳税人为销售货物而出租出借包装物收取的押金，单独记账核算的，时间在 1 年以内，又未过期的，不并入销售额征税，但对因逾期未收回包装物不再退还的押金，应按所包装货物的适用税率计算销项税额。上述规定中，逾期是指按合同约定实际逾期或以 1 年为期限，对收取 1 年以上的押金，无论是否退还均并入销售额征税。当然，在将包装物押金并入销售额征税时，需要先将该押金换算为不含税价，再并入销售额征税。纳税人为销售货物出租出借包装物而收取的押金，无论包装物周转使用期限长短，超过 1 年（含 1 年）以上仍不退还的均并入销售额征税。

对于销售除啤酒、黄酒外的其他酒类产品而收取的包装物押金，无论是否返还及会计上如何核算，均应并入当期销售额征税。对销售啤酒、黄酒所收取的押金，按上述一般押金的规定处理。另外，包装物押金不应混同于包装物租金，包装物租金在销货时作为价外费用并入销售额计算销项税额。

6. 对视同销售货物行为的销售额的确定

本章第一节“征税范围”中已列明了单位和个体工商户十种视同销售货物行为，如将货物交付他人代销，将自产、委托加工或购买的货物无偿赠送他人等。这十种视同销售行为中某些行为由于不是以资金的形式反映的，会出现无销售额的现象。因此，税法规定，对视同销售征税而无销售额的按下列顺序确定其销售额。

1）按纳税人最近时期同类货物的平均销售价格确定。

2）按其他纳税人最近时期同类货物的平均销售价格确定。

3）按组成计税价格确定。其计算公式为

$$组成计税价格=成本\times(1+成本利润率) \tag{2-8}$$

征收增值税的货物，同时又征收消费税的，在其组成计税价格中应加上消费税税额。其计算公式为

$$组成计税价格=成本\times(1+成本利润率)+消费税税额 \tag{2-9}$$

或

$$组成计税价格=成本\times(1+成本利润率)\div(1-消费税税率) \tag{2-10}$$

或

$$组成计税价格=[成本\times(1+成本利润率)+课税数量\times消费税定额税率]\div(1-消费税税率) \tag{2-11}$$

式（2-8）～式（2-11）中所指的成本是销售自产货物的为实际生产成本，销售外购货物的为实际采购成本。式（2-8）～式（2-11）的成本利润率由国家税务总局确定。但属于应从价定率征收或者复合计征消费税的货物，其组成计税价格。式(2-8)～式(2-11)中的成本利润率，为国家税务总局确定的成本利润率。

（三）含税销售额的换算

为了符合增值税作为价外税的要求，纳税人在填写进销货及纳税凭证、进行账务处

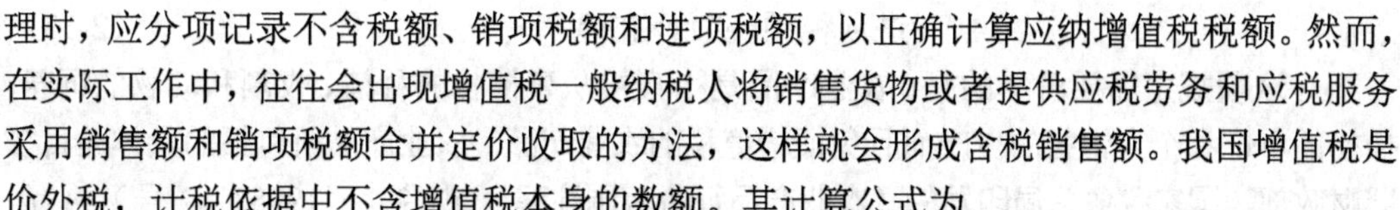

理时，应分项记录不含税额、销项税额和进项税额，以正确计算应纳增值税税额。然而，在实际工作中，往往会出现增值税一般纳税人将销售货物或者提供应税劳务和应税服务采用销售额和销项税额合并定价收取的方法，这样就会形成含税销售额。我国增值税是价外税，计税依据中不含增值税本身的数额。其计算公式为

$$销售额=含税销售额\div(1+增值税税率) \tag{2-12}$$

二、进项税额的计算

纳税人购进货物或者接受应税劳务和应税服务支付或者负担的增值税税额为进项税额。进项税额是与销项税额相对应的一个概念。在开具增值税专用发票的情况下，它们之间的对应关系是，销售方收取的销项税额就是购买方支付的进项税额。对于任何一个增值税一般纳税人而言，由于其在经营活动中，既会发生销售货物或提供应税劳务和应税服务，又会发生购进货物或接受应税劳务和应税服务，因此，每一个增值税一般纳税人都会有收取的销项税额和支付的进项税额。增值税的核心就是用纳税人收取的销项税额抵扣其支付的进项税额，其余额为纳税人实际应缴纳的增值税税额。这样，进项税额作为可抵扣的部分，对于纳税人实际纳税额就产生了举足轻重的作用。

然而，需要注意的是，并不是纳税人支付的所有进项税额都可以从销项税额中抵扣。为体现增值税的配比原则，即购进项目金额与销售产品销售额之间应有配比性，当纳税人购进的货物或接受的应税劳务和应税服务不是用于增值税应税项目，而是用于非应税项目、免税项目或用于集体福利、个人消费等情况时，其支付的进项税额就不能从销项税额中抵扣。税法对不能抵扣进项税额的项目作了严格的规定，如果违反税法规定，随意抵扣进项税额将以偷税论处。因此，严格把握哪些进项税额可以抵扣，哪些进项税额不能抵扣是十分重要的，这些方面也是纳税人在缴纳增值税实务中差错出现最多的。

（一）准予从销项税额中抵扣的进项税额

根据《增值税暂行条例》和《营业税改征增值税试点实施办法》的规定，准予从销项税额中抵扣的进项税额，限于下列增值税扣税凭证上注明的增值税税额和按规定的扣除率计算的进项税额。

1）从销售方或者提供方取得的增值税专用发票（含税控机动车销售统一发票和中华人民共和国税收缴款凭证，下同）上注明的增值税税额。

2）从海关取得的海关进口增值税专用缴款书上注明的增值税税额。纳税人进口货物，凡已缴纳了进口环节增值税的，不论其是否已经支付货款，其取得的海关进口增值税专用缴款书均可作为增值税进项税额抵扣凭证，在规定的期限内申报抵扣进项税额。

3）购进农产品，除取得增值税专用发票或者海关进口增值税专用缴款书外，按照农产品收购发票或者销售发票上注明的农业产品买价和13%的扣除率计算进项税额。其计算公式为

$$进项税额=买价\times扣除率 \tag{2-13}$$

对这项规定需要解释的是：农业产品是指直接从事植物的种植、收割和动物的饲养、捕捞的单位和个人销售的自产而且免征增值税的农业产品，农业产品所包括的具体品目按照财政部、国家税务总局印发的《农业产品征税范围注释》（财税字〔1995〕52 号）执行。购买农业产品的买价，包括纳税人购进农产品在农产品收购发票或者销售发票上注明的价款和按规定缴纳的烟叶税。

$$烟叶收购金额=烟叶收购价款\times(1+10\%) \tag{2-14}$$

$$烟叶税应纳税额=烟叶收购金额\times税率 \tag{2-15}$$

式中，税率为 20%。

$$准予抵扣的进项税额=(烟叶收购金额+烟叶税应纳税额)\times扣除率 \tag{2-16}$$

4）原增值税一般纳税人取得的 2013 年 8 月 1 日（含）以后开具的运输费用结算单据，不得作为增值税扣税凭证。

5）原增值税一般纳税人取得的试点小规模纳税人由税务机关代开的增值税专用发票，按增值税专用发票注明的税额抵扣进项税额。

（二）“营改增”后原增值税纳税人进项税额的抵扣政策

根据《营业税改征增值税试点实施办法》的规定，原增值税纳税人（指按照《增值税暂行条例》缴纳增值税的纳税人）有关进项税额抵扣的政策如下。

1）原增值税一般纳税人接受试点纳税人提供的应税服务，取得的增值税专用发票上注明的增值税税额为进项税额，准予从销项税额中抵扣。

2）原增值税一般纳税人自用的应征消费税的摩托车、汽车、游艇，其进项税额准予从销项税额中抵扣。

3）原增值税一般纳税人接受中国境外单位或者个人提供的应税服务，按照规定应当扣缴增值税的，准予从销项税额中抵扣的进项税额为从税务机关或者代理人取得的解缴税款的税收缴款凭证上注明的增值税税额。

4）纳税人凭税收缴款凭证抵扣进项税额的，应当具备书面合同、付款证明和中国境外单位的对账单或者发票。资料不全的，其进项税额不得从销项税额中抵扣。

5）原增值税一般纳税人购进货物或者接受应税劳务，用于《应税服务范围注释》所列项目的，不属于《增值税暂行条例》第十条所称的用于非增值税应税项目，其进项税额准予从销项税额中抵扣。

（三）不得从销项税额中抵扣的进项税额

纳税人购进货物或者接受应税劳务和应税服务，取得的增值税扣税凭证不符合法律、行政法规或者国务院税务主管部门有关规定的，其进项税额不得从销项税额中抵扣。所称增值税扣税凭证，是指增值税专用发票、海关进口增值税专用缴款书、农产品收购发票和农产品销售发票及从税务机关或者中国境内代理人取得的解缴税款的税收缴款凭证。

《增值税暂行条例》和《营业税改征增值税试点实施办法》规定，下列项目的进项税额不得从销项税额中抵扣。

1）用于简易计税方法计税项目、非增值税应税项目、免征增值税项目、集体福利或者个人消费的购进货物或者应税劳务。

所称购进货物，不包括既用于增值税应税项目（不含免征增值税项目）也用于非增值税应税项目、免征增值税（以下简称免税）项目、集体福利或者个人消费的固定资产。所称固定资产，是指使用期限超过 12 个月的机器、机械、运输工具及其他与生产经营有关的设备、工具、器具等。

所称个人消费包括纳税人的交际应酬消费。所称非增值税应税项目，是指提供非增值税应税劳务、转让无形资产、销售不动产和不动产在建工程。

所称不动产是指不能移动或者移动后会引起性质、形状改变的财产，包括建筑物、构筑物和其他土地附着物。建筑物，是指供人们在其内生产、生活和其他活动的房屋或者场所。

2）非正常损失的购进货物及相关的应税劳务。所称非正常损失，是指因管理不善造成被盗、丢失、霉烂变质的损失，以及被执法部门依法没收或者强令自行销毁的货物。

3）非正常损失的在产品、产成品所耗用的购进货物或者应税劳务。

4）纳税人从海关取得的进口增值税专用缴款书上注明的增值税税额准予从销项税额中抵扣。因此，纳税人进口货物取得的合法海关进口增值税专用缴款书，是计算增值税进项税额的唯一依据，其进口货物向中国境外实际支付的货款低于进口报关价格的差额部分及从中国境外供应商取得的退还或返还的资金，不作进项税额转出处理。

5）原增值税一般纳税人接受试点纳税人提供的应税服务，下列项目的进项税额不得从销项税额中抵扣。

① 用于简易计税方法计税项目、非增值税应税项目、免征增值税项目、集体福利或者个人消费，其中涉及的专利技术、非专利技术、商誉、商标、著作权、有形动产租赁，仅指专用于上述项目的专利技术、非专利技术、商誉、商标、著作权、有形动产租赁。

② 接受的旅客运输服务。

③ 与非正常损失的购进货物相关的交通运输业服务。

④ 与非正常损失的在产品、产成品所耗用购进货物相关的交通运输业服务。

上述非增值税应税项目，是指《增值税暂行条例》第十条所称的非增值税应税项目，但不包括《应税服务范围注释》所列项目。

三、应纳税额计算的相关规定

增值税一般纳税人在计算出销项税额和进项税额后就可以得出实际应纳税额。为了正确计算增值税的应纳税额，在实际操作中还需要掌握以下几项重要规定。

（一）计算应纳税额的时间限定

为了保证计算应纳税额的合理性、准确性，纳税人必须严格把握当期进项税额从当期销项税额中抵扣这个要点。“当期”是一个重要的时间限定，具体是指税务机关依照税法规定对纳税人确定的纳税期限；只有在纳税期限内实际发生的销项税额、进项税额，才是法定的当期销项税额或当期进项税额。目前，有些纳税人为了达到逃避纳税的目的，把当期实现的销售额隐瞒不记账或滞后记账，以减少当期销项税额，或者把不是当期实际发生的进项税额（上期结转的进项税额除外）也充作当期进项税额，以加大进项税额，少纳税甚至不纳税，这是违反税法规定的行为。为了制止这种违法行为，税法首先对销售货物或提供应税劳务和应税服务应计入当期销项税额及抵扣的进项税额的时间作了限定。

（二）防伪税控专用发票进项税额抵扣的时间限定

由于部分纳税人及税务机关反映 90 日申报抵扣期限较短，部分纳税人因扣税凭证逾期申报导致进项税额无法抵扣等问题，按照《国家税务总局关于调整增值税扣税凭证抵扣期限有关问题的通知》（国税函〔2009〕617 号）规定，增值税一般纳税人取得 2010 年 1 月 1 日以后开具的增值税专用发票、公路内河货物运输业统一发票和机动车销售统一发票，应在开具之日起 180 日内到税务机关办理认证，并在认证通过的次月申报期内，向主管税务机关申报抵扣进项税额。纳税人取得 2009 年 12 月 31 日以前开具的增值税扣税凭证，仍按原规定执行。

纳税人进口货物取得的属于增值税扣税范围的海关缴款书，应自开具之日起 180 天内向主管税务机关报送《海关完税凭证抵扣清单》（电子数据），申请稽核比对，逾期未申请的其进项税额不予抵扣。

（三）计算应纳税额时进项税额不足抵扣的处理

由于增值税实行购进扣税法，有时企业当期购进的货物很多，在计算应纳税额时会出现当期销项税额小于当期进项税额不足抵扣的情况。税法规定，当期进项税额不足抵扣的部分可以结转到下期继续抵扣。

原增值税一般纳税人兼有应税服务的，截至本地区试点实施之日前的增值税期末留抵税额，不得从应税服务的销项税额中抵扣。

（四）销货退回或折让涉及销项税额和进项税额的税务处理

增值税一般纳税人销售货物或者提供应税劳务和应税服务，开具增值税专用发票后，发生销售货物退回或者折让、开票有误等情形，应按国家税务总局的规定开具红字增值税专用发票；未按规定开具红字增值税专用发票的不得扣减销项税额或者销售额。

纳税人在货物购销和应税服务活动中，因货物质量、规格、服务质量等原因常会发生销货退回或销售折让的情况。由于销货退回或折让不仅涉及销货价款或折让价款的退回，还涉及增值税的退回，因此销货方和购货方应相应对当期的销项税额或进项税额进行调整。为此，《增值税暂行条例》及其实施细则规定："小规模纳税人以外的纳税人（以下称一般纳税人）因销售货物退回或者折让而退还给购买方的增值税额，应从发生销售货物退回或者折让当期的销项税额中扣减；因购进货物退出或者折让而收回的增值税额，应从发生购进货物退出或者折让当期的进项税额中扣减。"

《营业税改征增值税试点实施办法》规定："纳税人提供的适用一般计税方法计税的应税服务，因服务中止或者折让而退还给购买方的增值税额，应当从当期的销项税额中扣减；发生服务中止、购进货物退出、折让而收回的增值税额，应当从当期的进项税额中扣减。"

【例 2-1】某生产企业为增值税一般纳税人，适用增值税税率为 17%，2017 年 2 月有关的生产经营业务如下：

销售甲产品给某商场，开具增值税专用发票，取得不含税销售额 80 万元；另外，取得销售甲产品的送货运输费收入 5.85 万元（含增值税价格，与销售货物不能分别核算）。

销售乙产品，开具增值税普通发票，取得含税销售额 29.25 万元。

将试制的一批应税新产品用于本企业基建工程，成本价为 20 万元，国家税务总局规定成本利润率为 10%，该新产品无同类产品市场销售价格。

销售部 2013 年 10 月购进作为固定资产使用过的进口摩托车 5 辆，开具增值税专用发票，上面注明每辆进口摩托车取得销售额 1 万元。

购进货物取得增值税专用发票，注明支付的货款为 60 万元、进项税额为 10.2 万元；另外支付购货的运输费用为 6 万元，取得运输公司开具的增值税专用发票。

向农业生产者购进免税农产品一批（不适用进项税额核定扣除办法），支付收购价为 30 万元，支付给运输单位的运费为 5 万元，取得相关的合法票据。本月下旬将购进农产品的 20%用于本企业职工福利。

以上相关票据均符合税法的规定。试按下列顺序计算该企业 5 月应缴纳的增值税税额。

计算销售甲产品的销项税额；计算销售乙产品的销项税额；计算自用新产品的销项税额；计算销售使用过的进口摩托车的应纳税额；计算外购货物应抵扣的进项税额；计算外购免税农产品应抵扣的进项税额；计算该企业 5 月合计应缴纳的增值税税额。

解析：

$$销售甲产品的销项税额=80\times17\%+5.85\div(1+17\%)\times17\%=14.45（万元）$$

$$销售乙产品的销项税额=29.25\div(1+17\%)\times17\%=4.25（万元）$$

$$自用新产品的销项税额=20\times(1+10\%)\times17\%=3.74（万元）$$

$$销售使用过的进口摩托车的应纳税额=1\times17\%\times5=0.85（万元）$$

$$外购货物应抵扣的进项税额=10.2+6\times11\%=10.86（万元）$$

外购免税农产品应抵扣的进项税额=(30×13%+5×11%)×(1−20%)=3.56（万元）

该企业 5 月应缴纳的增值税税额=14.45+4.25+3.74+0.85−10.86−3.56=8.87（万元）

第六节　简易计税方法应纳税额的计算

一、应纳税额的计算

纳税人销售货物或者提供应税劳务和应税服务适用按简易计税方法的，按照销售额和征收率计算应纳税额，不得抵扣进项税额。其计算公式为

应纳税额=销售额×征收率　　(2-17)

这里需要解释两点：第一，按简易计税方法取得的销售额与本章第五节讲述的销售额包含的内容一致，都是销售货物或提供应税劳务和应税服务向购买方收取的全部价款和价外费用，但是不包括按 3%的征收率收取的增值税税额；第二，按简易计税方法计算不得抵扣进项税额。根据《营业税改征增值税试点实施办法》的规定，增值税一般纳税人应该按照一般计税方法计算缴纳增值税，但是下列情形属于可在两种方法中选择的范畴。

1）试点纳税人中的增值税一般纳税人提供的公共交通运输服务（不包括铁路旅客运输服务），可以选择按照简易计税方法计算缴纳增值税。公共交通运输服务，包括公交客运、轨道交通（含地铁、城市轻轨）、出租车、长途客运、班车。其中，班车，是指按固定路线、固定时间运营并在固定站点停靠的运送旅客的陆路运输服务。

2）试点纳税人中的增值税一般纳税人，以该地区试点实施之日前购进或者自制的有形动产为标的物提供的经营租赁服务，试点期间可以选择适用简易计税方法计算缴纳增值税。

二、含税销售额的换算

简易计税方法的销售额不包括其应纳的增值税税额，纳税人采用销售额和应纳增值税税额合并定价方法的，其计算公式为

销售额=含税销售额×(1+征收率)　　(2-18)

纳税人提供的适用简易计税方法计税的应税服务，因服务中止或者折让而退还给接受方的销售额，应当从当期销售额中扣减。扣减当期销售额后仍有余额造成多缴的税款，可以从以后的应纳税额中扣减。

【例 2-2】某商店为增值税小规模纳税人，2014 年 1 月取得零售收入总额为 12.36 万元。试计算该商店 1 月应缴纳的增值税税额。

解析：

1 月取得的不含税销售额=12.36÷(1+3%)=12（万元）

1 月应缴纳的增值税税额=12×3%=0.36（万元）

第七节　特殊经营行为的税务处理

一、混业经营

混业经营是指纳税人生产或销售不同税率的货物，或者既销售货物又提供应税劳务和应税服务的一种经营方式。试点纳税人兼有不同税率或者征收率的销售货物、提供加工修理修配劳务或者应税服务的，应当分别核算适用不同税率或征收率的销售额，未分别核算销售额的，按照以下方法适用税率或征收率。

1）兼有不同税率的销售货物、提供加工修理修配劳务或者应税服务的，从高适用税率。

2）兼有不同征收率的销售货物、提供加工修理修配劳务或者应税服务的，从高适用征收率。

3）兼有不同税率和征收率的销售货物、提供加工修理修配劳务或者应税服务的，从高适用税率。

二、混合销售行为

《增值税暂行条例实施细则》第五条规定：一项销售行为如果既涉及货物又涉及非增值税应税劳务，为混合销售行为。除《增值税暂行条例实施细则》第六条的规定外，从事货物的生产、批发或者零售的企业、企业性单位和个体工商户的混合销售行为，视为销售货物，应当缴纳增值税；其他单位和个人的混合销售行为，视为销售非增值税应税劳务，不缴纳增值税。

需要解释的是，出现混合销售行为，涉及的货物和非增值税应税劳务只是针对一项销售行为而言的，也就是说，非增值税应税劳务是为了直接销售一批货物而提供的，二者之间是紧密相连的从属关系。它与一般既从事一种税的应税项目又从事另一种税的应税项目二者之间没有直接从属关系的兼营行为是完全不同的。对实际经济活动中发生的混合销售行为与兼营行为，由于涉及不同的税务处理，因此，要严格区分，不能混淆。

根据《增值税暂行条例实施细则》的规定，混合销售行为如依照上述税务处理，属于应当征收增值税的，其销售额应是货物与非应税劳务的销售额的合计，该非应税劳务的销售额应视同含税销售额处理；且该混合销售行为涉及的非增值税应税劳务所用购进货物的进项税额，凡符合规定的，在计算该混合销售行为增值税时，准予从销项税额中抵扣。

纳税人的下列混合销售行为，应当分别核算货物的销售额和非增值税应税劳务的营业额，并根据其销售货物的销售额计算缴纳增值税，非增值税应税劳务的营业额不缴纳增值税；未分别核算的，由主管税务机关核定其货物的销售额。

三、兼营非增值税应税劳务

根据《增值税暂行条例实施细则》和《营业税改征增值税试点实施办法》的规定，纳税人兼营非增值税应税项目的，应分别核算货物或者应税劳务和应税服务的销售额和非增值税应税项目的营业额；未分别核算的，由主管税务机关核定货物或者应税劳务的销售额。与混合销售行为相区别，兼营非应税劳务是指增值税纳税人在从事应税货物销售或提供应税劳务的同时，还从事非增值税应税劳务（营业税规定的各项劳务），且从事的非增值税应税劳务与某一项销售货物或提供应税劳务并无直接的联系和从属关系。

根据《增值税暂行条例实施细则》和《营业税改征增值税试点实施办法》的规定，纳税人兼营非增值税应税劳务的，应分别核算货物或应税劳务、应税服务和非增值税应税劳务的销售额，对货物和应税劳务、应税服务的销售额按各自适用的税率征收增值税，对非增值税应税劳务的销售额（即营业额）按适用的税率征收营业税。如果不分别核算或者不能准确核算货物或应税劳务、应税服务和非增值税应税劳务销售额的，由主管税务机关核定货物或者应税劳务和应税服务的销售额。

根据《增值税暂行条例实施细则》和《营业税改征增值税试点实施办法》的规定，增值税一般纳税人兼营免税项目或者非增值税应税劳务而无法划分不得抵扣的进项税额的，按下列公式计算不得抵扣的进项税额：

$$\text{不得抵扣的进项税额}=\text{当月无法划分的全部进项税额}\times\text{当月免税项目销售额、非增值税应税劳务营业额合计}\div\text{当月全部销售额、营业额合计} \quad (2\text{-}19)$$

第八节 进口货物征税

一、进口货物的征税范围及纳税人

（一）进口货物征税的范围

根据《增值税暂行条例》的规定，申报进入中华人民共和国海关境内的货物均应缴纳增值税。

（二）进口货物的纳税人

进口货物的收货人或办理报关手续的单位和个人，为进口货物增值税的纳税义务人。也就是说，进口货物增值税纳税人的范围较宽，包括国内一切从事进口业务的企业事业单位、机关团体和个人。

对于企业、单位和个人委托代理进口应征增值税的货物，鉴于代理进口货物的海关完税凭证，开具给委托方或者开具给受托方的特殊性，对代理进口货物以海关开具的完税凭证上的纳税人为增值税纳税人。在实际工作中一般由进口代理者代缴进口环节增值税。纳税后，由代理者将已纳税款和进口货物价款费用等与委托方结算，由委托者承担已纳税款。

二、进口货物的适用税率

进口货物增值税税率与本章第三节的内容相同，在此不再赘述。

三、进口货物应纳税额的计算

纳税人进口货物，按照组成计税价格和《增值税暂行条例》规定的税率计算应纳税额。在计算增值税销项税额时直接用销售额作为计税依据或计税价格就可以了，但在进口产品计算增值税时我们不能直接得到类似销售额的计税依据，而需要通过计算得出，即要计算组成计税价格。组成计税价格是指在没有实际销售价格时，按照税法规定计算的作为计税依据的价格。其计算公式为

$$组成计税价格=关税完税价格+关税+消费税 \tag{2-20}$$

$$应纳税额=组成计税价格\times税率 \tag{2-21}$$

【例 2-3】某商场 10 月进口货物一批。该批货物在国外的买价为 40 万元，该批货物运抵我国海关前发生的包装费、运输费、保险费等共计 20 万元。货物报关后，商场按规定缴纳了进口环节的增值税并取得了海关开具的海关进口增值税专用缴款书。假定该批进口货物在国内全部销售，取得不含税销售额 80 万元。假设货物进口关税税率为 15%，增值税税率为 17%。

试按下列顺序回答以下问题：计算关税的组成计税价格；计算进口环节应缴纳的进口关税；计算进口环节应纳增值税的组成计税价格；计算进口环节应缴纳的增值税税额；计算国内销售环节的销项税额；计算国内销售环节应缴纳的增值税税额。

解析：

$$关税的组成计税价格=40+20=60（万元）$$

$$进口环节应缴纳的进口关税=60\times15\%=9（万元）$$

$$进口环节应纳增值税的组成计税价格=60+9=69（万元）$$

$$进口环节应缴纳的增值税税额=69\times17\%=11.73（万元）$$

$$国内销售环节的销项税额=80\times17\%=13.6（万元）$$

$$国内销售环节应缴纳的增值税税额=13.6-11.73=1.87（万元）$$

第九节 出口货物和服务的退（免）税

出口货物退（免）税是国际贸易中通常采用的并为世界各国所普遍接受的、目的在于鼓励各国出口货物公平竞争的一种退还或免征间接税的税收措施，即对出口货物已承担或应承担的增值税和消费税等间接税实行退还或者免征的税收措施。由于这项措施比较公平合理，因此它已成为国际社会通行的惯例。

我国的出口货物退（免）税是指在国际贸易业务中，对我国报关出口的货物退还或免征其在国内各个生产和流转环节按税法规定应缴纳的增值税和消费税，即对增值税出口货物实行零税率，对消费税出口货物免税。

增值税出口货物的零税率，从税法上理解有两层含义：一是对本道环节生产或销售货物的增值部分免征增值税；二是对出口货物前道环节所含的进项税额进行退付。由于各种货物出口前涉及的征免税情况不同，且国家对少数货物有限制出口政策，因此，对货物出口的不同情况国家在遵循“征多少、退多少”“未征不退和彻底退税”基本原则的基础上，制定了不同的税务处理办法。

一、出口货物退（免）税基本政策

世界各国为了鼓励本国货物出口，在遵循 WTO（World Trade Organization，世界贸易组织）基本规则的前提下，一般采取优惠的税收政策。有的国家采取对该货物出口前所包含的税金在出口后予以退还的政策（出口退税）；有的国家采取对出口的货物在出口前即予以免税的政策。我国则根据本国的实际，采取出口退税与免税相结合的政策。目前，我国的出口货物税收政策分为以下三种形式。

1）出口免税并退税[《财政部 国家税务总局关于进一步推进出口货物实行免抵退税办法的通知》(财税〔2002〕7 号)（以下简称《通知》）中所说的“适用增值税退（免）税政策的范围”]。出口免税是指对货物在出口销售环节不征增值税、消费税，这是将货物出口环节与出口前的销售环节视为一个征税环节；出口退税是指对货物在出口前实际承担的税收负担，按规定的退税率计算后予以退还。

2）出口免税不退税（《通知》中所说的“适用增值税免税政策的范围”）。出口免税与上述内容的含义相同。出口不退税是指适用此政策的出口货物因在前道生产、销售环节或进口环节是免税的，因此，出口时该货物的价格中不含税，也就无须退税。

3）出口不免税也不退税（《通知》中所说的“适用增值税征税政策的范围”）。出口不免税是指对国家限制或禁止出口的某些货物的出口环节视为内销环节，照常征税；出口不退税是指对这些货物出口不退还出口前其所负担的税款。

二、出口货物和劳务及应税服务增值税退（免）税办法

适用增值税退（免）税政策的出口货物、劳务及服务，按照下列规定实行增值税“免、抵、退”税或免退税办法。生产企业出口自产货物和视同自产货物及对外提供加工修理修配劳务，以及列明的 74 家生产企业出口货物，免征增值税，相应的进项税额抵减应纳增值税税额（不包括适用增值税即征即退、先征后退政策的应纳增值税税额），未抵减完的部分予以退还。

零税率应税服务提供者提供零税率应税服务，如果属于适用增值税一般计税方法的，免征增值税，相应的进项税额抵减应纳增值税税额（不包括适用增值税即征即退、先征后退政策的应纳增值税税额），未抵减完的部分予以退还。

三、增值税出口退税率

除财政部和国家税务总局根据国务院决定而明确的增值税出口退税率（以下简称退税率）外，出口货物的退税率为其适用税率。

应税服务退税率为其按照《营业税改征增值税试点实施办法》规定适用的增值税税率。退税率的特殊规定：外贸企业购进按简易办法征税的出口货物、从小规模纳税人购进的出口货物，其退税率分别为简易办法实际执行的征收率、小规模纳税人征收率。上述出口货物取得增值税专用发票的，退税率按照增值税专用发票上的税率和出口货物退税率孰低的原则确定。

出口企业委托加工修理修配货物，其加工修理修配费用的退税率，为出口货物的退税率。

四、增值税退（免）税的计税依据

出口货物、劳务及应税服务的增值税退（免）税的计税依据，按出口货物、劳务及应税服务的出口发票（外销发票）、其他普通发票或购进出口货物、劳务及应税服务的增值税专用发票、海关进口增值税专用缴款书确定。

第十节 税收优惠

一、《增值税暂行条例》规定的免税项目

《增值税暂行条例》规定的免征项目如下。

1）农业生产者销售的自产农产品。

2）避孕药品和用具。

3）古旧图书，是指向社会收购的古书和旧书。

4）直接用于科学研究、科学试验和教学的进口仪器、设备。

5）外国政府、国际组织无偿援助的进口物资和设备。

6）由残疾人的组织直接进口供残疾人专用的物品。

7）销售自己使用过的物品。自己使用过的物品，是指其他个人自己使用过的物品。

二、增值税起征点的规定

纳税人销售额未达到国务院财政、税务主管部门规定的起征点的免征增值税。增值税起征点的适用范围适用于个人（不包括认定为增值税一般纳税人的个体工商户）。

增值税起征点的幅度规定：①销售货物的，为月销售额 5 000～20 000 元；②销售应税劳务的，为月销售额 5 000～20 000 元；③按次纳税的，为每次（日）销售额 300～500 元。

应税服务的起征点：①按期纳税的，为月销售额 5 000～20 000 元（含本数）；②按次纳税的，为每次（日）销售额 300～500 元（含本数）。

上述所称的销售额，是指《增值税暂行条例实施细则》第三十条第一款所称小规模纳税人的销售额，即小规模纳税人的销售额不包括其应纳税额。

省、自治区、直辖市财政厅（局）和国家税务局应在规定的幅度内，根据实际情况确定本地区适用的起征点，并报财政部、国家税务总局备案。

三、其他有关减免税的规定

纳税人兼营免税、减税项目的，应当分别核算免税、减税项目的销售额；未分别核算销售额的，不得免税、减税。

纳税人销售货物或者提供应税劳务和应税服务适用免税规定的，可以放弃免税，依照《增值税暂行条例》的规定缴纳增值税。放弃免税后，36 个月内不得再申请免税。

纳税人提供应税服务同时适用免税和零税率规定的，优先适用零税率。

第十一节 征收管理

一、纳税义务发生时间

《增值税暂行条例》和《营业税改征增值税试点实施办法》明确规定了增值税纳税义务的发生时间。纳税义务发生时间，是指纳税人发生应税行为应当承担纳税义务的起始时间。税法明确规定纳税义务发生时间的作用在于：①正式确认纳税人已经发生属于税法规定的应税行为，应承担纳税义务；②有利于税务机关实施税务管理，合理规定申

报期限和纳税期限，监督纳税人切实履行纳税义务。

销售货物或者提供应税劳务的纳税义务发生时间如下。

1）纳税人销售货物或者提供应税劳务，其纳税义务发生时间为收讫销售款项或者取得索取销售款项凭据的当天；先开具发票的，为开具发票的当天。其中，收讫销售款项或者取得索取销售款项凭据的当天按销售结算方式的不同，具体分为以下几种情况。

① 采取直接收款方式销售货物的，不论货物是否发出，均为收到销售款或者取得索取销售款凭据的当天。先开具发票的，为开具发票的当天。

② 采取托收承付和委托银行收款方式销售货物的，为发出货物并办妥托收手续的当天。

③ 采取赊销和分期收款方式销售货物的，为书面合同约定的收款日期的当天，无书面合同的或者书面合同没有约定收款日期的，为货物发出的当天。

④ 采取预收货款方式销售货物的，为货物发出的当天，但生产销售生产工期超过12个月的大型机械设备、船舶、飞机等货物的，为收到预收款或者书面合同约定的收款日期的当天。

⑤ 委托其他纳税人代销货物的，为收到代销单位的代销清单或者收到全部或者部分货款的当天；未收到代销清单及货款的，为发出代销货物满180天的当天。

2）销售应税劳务，为提供劳务同时收讫销售款或者取得索取销售款凭据的当天。

3）纳税人发生除将货物交付其他单位或者个人代销和销售代销货物以外的视同销售行为，为货物移送的当天。

4）纳税人进口货物，其纳税义务发生时间为报关进口的当天。

5）增值税扣缴义务发生时间为纳税人增值税纳税义务发生的当天。

6）纳税人提供应税服务的纳税义务发生时间为提供应税服务并收讫销售款项或者取得索取销售款项凭据的当天；先开具发票的，为开具发票的当天。

二、纳税期限

在明确了增值税纳税义务发生时间后，纳税人还需要掌握具体的纳税期限，以保证按期缴纳税款。根据《增值税暂行条例》的规定，增值税的纳税期限分别为1日、3日、5日、10日、15日、1个月或者1个季度。

纳税人的具体纳税期限，由主管税务机关根据纳税人应纳税额的大小分别核定；不能按照固定期限纳税的，可以按次纳税。以1个季度为纳税期限的规定仅适用于小规模纳税人及财政部和国家税务总局规定的其他纳税人。小规模纳税人的具体纳税期限，由主管税务机关根据其应纳税额的大小分别核定。

纳税人以1个月或者1个季度为1个纳税期的，自期满之日起15日内申报纳税；以1日、3日、5日、10日或者15日为1个纳税期的，自期满之日起5日内预缴税款，于次月1日起15日内申报纳税并结清上月应纳税款。

扣缴义务人解缴税款的期限，依照上述规定执行。

纳税人进口货物，应当自海关填发进口增值税专用缴款书之日起15日内缴纳税款。

纳税人出口货物适用退（免）税规定的，应当向海关办理出口手续，凭出口报关单等有关凭证，在规定的出口退（免）税申报期内按月向主管税务机关申报办理该项出口货物的退（免）税。

出口货物办理退税后发生退货或者退关的，纳税人应当依法补缴已退的税款。

三、纳税地点

为了保证纳税人按期申报纳税，根据企业跨地区经营和商品流通的特点及不同情况，税法还具体规定了增值税的纳税地点。

固定业户应当向其机构所在地的主管税务机关申报纳税。总机构和分支机构不在同一县（市）的，应当分别向各自所在地的主管税务机关申报纳税；但在同一省（区、市）范围内的，经省（区、市）财政厅（局）、国家税务局审批同意，可以由总机构汇总向总机构所在地的主管税务机关申报缴纳增值税。

固定业户到外县（市）销售货物或者应税劳务，应当向其机构所在地的主管税务机关申请开具外出经营活动税收管理证明，并向其机构所在地的主管税务机关申报纳税；未开具证明的，应当向销售地或者劳务发生地的主管税务机关申报纳税；未向销售地或者劳务发生地的主管税务机关申报纳税的，由其机构所在地的主管税务机关补征税款。

非固定业户销售货物或者应税劳务，应当向销售地或者劳务发生地的主管税务机关申报纳税；未向销售地或者劳务发生地的主管税务机关申报纳税的，由其机构所在地或者居住地的主管税务机关补征税款。

进口货物，应当向报关地海关申报纳税。

扣缴义务人应当向其机构所在地或者居住地的主管税务机关申报缴纳其扣缴的税款。

第十二节　增值税专用发票的使用与管理

增值税实行凭国家印发的增值税专用发票注明的税款进行抵扣的制度。增值税专用发票不仅是纳税人经济活动中的重要商业凭证，而且是兼记销货方销项税额和购货方进项税额进行税款抵扣的凭证，对增值税的计算和管理起着决定性的作用，因此，正确使用增值税专用发票是十分重要的。针对在增值税专用发票使用过程中出现的诸多问题，如不按规定开具增值税专用发票，代开、虚开增值税专用发票，盗窃、丢失、伪造、买卖专用发票等严重违法现象，国家加强了对增值税专用发票的管理。1995年10月30日，《全国人民代表大会常务委员会关于惩治虚开、伪造和非法出售增值税专用发票犯

罪的决定》发布，对因增值税专用发票而出现的各种违法行为给予严厉惩处。因此，纳税人必须认真掌握有关增值税专用发票的各项规定，杜绝违法行为的发生。

增值税专用发票，是增值税一般纳税人销售货物或者提供应税劳务开具的发票，是购买方支付增值税税额并可按照增值税有关规定据以抵扣增值税进项税额的凭证。

增值税一般纳税人应通过增值税防伪税控系统（以下简称防伪税控系统）使用增值税专用发票。增值税专用发票的使用包括领购、开具、缴销、认证纸质增值税专用发票及其相应的数据电文。

上述所称防伪税控系统，是指经国务院同意推行的，使用专用设备和通用设备、运用数字密码和电子存储技术管理专用发票的计算机管理系统。专用设备是指金税卡、IC卡、读卡器和其他设备。通用设备是指计算机、打印机、扫描器具和其他设备。

一、增值税专用发票的联次

增值税专用发票由基本联次或者基本联次附加其他联次构成，基本联次为三联：发票联、抵扣联和记账联。发票联，作为购买方核算采购成本和增值税进项税额的记账凭证；抵扣联，作为购买方报送主管税务机关认证和留存备查的凭证；记账联，作为销售方核算销售收入和增值税销项税额的记账凭证。其他联次的用途由增值税一般纳税人自行确定。

二、增值税专用发票的开票限额

增值税专用发票（增值税税控系统）实行最高开票限额管理。最高开票限额，是指单份增值税专用发票或货运增值税专用发票开具的销售额合计数不得达到的上限额度。

最高开票限额由增值税一般纳税人申请，区县税务机关依法审批。增值税一般纳税人申请最高开票限额时，需填报增值税专用发票最高开票限额申请单。主管税务机关受理增值税一般纳税人申请以后，根据需要进行实地查验。实地查验的范围和方法由各省国税机关确定。

税务机关应根据纳税人实际生产经营和销售情况进行审批，保证增值税一般纳税人生产经营的正常需要。

三、增值税专用发票的领购

增值税一般纳税人凭发票领购簿、IC 卡和经办人身份证明领购增值税专用发票。增值税一般纳税人有下列情形之一的，不得领购开具增值税专用发票。

1）会计核算不健全，不能向税务机关准确提供增值税销项税额、进项税额、应纳税额数据及其他有关增值税税务资料的。

2）有《税收征收管理法》规定的税收违法行为，拒不接受税务机关处理的。

3）有下列行为之一，经税务机关责令限期改正而仍未改正的：①虚开增值税专用发票；②私自印制增值税专用发票；③向税务机关以外的单位和个人买取增值税专用发票；④借用他人增值税专用发票；⑤未经税务机关查验，擅自销毁增值税专用发票基本联次；⑥未按规定申请办理防伪税控系统变更发行；⑦未按规定接受税务机关检查。

有上列情形的，如已领购增值税专用发票，主管税务机关应暂扣其结存的增值税专用发票和IC卡。

四、增值税专用发票的开具范围

增值税一般纳税人销售货物或者提供应税劳务和应税服务，应向购买方开具增值税专用发票。商业企业增值税一般纳税人零售的烟、酒、食品、服装、鞋帽（不包括劳保专用部分）、化妆品等消费品不得开具增值税专用发票。

增值税小规模纳税人需要开具增值税专用发票的，可向主管税务机关申请代开。销售免税货物不得开具增值税专用发票，法律、法规及国家税务总局另有规定的除外。

纳税人提供应税服务，应当向索取增值税专用发票的接受方开具增值税专用发票，并在增值税专用发票上分别注明销售额和销项税额。属于下列情形之一的，不得开具增值税专用发票：向消费者个人提供应税服务；适用免征增值税规定的应税服务。

五、增值税专用发票的开具要求

增值税专用发票应按下列要求开具：①项目齐全，与实际交易相符；②字迹清楚，不得压线、错格；③发票联和抵扣联加盖财务专用章或者发票专用章；④按照增值税纳税义务的发生时间开具。

对不符合上列要求的增值税专用发票，购买方有权拒收。

增值税一般纳税人销售货物或者提供应税劳务可汇总开具增值税专用发票。

六、开具增值税专用发票后发生退货或开票有误的处理

增值税一般纳税人开具增值税专用发票后，发生销货退回、销售折让及开票有误等情况需要开具红字增值税专用发票的，视不同情况分别按以下办法处理。

1）因增值税专用发票抵扣联、发票联均无法认证的，由购买方填报开具红字增值税专用发票申请单并在申请单上填写具体原因及相对应的蓝字增值税专用发票的信息，主管税务机关审核后开具红字增值税专用发票通知单。购买方不作进项税额转出处理。购买方所购货物不属于增值税扣税项目范围，取得的增值税专用发票未经认证的，由购买方填报申请单，并在申请单上填写具体原因及相对应的蓝字增值税专用发票的信息，主管税务机关审核后出具通知单。购买方不作进项税额转出处理。

2）因开票有误购买方拒收增值税专用发票的，销售方须在增值税专用发票认证期限内向主管税务机关填报申请单，并在申请单上填写具体原因及相对应的蓝字增值税专用发票的信息，同时提供由购买方出具的写明拒收理由、错误具体项目及正确内容

的书面材料，主管税务机关审核确认后出具通知单。销售方凭通知单开具红字增值税专用发票。

3）因开票有误等原因尚未将增值税专用发票交付购买方的，销售方须在开具有误增值税专用发票的次月内向主管税务机关填报申请单，并在申请单上填写具体原因及相对应的蓝字增值税专用发票的信息，同时提供由销售方出具的写明具体理由、错误具体项目及正确内容的书面材料，主管税务机关审核确认后出具通知单。销售方凭通知单开具红字增值税专用发票。

发生销货退回或销售折让的，除按照《国家税务总局关于修订增值税专用发票使用规定的补充通知》（国税发〔2007〕18 号）的规定进行处理外，销售方还应在开具红字增值税专用发票后将该笔业务的相应记账凭证复印件报送主管税务机关备案。

税务机关为小规模纳税人代开增值税专用发票需要开具红字增值税专用发票的，比照增值税一般纳税人开具红字增值税专用发票的处理办法，通知单第二联交代开税务机关。

课后练习

在线测试 2

一、名词解释

1. 增值税 2. 增值额 3. 增值税一般纳税人 4. 小规模纳税人 5. 销项税额

二、填空题

1. 增值税的基本税率为________。

2. 我国增值税实行凭________扣税的办法。

3. 凡在我国境内销售货物或者提供________、________劳务及进口货物的单位和个人为增值税的纳税人。

4. 增值税是以商品价值中的________为征税对象的一种税。

5.《增值税暂行条例》规定，从事货物批发或零售的纳税人，年应税销售额在________万元以下的，为小规模纳税人。

6. 我国增值税起征点幅度规定如下：销售货物的，为月销售额________；销售应税劳务的，为月销售额________。

7. 我国增值税规定采取还本销售方式销售货物的，其销售额为________。

8. 购进免税农产品进行进项税额抵扣时，其抵扣率为________。

9.《增值税暂行条例》规定，纳税人采取预收货款方式销售货物的，其纳税义务发生时间为________。

10. 进口货物应纳的增值税，应当由纳税人或其代理人向________海关申报缴纳。

三、判断题（判断对错，并将错误的改正过来）

1. 小规模纳税人的征收率是6%。（　　）
2. 纳税人将购买的货物用于非应税项目，视同销售征收增值税。（　　）
3. 锅炉生产企业发生的混合销售行为，其非应税劳务的营业额，一并征收增值税。（　　）
4.《增值税暂行条例》规定，纳税人采取折扣销售方式销售货物，在计算销项税额时可以扣除折扣额部分。（　　）
5. 用于非应税项目的购进货物或者应税劳务，应视同销售计征增值税。（　　）
6. 增值税是价外税，消费税是价内税。（　　）
7. 居民用煤炭制品按17%的税率征收增值税。（　　）
8. 纳税人采取分期收款方式销售货物的，其纳税义务发生时间为货款收到的当天。（　　）
9. 固定业户到外县（市）销售货物的，一律向机构所在地主管税务机关申报纳税。（　　）
10. 增值税出口退税“免、抵、退”计算方法，适用于外贸企业。（　　）

四、单项选择题

《增值税暂行条例》规定，纳税人采取托收承付方式销售货物，其纳税义务发生时间是（　　）。

A. 货物发出的当天　　B. 收到销货款的当天
C. 发出货物并办妥托收手续的当天　　D. 签订合同的当天

五、多项选择题

1. 根据《增值税暂行条例》规定，企业（　　）行为视同销售货物，计征增值税。
A. 购进材料用于在建工程　　B. 自产货物发生非正常损失
C. 自产货物用于集体福利　　D. 委托加工货物对外投资
2. 划分小规模纳税人和增值税一般纳税人的标准主要有（　　）。
A. 企业规模的大小　　B. 企业应税销售额
C. 企业的所有制性质　　D. 企业的会计核算水平
3. 我国增值税的征收范围包括（　　）。
A. 在中国境内销售货物　　B. 在中国境内提供应税劳务
C. 进口货物　　D. 过境货物
4. 纳税人视同销售的销售额按（　　）顺序确定。
A. 当月同类货物的最高销售价格　　B. 当月同类货物的平均销售价格

C. 最近时期同类货物的平均销售价格　　D. 组成计税价格

5. 按照增值税的类型，增值税可分为（　　）。

A. 生产型　　B. 消费型　　C. 积累型　　D. 收入型

6. 增值税按期纳税的，（　　）由主管税务机关根据纳税人的具体情况分别核定。

A. 1日　　B. 7日　　C. 15日　　D. 45日

7. 不得抵扣进项税额的是（　　）。

A. 外购固定资产的进项税额

B. 用于免税项目的进项税额

C. 用于非应税项目的购进劳务

D. 外购固定资产支付运费所含的税额

8. 进口货物应纳增值税的计算公式为（　　）。

A. 组成计税价格=到岸价格+关税

B. 组成计税价格=关税完税价格+关税

C. 组成计税价格=关税完税价格+关税+消费税

D. 组成计税价格=关税完税价格+消费税

9.《增值税暂行条例》规定，允许抵扣的货物的运费金额包括（　　）。

A. 随同运费支付的装卸费　　B. 运费发票上注明的建设基金

C. 运费发票上注明的运费　　D. 随同运费支付的保险费

六、问答题

1. 增值税的征税范围有哪些?

2. 为什么增值税的税率设计应尽可能少些?

3. 简述混合销售行为、兼营非应税劳务行为及其税法的相关规定。

七、计算题

1. 某进出口公司 2017 年 3 月进口商品一批，海关核定的关税完税价格为 500 万元，当月在国内销售，取得不含税销售额 1 400 万元。该商品的关税税率为 10%，增值税税率为 17%。

要求：计算该公司 2017 年 3 月应纳的进口环节增值税和国内销售环节应纳的增值税。

2. 某洗衣机厂于 2017 年 2 月发生以下经营业务：

1）批发销售洗衣机一批，取得不含税销售额 400 万元。

2）向个体户销售洗衣机一批，价税合并收取销售额 80 万元。

3）将零售价为 2 万元的洗衣机作为礼品赠送给客户。

4）购进原材料一批，增值税专用发票上注明的货款和进项税额分别为 240 万元、40.80 万元，增值税专用发票本月已通过税务机关的认定。另外支付运费 1.3 万元，并取得承运单位开具的增值税普通发票。

5）购进生产设备一台，增值税专用发票上注明的价款和税款分别为 120 万元、20.40 万元。

要求：计算该洗衣机厂于 2017 年 2 月应纳的增值税。

3. 某电器商场为增值税一般纳税人，2017 年 4 月发生以下购销业务：

1）购入空调 300 台，增值税专用发票上注明的价款和税款分别为 96 万元、16.32 万元。另外支付运费 1.1 万元，承运单位开具的增值税普通发票上注明运费 1 万元，装卸及保险费 0.1 万元。

2）批发空调一批，取得不含税销售额 128 万元，采用委托银行收款方式结算，货已发出并办妥托收手续，货款尚未收回。

3）零售空调取得零售总额 98 万元，货款已收回。

4）采取以旧换新方式销售空调 30 台，每台零售价为 0.35 万元，另外支付顾客每台旧空调收购价 0.05 万元。

要求：计算该电器商场 2017 年 4 月应纳的增值税。

4. 某机械厂为增值税一般纳税人，采取直接收款结算方式销售货物，购销货物的增值税税率均为 17%，2017 年 1 月发生以下经济业务：

1）开出增值税专用发票销售 A 产品 60 台，单价为 7 800 元，单位成本为 6 100 元，并交给购买方。

2）基本建设工程领用材料 800 千克，不含税单价为 60 元。

3）将 30 台 B 产品作为投资提供给其他单位，单位成本为 5 000 元，无同类产品的销售价格。

4）改建职工食堂领用 A 产品 1 台；领用材料 100 千克，不含税单价为 60 元。

5）丢失材料 50 千克，不含税单价为 60 元。

6）购进货物的全部进项税额为 66 000 元，增值税专用发票本月已通过税务机关的认定。

要求：计算该机械厂 2017 年 1 月应纳的增值税。

第三章 消费税法

知识目标

1）了解我国现行消费税的概念、特点和作用。
2）明确消费税的征税范围和纳税人的规定。
3）熟悉消费税的税目及税率。
4）掌握消费税的计税依据的确定方法和应纳税额的计算。

能力目标

掌握消费税相关知识，并能熟练运用消费税法解决实际工作中的涉税问题。

重点难点

1）消费税的概念、纳税义务人、应纳税目。
2）计税销售额和计税数量的确定。
3）应纳税额的处理和计算。

案例导入

2017 年 7 月，某高职院校毕业生王红到洪峰酒厂报税岗位进行顶岗实习。该酒厂为增值税一般纳税人，2016 年 6 月发生如下经济业务。

1）销售白酒 1 500 千克，不含税售价为 14.8 万元，收取品牌使用费 1.17 万元；将新研制的 100 千克白酒作为样品送给客户，生产成本为 2 000 元，无同类售价，成本利润率为 10%。

2）将白酒与药酒组成套盒，每盒白酒 0.5 千克，药酒 0.5 千克，当月出售 800 盒，每盒为 90 元，另外送给协作单位 100 盒。

3）销售啤酒 20 吨。

4）收回委托加工的药酒取得增值税专用发票，注明加工费 8 万元，加工单位代收代缴消费税 1.8 万元，收回后直接售出，开具的增值税专用发票注明销售额 10 万元。

5）本月购进货物取得增值税专用发票注明的进项税额1.6万元。

问题：消费税与增值税的计算有哪些不同？王红应如何进行纳税计算与申报？

消费税法是指国家制定的用以调整消费税征收与缴纳之间权利及义务关系的法律规范。现行消费税法的基本规范，是国务院通过并颁布的《消费税暂行条例》，以及财政部、国家税务总局颁布的《中华人民共和国消费税暂行条例实施细则》（以下简称《消费税暂行条例实施细则》）。

消费税是指对消费品和特定的消费行为按消费流转额征收的一种商品税。广义上，消费税一般对所有消费品包括生活必需品和日用品普遍征税。一般概念上，消费税主要指对特定消费品（如奢侈品）或特定消费行为如奢侈品等征税。消费税主要以消费品为征税对象，在此情况下，税收随价格转嫁给消费者，消费者是实际的赋税人。消费税的征收具有较强的选择性，是国家贯彻消费政策、引导消费结构从而引导产业结构的重要手段，因而在保证国家财政收入、体现国家经济政策等方面具有十分重要的意义。

我国现行消费税的特点：第一，征收范围具有选择性。我国消费税在征收范围上根据产业政策与消费政策仅选择部分消费品征税，而不是对所有消费品都征收消费税。第二，征税环节具有单一性。其主要在生产和进口环节上征收。第三，平均税率水平比较高且税负差异大。消费税的平均税率水平一般定得比较高，并且不同征税项目的税负差异较大，对需要限制或控制消费的消费品通常税负较重。第四，征收方法具有灵活性。既采用对消费品制定单位税额，以消费品的数量实行从量定额的征收方法，也采用对消费品制定比例税率，以消费品的价格实行从价定率的征收方法。

第一节　纳税义务人与征税范围

一、纳税义务人

在中华人民共和国境内生产、委托加工和进口消费税暂行条例规定的消费品的单位和个人，以及国务院确定的销售《消费税暂行条例》规定的消费品的其他单位和个人，为消费税的纳税人，应当依照《消费税暂行条例》缴纳消费税。

单位，是指企业、行政单位、事业单位、军事单位、社会团体及其他单位。个人，是指个体工商户及其他个人。

在中华人民共和国境内，是指生产、委托加工和进口属于应当缴纳消费税的消费品的起运地或者所在地在境内。

二、征税范围

目前，消费税的征税范围分布于四个环节。

1. 生产应税消费品

生产应税消费品销售是消费税征收的主要环节，因为消费税具有单一环节征税的特点，在生产销售环节征税以后，货物在流通环节无论转销多少次，不用再缴纳消费税。生产应税消费品除了直接对外销售应征收的消费税外，纳税人将生产的应税消费品换取生产资料、消费资料、投资入股、偿还债务，以及用于继续生产应税消费品以外的其他方面都应缴纳消费税。

2. 委托加工应税消费品

委托加工应税消费品是指委托方提供原料和主要材料，受托方只收取加工费和代垫部分辅助材料加工的应税消费品。由受托方提供原材料或其他情形的一律不能视同加工应税消费品。委托加工的应税消费品收回后，继续用于生产应税消费品销售且符合现行政策规定的，其加工环节缴纳的消费税税款可以扣除。

3. 进口应税消费品

单位和个人进口货物属于消费税征税范围的，在进口环节要缴纳消费税。为了减少征税成本，进口环节缴纳的消费税由海关代征。

4. 零售应税消费品

经国务院批准，自 1995 年 1 月 1 日起，金银首饰消费税由生产销售环节征收改为零售环节征收。改在零售环节征收消费税的金银首饰仅限于金基、银基合金首饰及金、银和金基、银基合金的镶嵌首饰，进口环节暂不征收，零售环节适用税率为 5%，在纳税人销售金银首饰、钻石及钻石饰品时征收。其计税依据是不含增值税的销售额。

对既销售金银首饰，又销售非金银首饰的生产、经营单位，应将两类商品划分清楚，分别核算销售额。凡划分不清楚或不能分别核算的，在生产环节销售的，一律从高适用税率征收消费税；在零售环节销售的，一律按金银首饰征收消费税。金银首饰与其他产品组成成套消费品销售的，应按销售额全额征收消费税。

金银首饰连同包装物销售的，无论包装是否单独计价，也无论会计上如何核算，均应并入金银首饰的销售额，计征消费税。

带料加工的金银首饰，应按受托方销售同类金银首饰的销售价格确定计税依据征收消费税。没有同类金银首饰销售价格的，按照组成计税价格计算纳税。

纳税人采用以旧换新（含翻新改制）方式销售的金银首饰，应按实际收取的不含增值税的全部价款确定计税依据征收消费税。

第二节 税目与税率

一、税目

按照《消费税暂行条例》规定，2014 年 12 月调整后，确定征收消费税的只有烟、酒、化妆品等 15 个税目，有的税目还进一步划分为若干个子目。消费税属于价内税，一般在应税消费品的生产、委托加工和进口环节缴纳。

（一）烟

凡是以烟叶为原料加工生产的产品，不论使用何种辅料，均属于本税目的征收范围。包括卷烟（进口卷烟、白包卷烟、手工卷烟和未经国务院批准纳入计划的企业及个人生产的卷烟）、雪茄烟和烟丝。

在烟税目下分卷烟等子目，卷烟又分甲类卷烟和乙类卷烟。其中，甲类卷烟是指每标准条（200 支，下同）调拨价格在 70 元（不含增值税）以上（含 70 元）的卷烟；乙类卷烟是指每标准条调拨价格在 70 元（不含增值税）以下的卷烟。

在卷烟批发环节加征一道税，在中华人民共和国境内从事卷烟批发业务的单位和个人，批发销售的所有牌号规格的卷烟，按其销售额（不含增值税）征收 11%加 0.005 元/支的复合税。纳税人应将卷烟销售额与其他商品销售额分开核算，未分开核算的，一并征收消费税。纳税人销售给纳税人以外的单位和个人的卷烟于销售时纳税。纳税人之间销售的卷烟不缴纳消费税。卷烟批发企业的机构所在地，总机构与分支机构不在同一地区的，由总机构申报纳税。卷烟消费税在生产和批发两个环节征收后，批发企业在计算纳税时不得扣除已含的生产环节的消费税税款。

（二）酒

酒是酒精度在 0.5%以上的各种酒类饮料。酒类包括粮食白酒、薯类白酒、黄酒、啤酒和其他酒。

啤酒又分为甲类啤酒和乙类啤酒。甲类啤酒是每吨出厂价（含包装物及包装物押金）在 3 000 元（含 3 000 元，不含增值税）以上的啤酒；乙类啤酒是每吨出厂价（含包装物及包装物押金）在 3 000 元（不含增值税）以下的啤酒。包装物押金不包括重复使用的塑料周转箱的押金。

对饮食业、商业、娱乐业举办的啤酒屋（啤酒坊）利用啤酒生产设备生产的啤酒，应当征收消费税。果啤属于啤酒，按啤酒征收消费税。配制酒（露酒）是指以发酵酒、蒸馏酒或食用酒精为酒基，加入可食用或药食两用的辅料或食品添加剂，进行调配、混合或再加工制成的并改变了其原酒基风格的饮料酒。

（三）化妆品

化妆品税目征收范围包括各类美容修饰类化妆品、高档护肤类化妆品和成套化妆品。美容修饰类化妆品是指香水、香水精、香粉、口红、指甲油、胭脂、眉笔、唇笔、蓝眼油、眼睫毛及成套化妆品。

舞台、戏剧、影视演员化妆用的上妆油、卸装油、油彩，不属于本税目的征收范围。

高档护肤类化妆品的征收范围另行制定。

（四）贵重首饰及珠宝玉石

贵重首饰及珠宝玉石包括以金、银、白金、宝石、珍珠、钻石、翡翠、珊瑚、玛瑙等高贵稀有物质及其他金属、人造宝石等制作的各种纯金银首饰及镶嵌首饰和经采掘、打磨、加工的各种珠宝玉石。对出国人员免税商店销售的金银首饰征收消费税。

（五）鞭炮、焰火

鞭炮、焰火包括各种鞭炮、焰火。体育上用的发令纸、鞭炮药引线，不按本税目征收。

（六）成品油

成品油税目包括汽油、柴油、石脑油、溶剂油、航空煤油、润滑油、燃料油 7 个子目；航空煤油暂缓征收。

1. 汽油

汽油是指用原油或其他原料加工生产的辛烷值不小于 66 的可用作汽油发动机燃料的各种轻质油。以汽油、汽油组分调和生产的甲醇汽油、乙醇汽油也属于本税目征收范围。

2. 柴油

柴油是指用原油或其他原料加工生产的按凝点分级的在-50 号至 30 号的可用作柴油发动机燃料的各种轻质油和以柴油组分为主、经调和精制可用作柴油发动机燃料的非标油。以柴油、柴油组分调和生产的生物柴油也属于本税目征收范围。

3. 石脑油

石脑油又称化工轻油，是以原油或其他原料加工生产的用于化工原料的轻质油。

石脑油的征收范围包括除汽油、柴油、航空煤油、溶剂油以外的各种轻质油。非标汽油、重整生成油、拔头油、戊烷原料油、轻裂解料（减压柴油 VGO 和常压柴油 AGO）、重裂解料、加氢裂化尾油、芳烃抽余油均属轻质油，属于石脑油征收范围。

4. 溶剂油

溶剂油是用原油或其他原料加工生产的用于涂料、油漆、食用油、印刷油墨、皮革、农药、橡胶、化妆品生产和机械清洗、胶粘行业的轻质油。橡胶填充油、溶剂油原料，属于溶剂油征收范围。

5. 航空煤油

航空煤油也称喷气燃料，是用原油或其他原料加工生产的用作喷气发动机和喷气推进系统燃料的各种轻质油。航空煤油的消费税暂缓征收。

6. 润滑油

润滑油是用原油或其他原料加工生产的用于内燃机、机械加工过程的润滑产品。润滑油分为矿物性润滑油、植物性润滑油、动物性润滑油和化工原料合成润滑油。

润滑油的征收范围包括矿物性润滑油、矿物性润滑油基础油、植物性润滑油、动物性润滑油和化工原料合成润滑油。

7. 燃料油

燃料油也称重油、渣油，包括用于电厂发电、船舶锅炉燃料、加热炉燃料、冶金和其他工业炉燃料的各类燃料油。

（七）摩托车

摩托车包括轻便摩托车和摩托车两种。对最大设计车速不超过 50 千米/小时，发动机气缸总工作容量不超过 50 毫米的三轮摩托车不征收消费税。气缸容量在 250 毫升（不含）以下的小排量摩托车征收消费税。

（八）小汽车

小汽车是指由动力驱动，具有 4 个或 4 个以上车轮的非轨道承载的车辆。

本税目征收范围包括含驾驶员座位在内最多不超过 9 个座位（含）的，在设计和技术特性上用于载运乘客和货物的各类乘用车和含驾驶员座位在内的座位数在 10～23 座

（含23座）的在设计和技术特性上用于载运乘客和货物的各类中轻型商用客车。

用排气量小于1.5升（含）的乘用车底盘（车架）改装、改制的车辆属于乘用车征收范围。用排气量大于1.5升的乘用车底盘（车架）或用中轻型商用客车底盘（车架）改装、改制的车辆属于中轻型商用客车征收范围。

含驾驶员人数（额定载客）为区间值的（如8～10人、17～26人）小汽车，按其区间值下限人数确定征收范围。

电动汽车不属于本税目征收范围。车身长度大于7米（含），并且座位在10~23座（含23座）以下的商用客车，不属于中轻型商用客车征税范围，不征收消费税。沙滩车、雪地车、卡丁车、高尔夫车不属于消费税征收范围，不征收消费税。

（九）高尔夫球及球具

高尔夫球及球具是指从事高尔夫球运动所需的各种专用装备，包括高尔夫球、高尔夫球杆及高尔夫球包（袋）等。

高尔夫球是指重量不超过45.93克、直径不超过42.67毫米的高尔夫球运动比赛、练习用球；高尔夫球杆是指被设计用来打高尔夫球的工具，由杆头、杆身和握把三部分组成；高尔夫球包（袋）是指专用于盛装高尔夫球及球杆的包（袋）。

本税目征收范围包括高尔夫球、高尔夫球杆、高尔夫球包（袋）。高尔夫球杆的杆头、杆身和握把属于本税目的征收范围。

（十）高档手表

高档手表是指销售价格（不含增值税）每支在10 000元（含）以上的各类手表。本税目征收范围包括符合以上标准的各类手表。

（十一）游艇

游艇是指长度大于8米小于90米，船体由玻璃钢、钢、铝合金、塑料等多种材料制作，可以在水上移动的水上浮载体。按照动力游艇可分为无动力艇、帆艇和机动艇。

本税目征收范围包括艇身长度大于8米（含）小于90米（含），内置发动机，可以在水上移动，一般为私人或团体购置，用于水上运动和休闲娱乐等非营利活动的各类机动艇。

（十二）木制一次性筷子

木制一次性筷子，又称卫生筷子，是指以木材为原料经过锯断、浸泡、旋切、刨切、烘干、筛选、打磨、倒角、包装等环节加工而成的各类供一次性使用的筷子。

本税目征收范围包括各种规格的木制一次性筷子。未经打磨、倒角的木制一次性筷子属于本税目征税范围。

（十三）实木地板

实木地板是指以木材为原料，经锯割、干燥、刨光、截断、开榫、涂漆等工序加工而成的块状或条状的地面装饰材料。实木地板按生产工艺，可分为独板（块）实木地板、实木指接地板、实木复合地板三类；按表面处理状态，可分为未涂饰地板（白坯板、素板）和漆饰地板两类。

本税目征收范围包括各类规格的实木地板、实木指接地板、实木复合地板及用于装饰墙壁、天棚的侧端面为榫、槽的实木装饰板。未经涂饰的素板也属于本税目征税范围。

（十四）电池

电池，是一种将化学能、光能等直接转换为电能的装置，一般由电极、电解质、容器、极端，通常还有隔离层组成的基本功能单元，以及用一个或多个基本功能单元装配成的电池组。其征收范围包括原电池、蓄电池、燃料电池、太阳能电池和其他电池。

自 2015 年 2 月 1 日起，国家税务总局对电池（铅蓄电池除外）征收消费税；对无汞原电池、金属氢化物镍蓄电池（又称氢镍蓄电池或镍氢蓄电池）、锂原电池、锂离子蓄电池、太阳能电池、燃料电池、全钒液流电池免征消费税。2015 年 12 月 31 日前，国家税务总局对铅蓄电池缓征消费税；自 2016 年 1 月 1 日起，对铅蓄电池按 4%的税率征收消费税。

（十五）涂料

涂料是指涂于物体表面能形成具有保护、装饰或特殊性能的固态涂膜的一类液体或固体材料的总称。自 2015 年 2 月 1 日起，国家税务总局对涂料消费税，施工状态下挥发性有机物（volatile organic compounds，VOC）含量低于 420 克/升（含）的涂料免征消费税。

二、税率

消费税采用比例税率和定额税率两种形式，以适应不同应税消费品的实际情况。

消费税根据不同的税目或子目确定相应的税率或单位税额。例如，白酒的税率为 20%，摩托车的税率为 3%等；黄酒、啤酒、汽油、柴油等分别按单位重量或单位体积确定单位税额。经整理汇总的消费税税目、税率表如表 3-1 所示。

表 3-1 消费税税目、税率表

税目	税率
一、烟	
1. 卷烟	

续表

税目	税率
（1）甲类卷烟[调拨价 70 元（不含增值税）/条以上（含 70 元）]	56%+0.003 元/支
（2）乙类卷烟[调拨价 70 元（不含增值税）/条以下]	36%+0.003 元/支
（3）商业批发	11%+0.005 元/支
2. 雪茄烟	36%
3. 烟丝	30%
二、酒	
1. 白酒	20%加 0.5 元/500 克（或者 500 毫升）
2. 黄酒	240 元/吨
3. 啤酒	
（1）甲类啤酒	250 元/吨
（2）乙类啤酒	220 元/吨
4. 其他酒	10%
三、化妆品	30%
四、贵重首饰及珠宝玉石	
1. 金银首饰、铂金首饰和钻石及钻石饰品	5%
2. 其他贵重首饰和珠宝玉石	10%
五、鞭炮、焰火	15%
六、成品油	
1. 汽油	
（1）含铅汽油	1.52 元/升
（2）无铅汽油	1.52 元/升
2. 柴油	1.20 元/升
3. 石脑油	1.52 元/升
4. 溶剂油	1.52 元/升
5. 航空煤油	1.20 元/升
6. 润滑油	1.52 元/升
7. 燃料油	1.20 元/升
七、摩托车	
1. 气缸容量（排气量，下同）在 250 毫升（含 250 毫升）以下的	3%
2. 气缸容量在 250 毫升以上的	10%
八、小汽车	
1. 乘用车	

续表

税目	税率
（1）气缸容量（排气量，下同）在1.0升（含1.0升）以下的	1%
（2）气缸容量在1.0升以上至1.5升（含1.5升）的	3%
（3）气缸容量在1.5升以上至2.0升（含2.0升）的	5%
（4）气缸容量在2.0升以上至2.5升（含2.5升）的	9%
（5）气缸容量在2.5升以上至3.0升（含3.0升）的	12%
（6）气缸容量在3.0升以上至4.0升（含4.0升）的	25%
（7）气缸容量在4.0升以上的	40%
2. 中轻型商用客车	5%
3. 超豪华小汽车	按子税目1和子税目2的规定征收，零售环节10%
九、高尔夫球及球具	10%
十、高档手表	20%
十一、游艇	10%
十二、木制一次性筷子	5%
十三、实木地板	5%
十四、电池	4%
十五、涂料	4%

第三节 计税依据

按照现行消费税法的基本规定，消费税应纳税额的计算主要分为从价计征、从量计征和从价从量复合计征三种方法。

一、从价计征

在从价计征计算方法下，应纳税额等于应税消费品的销售额乘以适用税率，应纳税额的多少取决于应税消费品的销售额和适用税率两个因素。

（一）销售额的确定

销售额为纳税人销售应税消费品向购买方收取的全部价款和价外费用。销售，是指有偿转让应税消费品的所有权；有偿，是指从购买方取得货币、货物或者其他经济利益；价外费用，是指价外向购买方收取的手续费、补贴、基金、集资费、返还利润、奖励费、违约金、延期付款利息、赔偿金、代收款项、代垫款项、包装费、包装物租金、储备费、优质费、运输装卸费及其他各种性质的价外收费。但以下项目不包括在内。

1）同时符合以下条件的代垫运输费用：①承运部门的运输费用发票开具给购买方的；②纳税人将该项发票转交给购买方的。

2）同时符合以下条件代为收取的政府性基金或者行政事业性收费：①由国务院或者财政部批准设立的政府性基金，由国务院或者省级人民政府及其财政、价格主管部门批准设立的行政事业性收费；②收取时开具省级以上财政部门印制的财政票据；③所收款项全额上缴财政。

3）其他价外费用，无论是否属于纳税人的收入，均应并入销售额计算征税。

实行从价计征办法计算应纳税额的应税消费品连同包装销售的，无论包装是否单独计价，也无论在会计上如何核算，均应并入应税消费品的销售额中征收消费税。

如果包装物不作价随同产品销售，而是收取押金，此项押金则不应并入应税消费品销售额中征税。但对逾期未收回的包装物不再退还的或者已收取的时间超过 12 个月的押金，应并入应税消费品的销售额，按照应税消费品的适用税率缴纳消费税。

对既作价随同应税消费品销售，又另外收取押金的包装物的押金，凡纳税人在规定的期限内没有退还的，均应并入应税消费品的销售额，按照应税消费品的适用税率缴纳消费税。

纳税人销售的应税消费品，以外汇结算销售额的，其销售额的人民币折合率可以选择结算的当天或者当月 1 日的国家外汇牌价（原则上为中间价）。纳税人应事先确定采取何种折合率，确定后 1 年内不得变更。

（二）含增值税销售额的换算

应税消费品在缴纳消费税的同时，与一般货物一样，还应缴纳增值税。按照《消费税暂行条例实施细则》的规定，应税消费品的销售额，不包括应向购货方收取的增值税税款。如果纳税人应税消费品的销售额中未扣除增值税税款或者因不得开具增值税专用发票而发生价款和增值税税款合并收取的，在计算消费税时，应将含增值税的销售额换算为不含增值税税款的销售额。其换算公式为

$$应税消费品的销售额=含增值税的销售额\div(1+增值税税率或征收率) \qquad (3\text{-}1)$$

在使用式（3-1）时，应根据纳税人的具体情况分别使用增值税税率或征收率。如果消费税的纳税人同时又是增值税一般纳税人的，应适用 17%的增值税税率；如果消费税的纳税人是增值税小规模纳税人的，应适用 3%的征收率。

二、从量计征

在从量计征计算方法下，应纳税额等于应税消费品的销售数量乘以单位税额，应纳税额的多少取决于应税消费品的销售数量和单位税额两个因素。

（一）销售数量的确定

销售数量是指纳税人生产、加工和进口应税消费品的数量。具体规定为：①销售应税消费品的，为应税消费品的销售数量；②自产自用应税消费品的，为应税消费品的移送使用数量；③委托加工应税消费品的，为纳税人收回的应税消费品数量；④进口的应税消费品，为海关核定的应税消费品进口征税数量。

（二）计量单位的换算标准

《消费税暂行条例》规定，黄酒、啤酒是以吨为税额单位的；汽油、柴油是以升为税额单位的。但是，考虑到在实际销售过程中，一些纳税人会把吨或升这两个计量单位混用，故规范了不同产品的计量单位，以准确计算应纳税额。吨、升换算标准如表 3-2 所示。

表 3-2 吨、升换算标准

序号	名称	换算标准
1	黄酒	1 吨=962 升
2	啤酒	1 吨=988 升
3	汽油	1 吨=1 388 升
4	柴油	1 吨=176 升
5	航空煤油	1 吨=1 246 升
6	石脑油	1 吨=1 385 升
7	溶剂油	1 吨=1 282 升
8	润滑油	1 吨=1 126 升
9	燃料油	1 吨=1 015 升

三、从价从量复合计征

现行消费税的征税范围中，只有卷烟、白酒采用复合计征方法。应纳税额等于应税销售数量乘以定额税率加上应税销售额乘以比例税率。

生产销售卷烟、白酒从量计征的计税依据为实际销售数量。进口、委托加工、自产自用卷烟、白酒从量计征的计税依据分别为海关核定的进口征税数量、委托方收回数量、移送使用数量。

四、计税依据的特殊规定

纳税人通过自设非独立核算门市部销售的自产应税消费品，应当按照门市部对外销售额或者销售数量征收消费税。

纳税人用于换取生产资料和消费资料，投资入股和抵偿债务等方面的应税消费品，应当以纳税人同类应税消费品的最高销售价格作为计税依据计算消费税。

纳税人兼营不同税率的应税消费品，应当分别核算不同税率应税消费品的销售额、销售数量。未分别核算销售额、销售数量，或者将不同税率的应税消费品组成成套消费品销售的，从高适用税率。

第四节 应纳税额的计算

一、生产销售环节应纳消费税的计算

消费税计算

纳税人在生产销售环节应缴纳的消费税时，包括直接对外销售应税消费品应缴纳的消费税和自产自用应税消费品应缴纳的消费税。

（一）直接对外销售应纳消费税的计算

直接对外销售应税消费品涉及三种计算方法。

1. 从价计征计算

在从价计征计算方法下，应纳消费税税额等于销售额乘以适用税率。其计算公式为

应纳税额=应税消费品的销售额×比例税率 (3-2)

【例 3-1】某化妆品生产企业为增值税一般纳税人。2017 年 3 月 15 日，该企业向某大型商场销售化妆品一批，开具增值税专用发票，取得不含增值税销售额 50 万元，增值税税额 8.5 万元；3 月 20 日，该企业向某单位销售化妆品一批，开具增值税普通发票，取得含增值税销售额 4.68 万元。假设化妆品适用消费税税率为 30%。试计算该化妆品生产企业上述业务应缴纳的消费税税额。

解析：

化妆品的应税销售额=50+4.68 ÷ (1+17%) =54（万元）

应缴纳的消费税税额=54×30%=16.2（万元）

2. 从量计征计算

在从量计征计算方法下，应纳税额等于应税消费品的销售数量乘以单位税额。其计算公式为

应纳税额=应税消费品的销售数量×定额税率 (3-3)

【例 3-2】某啤酒厂 2017 年 4 月销售甲类啤酒 1 000 吨，取得不含增值税销售额 295 万元，增值税税款为 50.15 万元，另外收取包装物押金 23.4 万元。假设销售甲类啤酒，

适用定额税率为205元/吨。试计算2017年4月该啤酒厂应纳消费税税额。

解析：

应纳税额=销售数量×定额税率=1 000×250 =250 000（元）

3. 从价计征和从量计征复合计算

现行消费税的征税范围中，只有卷烟、白酒采用复合计算方法。其计算公式为

应纳税额=应税消费品的销售数量×定额税率+应税销售额×比例税率　　(3-4)

【例3-3】 某白酒生产企业为增值税一般纳税人，2017年4月销售白酒50吨，取得不含增值税的销售额200万元。假设白酒适用比例税率为20%，定额税率为500克0.5元。试计算白酒企业4月应缴纳的消费税额。

解析：

应纳税额=50×2 000×0.000 05+200×20% = 45（万元）

（二）自产自用应纳消费税的计算

自产自用，就是纳税人生产应税消费品后，不是用于直接对外销售，而是用于自己连续生产应税消费品或用于其他方面。这种自产自用应税消费品形式，在实际经济活动中是很常见的，但也是在是否纳税或如何纳税上最容易出现问题的。例如，有的企业把自己生产的应税消费品，以福利或奖励等形式发给本厂职工，认为不是对外销售，不必计入销售额，无须纳税，这样就容易出现漏缴税款的现象。因此，需要认真理解税法对自产自用应税消费品的有关规定。

1. 用于连续生产的应税消费品

纳税人自产自用的应税消费品，用于连续生产应税消费品的，不纳税。所谓纳税人自产自用的应税消费品，用于连续生产应税消费品的，是指作为生产最终应税消费品的直接材料并构成最终产品实体的应税消费品。例如，卷烟厂生产烟丝，则烟丝已是应税消费品，卷烟厂再用生产的烟丝连续生产卷烟，这样，用于连续生产卷烟的烟丝就不用缴纳消费税，只对生产的卷烟征收消费税。当然，生产的烟丝如果是直接销售的，则烟丝要缴纳消费税。税法规定对自产自用的应税消费品，用于连续生产应税消费品的不征税，体现了不重复征税且计税简便的原则。

2. 用于其他方面的应税消费品

纳税人自产自用的应税消费品，除用于连续生产的应税消费品外，凡用于其他方面的于移送使用时纳税。用于其他方面的应税消费品是指纳税人用于生产非应税消费品、在建工程、管理部门、非生产机构，提供劳务，以及用于馈赠、赞助、集资、广告、样品、职工福利、奖励等方面。

所谓用于生产非应税消费品，是指把自产的应税消费品用于生产《消费税暂行条例》税目税率表所列 15 类产品以外的产品。例如，原油加工厂用生产的应税消费品汽油调和制成溶剂汽油，该溶剂汽油就属于非应税消费品。

所谓用于在建工程，是指把自产的应税消费品用于本单位的各项建设工程。例如，石化工厂把自己生产的柴油用于本厂基建工程的车辆、设备使用。所谓用于管理部门、非生产机构，是指把自己生产的应税消费品用于与本单位有隶属关系的管理部门或非生产机构。例如，汽车制造厂把生产出的小汽车提供给上级主管部门使用。

所谓用于馈赠、赞助、集资、广告、样品、职工福利、奖励，是指把自己生产的应税消费品无偿赠送给他人或以资金的形式投资于外单位某些事业或作为商品广告、经销样品或以福利、奖励的形式发给职工。例如，摩托车厂把自己生产的摩托车赠送或赞助给摩托车拉力赛赛手使用，兼作商品广告；酒厂把自己生产的滋补药酒以福利的形式发给职工等。

总之，企业自产的应税消费品虽然没有用于销售或连续生产应税消费品，但只要是用于税法所规定的范围的都要视同销售，依法缴纳消费税。

3. 组成计税价格及税额的计算

纳税人自产自用的应税消费品，凡用于其他方面，应当纳税的，按照纳税人生产的同类消费品的销售价格计算纳税。同类消费品的销售价格是指纳税人当月销售的同类消费品的销售价格，如果当月同类消费品各期销售价格高低不同，应按销售数量加权平均计算。但销售的应税消费品有下列情况之一的，不得列入加权平均计算：①销售价格明显偏低又无正当理由的；②无销售价格的。

如果当月无销售或者当月未完结，应按照同类消费品上月或者最近月份的销售价格计算纳税。没有同类消费品销售价格的，按照组成计税价格计算纳税。

1）实行从价计征办法计算纳税的组成计税价格的计算公式为

$$\text{组成计税价格}=(\text{成本}+\text{利润})\div(1-\text{比例税率}) \tag{3-5}$$

$$\text{应纳税额}=\text{组成计税价格}\times\text{比例税率} \tag{3-6}$$

2）实行复合计税办法计算纳税的组成计税价格的计算公式为

$$\text{组成计税价格}=(\text{成本}+\text{利润}+\text{自产自用数量}\times\text{定额税率})\div(1-\text{比例税率}) \tag{3-7}$$

$$\text{应纳税额}=\text{组成计税价格}\times\text{比例税率}+\text{自产自用数量}\times\text{定额税率} \tag{3-8}$$

式（3-5）～式（3-8）中，成本为应税消费品的产品生产成本；利润为根据应税消费品的全国平均成本利润率计算的利润。

应税消费品全国平均成本利润率由国家税务总局确定。1993 年 12 月 28 日与 2006 年 3 月，国家税务总局颁发的《消费税若干具体问题的规定》，确定了应税消费品全国平均成本利润率表（表 3-3）。

表 3-3 应税消费品全国平均成本利润率表

货物名称	平均利润率/%	货物名称	平均利润率/%
1. 甲类卷烟	10	10. 贵重首饰及珠宝玉石	6
2. 乙类卷烟	5	11. 摩托车	6
3. 雪茄烟	5	12. 高尔夫球及球具	10
4. 烟丝	5	13. 高档手表	20
5. 粮食白酒	10	14. 游艇	10
6. 薯类白酒	5	15. 木制一次性筷子	5
7. 其他酒	5	16. 实木地板	5
8. 化妆品	5	17. 乘用车	8
9. 鞭炮、焰火	5	18. 中轻型商用客车	5

【例 3-4】某化妆品公司将一批自产的化妆品用作职工福利，化妆品的成本为 80 000 元，该化妆品无同类产品市场销售价格，但已知其成本利润率为 5%，消费税税率为 30%。试计算该批化妆品应缴纳的消费税税额。

解析：

组成计税价格=80 000×(1+5%)÷(1−30%)
=84 000÷0.7=120 000（元）

应纳税额=120 000×30% =36 000（元）

二、委托加工环节应税消费品应纳税的计算

企业、单位或个人由于设备、技术、人力等方面的局限或其他方面的原因，常常要委托其他单位代为加工应税消费品，然后将加工后的应税消费品收回，直接销售或自己使用。这是生产应税消费品的另一种形式，也需要纳入征收消费税的范围。例如，某企业将购来的小客车底盘和零部件提供给某汽车改装厂，加工组装成小客车供自己使用，则加工组装成的小客车就需要缴纳消费税。按照规定，委托加工的应税消费品由受托方在向委托方交货时代收代缴税款。

（一）委托加工应税消费品的确定

委托加工的应税消费品是指由委托方提供原料和主要材料，受托方只收取加工费和代垫部分辅助材料加工的应税消费品。对于由受托方提供原材料生产的应税消费品，或者受托方先将原材料卖给委托方，再接受加工的应税消费品，以及由受托方以委托方名义购进原材料生产的应税消费品，不论纳税人在财务上是否作销售处理，都不得作为委托加工应税消费品，而应当按照销售自制应税消费品缴纳消费税。

（二）代收代缴税款的规定

对于确实属于委托方提供原料和主要材料，受托方只收取加工费和代垫部分辅助材料加工的应税消费品，税法规定，由受托方在向委托方交货时代收代缴消费税。这样，受托方就是法定的代收代缴义务人。如果受托方对委托加工的应税消费品没有代收代缴或少代收代缴消费税，应按照《税收征收管理法》的规定，承担代收代缴的法律责任。因此，受托方必须严格履行代收代缴义务，正确计算和按时代缴税款。为了加强对受托方代收代缴税款的管理，委托个人（含个体工商户）加工的应税消费品，由委托方收回后缴纳消费税。

委托加工的应税消费品，受托方在交货时已代收代缴消费税，委托方将收回的应税消费品，以不高于受托方的计税价格出售的，为直接出售，不再缴纳消费税；委托方以高于受托方的计税价格出售的，不属于直接出售，需按照规定申报缴纳消费税，在计税时准予扣除受托方已代收代缴的消费税。

（三）组成计税价格及应纳税额的计算

委托加工的应税消费品，按照受托方的同类消费品的销售价格计算纳税，同类消费品的销售价格是指受托方（代收代缴义务人）当月销售的同类消费品的销售价格，如果当月同类消费品各期销售价格高低不同，应按销售数量加权平均计算。但销售的应税消费品有下列情况之一的，不得列入加权平均计算：①销售价格明显偏低又无正当理由的；②无销售价格的。

如果当月无销售或者当月未完结，应按照同类消费品上月或最近月份的销售价格计算纳税。没有同类消费品销售价格的，按照组成计税价格计算纳税。

1）实行从价定率办法计算纳税的组成计税价格的计算公式为

$$组成计税价格=(材料成本+加工费)\div(1-比例税率) \tag{3-9}$$

2）实行复合计税办法计算纳税的组成计税价格的计算公式为

$$组成计税价格=(材料成本+加工费+委托加工数量\times定额税率)\div(1-比例税率) \tag{3-10}$$

式（3-9）和式（3-10）中有两个重要的专用名词需要解释。

① 材料成本。按照《消费税暂行条例实施细则》的解释，材料成本是指委托方所提供加工材料的实际成本。

委托加工应税消费品的纳税人，必须在委托加工合同上如实注明（或以其他方式提供）材料成本，凡未提供材料成本的，受托方所在地主管税务机关有权核定其材料成本。从这一条规定可以看出，税法对委托方提供原料和主要材料，并要其以明确的方式如实提供材料成本，其目的是防止假冒委托加工应税消费品或少报材料成本以逃避纳税的现象。

② 加工费。《消费税暂行条例实施细则》规定，加工费是指受托方加工应税消费品向委托方收取的全部费用（包括代垫辅助材料的实际成本，不包括增值税税金），这是

税法对受托方的要求。受托方必须如实提供向委托方收取的全部费用，这样既能保证组成计税价格及代收代缴消费税准确地计算出来，也能使受托方按加工费正确计算其应纳的增值税。

【例 3-5】某鞭炮企业 2017 年 4 月受托为某单位加工一批鞭炮，委托单位提供的原材料金额为 60 万元，收取委托单位不含增值税的加工费 8 万元，鞭炮企业无同类产品市场价格。假设鞭炮的适用税率为 15%。试计算鞭炮企业应代收代缴的消费税。

解析：

组成计税价格=(60+8)÷(1−15%) =80（万元）

应代收代缴消费税=80×15%=12（万元）

三、进口环节应纳消费税的计算

进口的应税消费品，于报关进口时缴纳消费税；进口的应税消费品的消费税由海关代征；进口的应税消费品，由进口人或者其代理人向报关地海关申报纳税；纳税人进口应税消费品，按照关税征收管理的相关规定，应当自海关填发海关进口消费税专用缴款书之日起 15 日内缴纳税款。

1993 年 12 月，国家税务总局、海关总署联合颁发的《关于对进口货物征收增值税、消费税有关问题的通知》（国税发〔1993〕155 号）规定，进口应税消费品的收货人或办理报关手续的单位和个人，为进口应税消费品消费税的纳税义务人。进口应税消费品消费税的税目、税率（税额），依照《消费税暂行条例》所附的《消费税税目税率（税额）表》执行。

纳税人进口应税消费品，按照组成计税价格和规定的税率计算应纳税额。

1. 实行从价定率计征应纳税额的计算

实行从价定率计征应纳税额的计算公式为

组成计税价格=(关税完税价格+关税)÷(1−消费税比例税率)　　（3-11）

应纳税额=组成计税价格×消费税比例税率　　（3-12）

式（3-11）中，关税完税价格为海关核定的关税计税价格。

【例 3-6】某商贸公司 2017 年 5 月从国外进口一批应税消费品，已知该批应税消费品的关税完税价格为 90 万元，按规定应缴纳关税 18 万元，假定进口的应税消费品的消费税税率为 10%。试计算该批消费品进口环节应缴纳的消费税税额。

解析：

组成计税价格=(90+18)÷(1−10%)= 120（万元）

应缴纳消费税税额= 120×10% =12（万元）

2. 实行从量定额计征应纳税额的计算

实行从量定额计征应纳税额的计算公式为

应纳税额=应税消费品数量×消费税定额税率 （3-13）

3. 实行从价定率和从量定额复合计税办法应纳税额的计算

实行从价定率和从量定额复合计税方法应纳税额的计算公式为

组成计税价格=(关税完税价格+关税+进口数量×消费税定额税率)

÷(1−消费税比例税率) （3-14）

应纳税额=组成计税价格×消费税税率

+应税消费品进口数量×消费税定额税率 （3-15）

进口环节消费税除国务院另有规定者外，一律不得给予减税、免税。

四、已纳消费税扣除的计算

为了避免重复征税，现行消费税法规定，将外购应税消费品和委托加工收回的应税消费品继续生产应税消费品销售的，可以将外购应税消费品和委托加工收回应税消费品已缴纳的消费税给予扣除。

（一）外购应税消费品已纳税款的扣除

1. 外购应税消费品连续生产应税消费品

由于某些应税消费品是用外购已缴纳消费税的应税消费品连续生产出来的，在对这些连续生产出来的应税消费品计算征税时，税法规定应按当期生产领用数量计算准予扣除外购的应税消费品已纳的消费税税款。扣除范围包括：①外购已税烟丝生产的卷烟；②外购已税化妆品生产的化妆品；③外购已税珠宝玉石生产的贵重首饰及珠宝玉石；④外购已税鞭炮、焰火生产的鞭炮、焰火；⑤外购已税杆头、杆身和握把为原料生产的高尔夫球杆；⑥外购已税木制一次性筷子为原料生产的木制一次性筷子；⑦外购已税实木地板为原料生产的实木地板；⑧对外购已税汽油、柴油、石脑油、燃料油、润滑油用于连续生产应税成品油；⑨外购已税摩托车连续生产应税摩托车（如用外购两轮摩托车改装三轮摩托车）。

上述当期准予扣除外购应税消费品已纳消费税税款的计算公式为

当期准予扣除的外购应税消费品已纳税款=当期准予扣除的外购应税消费品买价

×外购应税消费品适用税率 （3-16）

当期准予扣除的外购应税消费品买价=期初库存的外购应税消费品的买价

+当期购进的应税消费品的买价

−期末库存的外购应税消费品的买价 （3-17）

式（3-16）和式（3-17）中，外购已税消费品的买价是指购货发票上注明的销售额（不包括增值税税款）。由于我国近期多次调整成品油消费税税率，纳税人外购应税油品连续生产应税成品油，根据其取得的外购应税油品增值税专用发票开具时间来确定具体的扣除金额，如果增值税专用发票开具时间为调整前，则按照调整前的成品油消费税税率计算扣除消费税；如果增值税专用发票开具时间为调整后，则按照调整后的成品油消费税税率计算扣除消费税。

【例 3-7】某卷烟生产企业，某月初库存外购已税烟丝金额为 50 万元，当月又外购应税烟丝金额为 500 万元（不含增值税），月末库存烟丝金额为 30 万元，其余被当月生产卷烟领用。假设烟丝适用的消费税税率为 30%。试计算卷烟厂当月准许扣除的外购烟丝已缴纳的消费税税额。

解析：

当期准许扣除的外购烟丝买价=50+500−30=520（万元）

当月准许扣除的外购烟丝已缴纳的消费税税额=520×30% =156（万元）

需要说明的是，纳税人用外购的已税珠宝玉石生产的改在零售环节征收消费税的金银首饰（镶嵌首饰），在计税时一律不得扣除外购珠宝玉石的已纳税款。

2. 外购应税消费品后销售

对自己不生产应税消费品，而只是购进后再销售应税消费品的工业企业，其销售的化妆品，护肤护发品，鞭炮、焰火和珠宝玉石，凡不能构成最终消费品直接进入消费品市场，而需进一步生产加工的深加工、包装、贴标，组合的珠宝玉石、化妆品、酒、鞭炮焰火等，应当征收消费税，同时允许扣除上述外购应税消费品的已纳税款。

（二）委托加工收回的应税消费品已纳税款的扣除

委托加工的应税消费品因为已由受托方代收代缴消费税，因此，委托方收回货物后用于连续生产应税消费品的，其已纳税款准予按照规定从连续生产的应税消费品应纳消费税税额中抵扣。按照国家税务总局的规定，下列连续生产的应税消费品准予从应纳消费税税额中按当期生产领用数量计算扣除委托加工收回的应税消费品已纳消费税税款：①以委托加工收回的已税烟丝为原料生产的卷烟；②以委托加工收回的已税化妆品为原料生产的化妆品；③以委托加工收回的已税珠宝玉石为原料生产的贵重首饰及珠宝玉石；④以委托加工收回的已税鞭炮、焰火为原料生产的鞭炮、焰火；⑤以委托加工收回的已税杆头、杆身和握把为原料生产的高尔夫球杆；⑥以委托加工收回的已税木制一次性筷子为原料生产的木制一次性筷子；⑦以委托加工收回的已税实木地板为原料生产的实木地板；⑧以委托加工收回的已税汽油、柴油、石脑油、燃料油、润滑油用于连续生产应税成品油；⑨以委托加工收回的已税摩托车连续生产应税摩托车（如用外购两轮摩托车改装三轮摩托车）。

上述当期准予扣除委托加工收回的应税消费品已纳消费税税款的计算公式为

当期准予扣除的委托加工应税消费品已纳税款

=期初库存的委托加工应税消费品已纳税款

+当期收回的委托加工应税消费品已纳税款

-期末库存的委托加工应税消费品已纳税款 (3-18)

纳税人以进口、委托加工收回应税油品连续生产应税成品油，分别依据海关进口消费税专用缴款书、税收缴款书（代扣代收专用），按照现行政策规定计算扣除应税油品已纳消费税税款。

需要说明的是，纳税人用委托加工收回的已税珠宝玉石生产的改在零售环节征收消费税的金银首饰，在计税时一律不得扣除委托加工收回的珠宝玉石的已纳消费税税款。

第五节 征收管理

一、纳税义务发生时间

纳税人生产的应税消费品于销售时纳税，进口消费品应当于应税消费品报关进口环节纳税，但金银首饰、钻石及钻石饰品在零售环节纳税。消费税纳税义务发生的时间，以货款结算方式或行为发生时间分别确定。

1）纳税人销售的应税消费品，其纳税义务的发生时间如下。

① 纳税人采取赊销和分期收款结算方式的，为书面合同约定的收款日期的当天，书面合同没有约定收款日期或者无书面合同的，为发出应税消费品的当天。

② 纳税人采取预收货款结算方式的，其纳税义务的发生时间，为发出应税消费品的当天。

③ 纳税人采取托收承付和委托银行收款方式的，其纳税义务的发生时间，为发出应税消费品并办妥托收手续的当天。

④ 纳税人采取其他结算方式的，其纳税义务的发生时间，为收讫销售款或者取得索取销售款凭据的当天。

2）纳税人自产自用的应税消费品，其纳税义务的发生时间，为移送使用的当天。

3）纳税人委托加工的应税消费品，其纳税义务的发生时间，为纳税人提货的当天。

4）纳税人进口的应税消费品，其纳税义务的发生时间，为报关进口的当天。

二、纳税期限

按照《消费税暂行条例》规定，消费税的纳税期限分别为 1 日、3 日、5 日、10 日、15 日、1 个月或者 1 个季度。纳税人的具体纳税期限，由主管税务机关根据纳税人应纳税额的大小分别核定；不能按照固定期限纳税的，可以按次纳税。

纳税人以 1 个月或以 1 个季度为 1 个纳税期的，自期满之日起 15 日内申报纳税；以 1 日、3 日、5 日、10 日或者 15 日为 1 个纳税期的，自期满之日起 5 日内预缴税款，于次月 1 日起至 15 日内申报纳税并结清上月应纳税款。

纳税人进口应税消费品，应当自海关填发海关进口消费税专用缴款书之日起 15 日内缴纳税款。

如果纳税人不能按照规定的纳税期限依法纳税，将按《税收征收管理法》的有关规定处理。

三、纳税地点

消费税有如下具体纳税地点。

1）纳税人销售的应税消费品，以及自产自用的应税消费品，除国务院财政、税务主管部门另有规定外，应当向纳税人机构所在地或者居住地的主管税务机关申报纳税。

2）委托加工的应税消费品，除受托方为个人外，由受托向机构所在地或者居住地的主管税务机关解缴消费税税款。

3）进口的应税消费品，由进口人或者其代理人向报关地海关申报纳税。

4）纳税人到外县（市）销售或者委托外县（市）代销自产应税消费品的，于应税消费品销售后，向机构所在地或者居住地主管税务机关申报纳税。

5）纳税人的总机构与分支机构不在同一县（市），但在同一省（自治区、直辖市）范围内，经省（自治区、直辖市）财政厅（局）、国家税务总局审批同意，可以由总机构汇总向总机构所在地的主管税务机关申报缴纳消费税。省（自治区、直辖市）财政厅（局）、国家税务总局应将审批同意的结果，上报财政部、国家税务总局备案。

课后练习

在线测试 3

一、名词解释

1. 消费税　2. 一般消费税　3. 特别消费税　4. 委托加工应税消费品　5. 计税销售额

二、填空题

1. 进口应税消费品按规定的________计征消费税。
2. 卷烟实行________的方法计算应纳税额。
3. 消费税的纳税人是在中国境内从事生产、________和进口应税消费品的单位和个人。
4. 实行单一环节________课征制是各国征收消费税的通行做法。

5. 消费税的征税范围分布于________、________、________、________四个环节。

6. 纳税人通过自设非独立核算的门市部销售的自产应税消费品，应以门市部的________为计税销售额。

7. 出口的应税消费品办理退税后，发生退关，________必须及时向其所在地主管税务机关申报补缴已退的消费税税额。

8. 消费税的纳税义务发生时间是根据________原则确定的。

9. 纳税人采取分期收款方式销售应税消费品的，其纳税义务发生时间为________规定的收款日期的当天。

10. 纳税人投资入股的应税消费品，应视同对外销售并以纳税人的同类应税消费品的________作为计税依据。

三、判断题（判断对错，并将错误的改正过来）

1. 一切消费品均在产制环节征收。（　　）

2. 纳税人兼营不同税率应税消费品的，一律从高适用税率。（　　）

3. 因为消费税是价内税，所以消费税的计税销售额含增值税。（　　）

4. 在流转税体系中，增值税属于普遍调节，消费税属于特殊调节，两者重复征收。（　　）

5. 企业受托加工应税消费品所代收代缴的消费税，在采用组成计税价格计税时，组成计税价格的构成应当是材料成本与加工费之和。（　　）

6. 纳税人到外县销售应税消费品，应当于应税消费品销售后，向销售地主管税务机关申报缴纳。（　　）

7. 委托加工应税消费品收回后直接出售的，应补缴消费税。（　　）

8. 纳税人进口应税消费品，其纳税义务发生时间为报关进口的当天。（　　）

9. 纳税人领用外购已税酒用于生产白酒，其外购酒已纳的消费税税额，准予从应纳税额中扣除。（　　）

10. 纳税人自产自用的应税消费品应当于移送时缴纳消费税。（　　）

四、单项选择题

1. 外购已税消费品用于生产应税消费品时，当期准予扣除的已纳消费税的计算依据是（　　）。

A. 当期购进数量　　B. 当期生产领用数量

C. 当期出库数量　　D. 当期已出售的应税消费品的耗用数量

2. 下列税种中，全部属于中央政府固定收入的是（　　）。

A. 增值税　　B. 资源税　　C. 营业税　　D. 消费税

3. 消费税采取从量定额计税的税目是（　　）。

A. 啤酒　　B. 汽车轮胎　　C. 化妆品　　D. 粮食白酒

五、多项选择题

1.（　　）应作为价外费用，计征消费税。

A. 返还利润　　B. 包装费　　C. 优质费　　D. 手续费

2. 我国对（　　）征收消费税。

A. 陶瓷　　B. 鞭炮　　C. 黄酒　　D. 柴油

3. 纳税人将自产的应税消费品用于（　　），应视同对外销售。

A. 职工福利　　B. 馈赠　　C. 在建工程　　D. 管理部门

4.《消费税暂行条例》规定，下列行为属于应征消费税的有（　　）。

A. 将委托加工应税消费品收回后用于非生产机构

B. 将自产的应税消费品用于非应税项目

C. 委托加工应税消费品

D. 将自产的应税消费品用于连续生产应税消费品

5. 消费税的特点包括（　　）。

A. 课征环节的单一性　　B. 税负的转嫁性

C. 减免税的多样性　　D. 征税范围的选择性

6. 我国消费税分别采用（　　）的计征方法。

A. 从价定额　　B. 从量定额

C. 复合计税　　D. 从价定率

7. 我国消费税的税率形式包括（　　）。

A. 全额累进税率　　B. 定额税率

C. 比例税率　　D. 幅度比例税率

六、问答题

1. 出口应税消费品退税的适用范围和具体条件分别是什么？

2. 消费税具有哪些特征？

3. 纳税人自产自用应税消费品如何征税？

七、计算题

1. A 化工厂为增值税一般纳税人，2017 年 3 月销售化妆品给小规模纳税人，开具的增值税普通发票上注明的价款为 36 万元；销售化妆品给某商业企业，开具的增值税专用发票上注明的价款为 80 万元，增值税税额为 1 360 万元；以成本价转给下属非独立核算的门市部化妆品 30 万元，门市部当月取得含税收入 42 万元。

要求：计算 A 化工厂 2017 年 3 月应纳的消费税。

2. 某化妆品厂 2017 年 11 月进口一批化妆品，海关审定的关税完税价格为 28 万元，关税税率为 40%。当月在国内全部销售，开具的增值税专用发票上注明的价款、增值税税款分别为 71 万元、12.07 万元。

要求：计算该化妆品厂 2017 年 11 月应纳的增值税和消费税。

3. 某汽车轮胎厂为增值税一般纳税人，2017 年 1 月发生如下经济业务：

1）销售汽车轮胎，开具的增值税专用发票上注明的价款为 180 万元，增值税税额为 30.60 万元。

2）委托加工一批轮胎，受托方代收代缴消费税税款为 2 万元，支付加工费 12 万元，取得的增值税专用发票本月已经通过税务机关认定。该批汽车轮胎收回后直接销售，取得不含增值税收入 25 万元。

3）为生产汽车轮胎，本月购入一批汽车轮胎，取得的增值税专用发票上注明的价款、增值税税款分别为 60 万元、10.2 万元，本月已经通过税务机关认定，并全部投入生产。

要求：计算该汽车轮胎厂 2017 年 1 月应纳的增值税和消费税。

第四章　企业所得税法

知识目标

1）正确判断居民纳税人和非居民纳税人。

2）掌握企业所得税应纳税所得额的确定方法。

3）掌握企业所得税应纳税额的计算方法。

4）理解企业所得税的税收优惠政策。

能力目标

了解相关税收优惠政策，能够进行企业所得税应纳税额的计算。

重点难点

1）企业所得税的纳税人、征税对象、税率。

2）企业所得税应纳税额的计算和资产的税务处理。

3）企业所得税税收优惠政策。

案例导入

2017 年 4 月，会计专业毕业生张强到某公司报税岗位顶岗实习，正值企业进行 2016 年度企业所得税年终汇算清缴工作。该公司为我国居民企业，年度会计利润总额为 200 万元，全年销售收入为 2 000 万元。2016 年中国境内经营业务如下：

1）管理费用中列支的业务招待费为 25 万元，广告费和业务宣传费为 350 万元。

2）营业外支出中列支的税收罚款 1 万元；赞助支出 1 万元。

3）公益性捐赠支出 25 万元。

4）生产经营借款 50 万元，借款期限为 1 年，共支付借款利息 5 万元，已知同期银行贷款年利率为 4.8%。

5）投资收益中有国债利息收入5万元。

6）企业上年度亏损2万元。

问题：张强如何进行汇算清缴工作？

企业所得税法，是指国家制定的用以调整企业所得税征收与缴纳之间权利及义务关系的法律规范。现行企业所得税法的基本规范，是2007年3月16日第十届全国人大第五次全体会议通过的《企业所得税法》和2007年11月28日国务院第197次常务会议通过的《企业所得税法实施条例》。

企业所得税是对我国境内的企业和其他取得收入的组织的生产经营所得和其他所得征收的一种税。企业所得税的作用为促进企业改善经营管理活动，提升企业的盈利能力；调节产业结构，促进经济发展；为国家建设筹集财政资金。

第一节　纳税义务人、征税对象与税率

一、纳税义务人

企业所得税的纳税义务人，是指在中华人民共和国境内的企业和其他取得收入的组织。《企业所得税法》第一条规定，除个人独资企业、合伙企业不适用企业所得税法外，凡在中华人民共和国境内，企业和其他取得收入的组织（以下统称企业）为企业所得税的纳税人，依照该法规定缴纳企业所得税。

企业所得税的基本内容

企业所得税的纳税人分为居民企业和非居民企业，这是根据企业纳税义务范围的宽窄进行的分类方法，不同的企业在向中国政府缴纳所得税时，纳税义务不同。将企业分为居民企业和非居民企业，是为了更好地保障我国税收管辖权的有效行使。税收管辖权是一国政府在征税方面的主权，是国家主权的重要组成部分。根据国际上的通行做法，我国选择地域管辖权和居民管辖权的双重管辖权标准，最大限度地维护了我国的税收利益。

（一）居民企业

居民企业，是指依法在中国境内成立，或者依照外国（地区）法律成立但实际管理机构在中国境内的企业。其中，实际管理机构，是指对企业的生产经营、人员、账务、财产等实施实质性全面管理和控制的机构。这里的企业包括国有企业、集体企业、私营企业、联营企业、股份制企业、外商投资企业、外国企业及有生产、经营所得和其他所得的其他组织。其中，有生产、经营所得和其他所得的其他组织，是指经国家有关部门批准，依法注册、登记的事业单位、社会团体等组织。

由于我国的一些社会团体组织、事业单位在完成国家事业计划的过程中，开展多种经营和有偿服务活动，取得除财政部门各项拨款、财政部和国家物价部门批准的各项规费收入以外的经营收入，具有了经营的特点，因此应当视同企业纳入征税范围。

（二）非居民企业

非居民企业，是指依照外国（地区）法律成立且实际管理机构不在中国境内，但在中国境内设立机构、场所的，或者在中国境内未设立机构、场所，但有来源于中国境内所得的企业。

上述所称机构、场所，是指在中国境内从事生产经营活动的机构、场所，包括管理机构、营业机构、办事机构；工厂、农场、开采自然资源的场所；提供劳务的场所；从事建筑、安装、装配、修理、勘探等工程作业的场所；其他从事生产经营活动的机构、场所。

非居民企业委托营业代理人在中国境内从事生产经营活动的，包括委托单位或者个人经常代其签订合同，或者储存、交付货物等，该营业代理人视为非居民企业在中国境内设立的机构、场所。

二、征税对象

企业所得税的征税对象，是指企业的生产经营所得、其他所得和清算所得。

（一）居民企业的征税对象

居民企业应当就其来源于中国境内、境外的所得作为征税对象。所得包括销售货物所得、提供劳务所得、转让财产所得、股息红利等权益性投资所得、利息所得、租金所得、特许权使用费所得、接受捐赠所得和其他所得。

（二）非居民企业的征税对象

非居民企业在中国境内设立机构、场所的，应当就其所设机构、场所取得的来源于中国境内的所得，以及发生在中国境外但与其所设机构、场所有实际联系的所得，缴纳企业所得税。非居民企业在中国境内未设立机构、场所的，或者虽设立机构、场所但取得的所得与其所设机构、场所没有实际联系的，应当就其来源于中国境内的所得缴纳企业所得税。

上述所称实际联系，是指非居民企业在中国境内设立的机构、场所拥有的据以取得所得的股权、债权，以及拥有、管理、控制据以取得所得的财产。

（三）所得来源的确定

1）销售货物所得，按照交易活动发生地确定。

2）提供劳务所得，按照劳务发生地确定。

3）转让财产所得，具体情况为：①不动产转让所得按照不动产所在地确定；②动产转让所得按照转让动产的企业或者机构、场所所在地确定；③权益性投资资产转让所得按照被投资企业所在地确定。

4）股息、红利等权益性投资所得，按照分配所得的企业所在地确定。

5）利息所得、租金所得、特许权使用费所得，按照负担、支付所得的企业或者机构、场所所在地确定，或者按照负担、支付所得的个人的住所地确定。

6）其他所得，由国务院财政、税务主管部门确定。

三、税率

企业所得税税率是体现国家与企业分配关系的核心要素。税率设计的原则是兼顾国家、企业、职工个人三者利益，既要保证财政收入的稳定增长，又要使企业在发展生产、经营方面有一定的财力保证；既要考虑到企业的实际情况和负担能力，又要维护税率的统一性。

企业所得税实行比例税率。比例税率简便易行，透明度高，不会因征税而改变企业间收入分配比例，有利于促进效率的提高。现行规定为基本税率为25%，适用于居民企业和在中国境内设有机构、场所且所得与机构、场所有关联的非居民企业。

低税率为20%，适用于在中国境内未设立机构、场所的，或者虽设立机构、场所但取得的所得与其所设机构、场所没有实际联系的非居民企业。但实际征税时适用10%的税率。

第二节　应纳税所得额的计算

应纳税所得额是企业所得税的计税依据，按照企业所得税法的规定，应纳税所得额为企业每一个纳税年度的收入总额，减除不征税收入、免税收入、各项扣除及允许弥补的以前年度亏损后的余额。其基本公式为

应纳税所得额=收入总额-不征税收入-免税收入-各项扣除
-允许弥补的以前年度亏损　　　（4-1）

企业所得税应纳税所得额的确定

企业应纳税所得额的计算以权责发生制为原则，属于当期的收入和费用，不论款项是否收付，均作为当期的收入和费用；不属于当期的收入和费用，即使款项已经在当期收付，均不作为当期的收入和费用。应纳税所得额的正确计算直接关系

到国家财政收入和企业的税收负担，并且同成本、费用核算关系密切。因此，企业所得税法对应纳税所得额计算做了明确规定。其主要内容包括收入总额，不征税收入和免税收入，扣除原则、范围和标准，不得扣除的项目，亏损弥补等。

一、收入总额

企业的收入总额包括以货币形式和非货币形式从各种来源取得的收入，具体包括销售货物收入，提供劳务收入，转让财产收入，股息、红利等权益性投资收益，利息收入，租金收入，特许权使用费收入，接受捐赠收入，其他收入。

企业取得收入的货币形式，包括现金、存款、应收账款、应收票据、准备持有至到期的债券投资及债务的豁免等；纳税人以非货币形式取得的收入，包括固定资产、生物资产、无形资产、股权投资、存货、不准备持有至到期的债券投资、劳务及有关权益等，这些非货币资产应当按照公允价值确定收入额。公允价值是指按照市场价格确定的价值。收入的具体构成如下。

（一）一般收入的确认

1）销售货物收入，是指企业销售商品、产品、原材料、包装物、低值易耗品及其他存货取得的收入。

2）提供劳务收入，是指企业从事建筑安装、修理修配、交通运输、仓储租赁、金融保险、邮电通信、咨询经纪、文化体育、科学研究、技术服务、教育培训、餐饮住宿、中介代理、卫生保健、社区服务、旅游、娱乐、加工及其他劳务服务活动取得的收入。

3）转让财产收入，是指企业转让固定资产、生物资产、无形资产、股权、债权等财产取得的收入。

企业转让股权收入，应于转让协议生效且完成股权变更手续时，确认收入的实现。转让股权收入扣除为取得该股权所发生的成本后，为股权转让所得。企业在计算股权转让所得时，不得扣除被投资企业未分配利润等股东留存收益中按该项股权所可能分配的金额。

4）股息、红利等权益性投资收益，是指企业因权益性投资从被投资方取得的收入。股息、红利等权益性投资收益，除国务院财政、税务主管部门另有规定外，按照被投资方作出利润分配决定的日期确认收入的实现。被投资企业将股权（票）溢价所形成的资本公积转为股本的，不作为投资方企业的股息、红利收入，投资方企业也不得增加该项长期投资的计税基础。

5）利息收入，是指企业将资金提供给他人使用但不构成权益性投资，或者因他人占用本企业资金取得的收入，包括存款利息、贷款利息、债券利息、欠款利息等。利息收入，按照合同约定的债务人应付利息的日期确认收入的实现。

6）租金收入，是指企业提供固定资产、包装物或者其他有形资产的使用权取得的

收入。租金收入，按照合同约定的承租人应付租金的日期确认收入的实现。其中，如果交易合同或协议中规定租赁期限跨年度，且租金提前一次性支付的，根据《企业所得税法实施条例》第九条规定的收入与费用配比原则，出租人可对上述已确认的收入，在租赁期内，分期均匀计入相关年度收入。

7）特许权使用费收入，是指企业提供专利权、非专利技术、商标权、著作权及其他特许权的使用权取得的收入。特许权使用费收入，按照合同约定的特许权使用人应付特许权使用费的日期确认收入的实现。

8）接受捐赠收入，是指企业接受的来自其他企业、组织或者个人无偿给予的货币性资产、非货币性资产。接受捐赠收入，按照实际收到捐赠资产的日期确认收入的实现。

9）其他收入，是指企业取得的除以上收入外的其他收入，包括企业资产溢余收入、逾期未退包装物押金收入、确实无法偿付的应付款项、已作坏账损失处理后又收回的应收款项、债务重组收入、补贴收入、违约金收入、汇兑收益等。

（二）特殊收入的确认

1）以分期收款方式销售货物的，按照合同约定的收款日期确认收入的实现。

2）企业受托加工制造大型机械设备、船舶、飞机，以及从事建筑、安装、装配工程业务或者提供其他劳务等，持续时间超过12个月的，按照纳税年度内完工进度或者完成的工作量确认收入的实现。

3）采取产品分成方式取得收入的，按照企业分得产品的日期确认收入的实现，其收入额按照产品的公允价值确定。

4）企业发生非货币性资产交换，以及将货物、财产、劳务用于捐赠、偿债、赞助、集资、广告、样品、职工福利或者利润分配等用途的，应当视同销售货物、转让财产或者提供劳务，但国务院财政、税务主管部门另有规定的除外。

二、不征税收入和免税收入

国家为了扶持和鼓励某些特殊的纳税人和特定的项目，或者避免因征税影响企业的正常经营，对企业取得的某些收入予以不征税或免税的特殊政策，以减轻企业的负担，促进经济的协调发展。或者是准予抵扣应纳税所得额，或者是将专项用途的资金作为非税收入处理，减轻企业的税收负担，增加企业可用资金。

（一）不征税收入

1）财政拨款，是指各级人民政府对纳入预算管理的事业单位、社会团体等组织拨付的财政资金，但国务院和国务院财政、税务主管部门另有规定的除外。

2）依法收取并纳入财政管理的行政事业性收费、政府性基金。行政事业性收费是指依照法律法规等有关规定，按照国务院规定程序批准，在实施社会公共管理，以及在向公民、法人或者其他组织提供特定公共服务过程中，向特定对象收取并纳入财政管理的费用。政府性基金，是指企业依照法律、行政法规等有关规定，代政府收取的具有专项用途的财政资金。

3）国务院规定的其他不征税收入，是指企业取得的，由国务院财政、税务主管部门规定专项用途并经国务院批准的财政性资金。

财政性资金，是指企业取得的来源于政府及其有关部门的财政补助、补贴、贷款贴息，以及其他各类财政专项资金，包括直接减免的增值税和即征即退、先征后退、先征后返的各种税收，但不包括企业按规定取得的出口退税款。

（二）免税收入

1）国债利息收入。为鼓励企业积极购买国债，支援国家建设，税法规定，企业因购买国债所取得的利息收入，免征企业所得税。

根据《国家税务总局关于企业国债投资业务企业所得税处理问题的公告》（国家税务总局〔2011〕第 36 号）的规定，国债利息收入时间确认。根据《企业所得税法实施条例》第十八条的规定，企业投资国债从国务院财政部门（以下简称发行者）取得的国债利息收入，应以国债发行时约定应付利息的日期，确认利息收入的实现。

企业转让国债，应在国债转让收入确认时确认利息收入的实现。

2）符合条件的居民企业之间的股息、红利等权益性收益，是指居民企业直接投资于其他居民企业取得的投资收益。

3）在中国境内设立机构、场所的非居民企业从居民企业取得与该机构、场所有实际联系的股息、红利等权益性投资收益。该收益不包括连续持有居民企业公开发行并上市流通的股票不足 12 个月取得的投资收益。

4）符合条件的非营利组织的收入。符合条件的非营利组织是指依法履行非营利组织登记手续，从事公益性或者非营利性活动，取得的收入除用于与该组织有关的、合理的支出外，全部用于登记核定或者章程规定的公益性或者非营利性事业。

三、扣除项目的原则、范围和标准

（一）扣除项目的原则

企业申报的扣除项目和金额要真实、合法。真实是指企业能提供有关支出确属已经实际发生的证明；合法是指符合国家税法的规定，若其他法规规定与税收法规规定不一致，应以税收法规的规定为标准。除税收法规另有规定外，税前扣除一般应遵循以下原则。

1）权责发生制原则，是指企业费用应在发生的所属期扣除，而不是在实际支付时确认扣除。

2）配比原则，是指企业发生的费用应当与收入配比扣除。除特殊规定外，企业发生的费用不得提前或滞后申报扣除。

3）相关性原则，是指企业可扣除的费用从性质和根源上必须与取得的应税收入直接相关。

4）确定性原则，是指企业可扣除的费用不论何时支付，其金额必须是确定的。

5）合理性原则，是指符合生产经营活动常规，应当计入当期损益或者有关资产成本的必要和正常的支出。

（二）扣除项目的范围

《企业所得税法》规定，企业实际发生的与取得收入有关的、合理的支出，包括成本、费用、税金、损失和其他支出，准予在计算应纳税所得额时扣除。在实际中，计算应纳税所得额时还应注意三个方面的内容：第一，企业发生的支出应当区分收益性支出和资本性支出。收益性支出在发生当期直接扣除；资本性支出应当分期扣除或者计入有关资产成本，不得在发生当期直接扣除。第二，企业的不征税收入用于支出所形成的费用或者财产，不得扣除或者计算对应的折旧、摊销扣除。第三，除《企业所得税法》和《企业所得税法实施条例》另有规定外，企业实际发生的成本、费用、税金、损失和其他支出，不得重复扣除。

1）成本，是指企业在生产经营活动中发生的销售成本、销货成本、业务支出及其他耗费，即企业销售商品（产品、材料、下脚料、废料、废旧物资等）、提供劳务、转让固定资产、无形资产（包括技术转让）的成本。

企业必须将经营活动中发生的成本合理划分为直接成本和间接成本。直接成本是可直接计入有关成本计算对象或劳务的经营成本中的直接材料、直接人工等成本。间接成本是指多个部门为同一成本对象提供服务的共同成本，或者同一种投入可以制造、提供两种或两种以上的产品或劳务的联合成本。

直接成本可根据有关会计凭证、记录直接计入有关成本计算对象或劳务的经营成本中。间接成本必须根据与成本计算对象之间的因果关系、成本计算对象的产量等，以合理的方法分配计入有关成本计算对象中。

2）费用，是指企业每一个纳税年度为生产、经营商品和提供劳务等所发生的销售（经营）费用、管理费用和财务费用，已经计入成本的有关费用除外。

销售费用，是指应由企业负担的为销售商品而发生的费用，包括广告费、运输费、装卸费、包装费、展览费、保险费、销售佣金（能直接认定的进口佣金调整商品进价成本）、代销手续费、经营性租赁费及销售部门发生的差旅费、工资、福利费等费用。

管理费用，是指企业的行政管理部门为管理组织经营活动提供各项支援性服务而发生的费用。

财务费用，是指企业筹集经营性资金而发生的费用，包括利息净支出、汇兑净损失、金融机构手续费及其他非资本化支出。

3）税金，是指企业发生的除企业所得税和允许抵扣的增值税以外的企业缴纳的各项税金及其附加。即企业按规定缴纳的消费税、城市维护建设税、关税、资源税、土地增值税、房产税、车船税、城镇土地使用税、印花税、教育费附加等产品销售税金及附加。这些已纳税金准予税前扣除。准许扣除的税金有两种方式：一是在发生当期扣除；二是在发生当期计入相关资产的成本，在以后各期分摊扣除。

4）损失，是指企业在生产经营活动中发生的固定资产和存货的盘亏、毁损、报废损失，转让财产损失，呆账损失，坏账损失，自然灾害等不可抗力因素造成的损失及其他损失。

企业发生的损失，减除责任人赔偿和保险赔款后的余额，依照国务院财政、税务主管部门的规定扣除。

企业已经作为损失处理的资产，在以后纳税年度又全部收回或者部分收回时，应当计入当期收入。

5）扣除的其他支出，是指除成本、费用、税金、损失外，企业在生产经营活动中发生的与生产经营活动有关的、合理的支出。

（三）扣除项目及其标准

在计算应纳税所得额时，下列项目可按照实际发生额或规定的标准扣除。

1. 工资、薪金支出

企业发生的合理的工资、薪金支出准予据实扣除。工资、薪金支出是企业每一个纳税年度支付给本企业任职或与其有雇佣关系的员工的所有现金或非现金形式的劳动报酬，包括基本工资、奖金、津贴、补贴、年终加薪、加班工资，以及与任职或者是受雇有关的其他支出。

2. 职工福利费、工会经费、职工教育经费

企业发生的职工福利费、工会经费、职工教育经费按标准扣除，未超过标准的按实际数扣除，超过标准的只能按标准扣除。

企业发生的职工福利费支出，不超过工资、薪金总额14%的部分准予扣除。

企业拨缴的工会经费，不超过工资、薪金总额2%的部分准予扣除。

除国务院财政、税务主管部门另有规定外，企业发生的职工教育经费支出，不超过工资、薪金总额2.5%的部分准予扣除，超过部分准予结转以后纳税年度扣除。

上述计算职工福利费、工会经费、职工教育经费的工资、薪金总额，是指企业按照上述第1条规定实际发放的工资、薪金总和，不包括企业的职工福利费、职工教育经费、工会经费及养老保险费、医疗保险费、失业保险费、工伤保险费、生育保险费等社会保

险费和住房公积金。属于国有性质的企业，其工资、薪金不得超过政府有关部门给予的限定数额；超过部分，不得计入企业工资、薪金总额，也不得在计算企业应纳税所得额时扣除。

3. 社会保险费

企业依照国务院有关主管部门或者省级人民政府规定的范围和标准为职工缴纳的五险一金，即基本养老保险费、基本医疗保险费、失业保险费、工伤保险费、生育保险费等基本社会保险费和住房公积金，准予扣除。

企业为投资者或者职工支付的补充养老保险费、补充医疗保险费，在国务院财政、税务主管部门规定的范围和标准内，准予扣除。企业依照国家有关规定为特殊工种职工支付的人身安全保险费和符合国务院财政、税务主管部门规定可以扣除的商业保险费准予扣除。

企业参加财产保险，按照规定缴纳的保险费，准予扣除。企业为投资者或者职工支付的商业保险费，不得扣除。

4. 利息费用

企业在生产、经营活动中发生的利息费用，按下列规定扣除。

1）非金融企业向金融企业借款的利息支出、金融企业的各项存款利息支出和同业拆借利息支出、企业经批准发行债券的利息支出可据实扣除。

2）非金融企业向非金融企业借款的利息支出，不超过按照金融企业同期同类贷款利率计算的数额的部分可据实扣除，超过部分不许扣除。

其中，所谓金融企业，是指各类银行、保险公司及经中国人民银行批准从事金融业务的非银行金融机构。它不仅包括国家专业银行、区域性银行、股份制银行、外资银行、中外合资银行及其他综合性银行；还包括全国性保险企业、区域性保险企业、股份制保险企业、中外合资保险企业及其他专业性保险企业；城市、农村信用社，各类财务公司，以及其他从事信托投资、租赁等业务的专业和综合性非银行金融机构。非金融企业，是指除上述金融机构以外的所有企业、事业单位及社会团体等企业或组织。

关联企业利息费用的扣除。企业从其关联方接受的债权性投资与权益性投资的比例超过规定标准而发生的利息支出，不得在计算应纳税所得额时扣除。

在计算应纳税所得额时，企业实际支付给关联方的利息支出，不超过规定比例和税法及其实施条例有关规定计算的部分，准予扣除，超过的部分不得在发生当期和以后年度扣除。

5. 汇兑损失

企业在货币交易中及纳税年度终了时将人民币以外的货币性资产、负债按照期末即期人民币汇率中间价折算为人民币时产生的汇兑损失，除已经计入有关资产成本及与向所有者进行利润分配相关的部分外，准予扣除。

6. 业务招待费

企业发生的与生产经营活动有关的业务招待费支出，按照发生额的60%扣除，但最高不得超过当年销售（营业）收入的5‰。

对从事股权投资业务的企业（包括集团公司总部、创业投资企业等），其从被投资企业所分配的股息、红利及股权转让收入，可以按规定的比例计算业务招待费扣除限额。

企业在筹建期间，发生的与筹办活动有关的业务招待费支出，可按实际发生额的60%计入企业筹办费，并按有关规定在税前扣除。

7. 广告费和业务宣传费

企业发生的符合条件的广告费和业务宣传费支出，除国务院财政、税务主管部门另有规定外，不超过当年销售（营业）收入15%的部分，准予扣除；超过部分，准予结转以后纳税年度扣除。

企业在筹建期间，发生的广告费和业务宣传费，可按实际发生额计入企业筹办费，可按上述规定在税前扣除。

企业申报扣除的广告费支出应与赞助支出严格区分。企业申报扣除的广告费支出，必须符合下列条件：①广告是通过工商部门批准的专门机构制作的；②已实际支付费用，并已取得相应发票；③通过一定的媒体传播。

8. 环境保护专项资金

企业依照法律、行政法规有关规定提取的用于环境保护、生态恢复等方面的专项资金，准予扣除。上述专项资金提取后改变用途的，不得扣除。

9. 租赁费

企业根据生产经营活动的需要租入固定资产支付的租赁费，按照以下方法扣除：以经营租赁方式租入固定资产发生的租赁费支出，按照租赁期限均匀扣除。经营性租赁是指所有权不转移的租赁。

以融资租赁方式租入固定资产发生的租赁费支出，按照规定构成融资租入固定资产价值的部分应当提取折旧费用，分期扣除。融资性租赁是指在实质上转移与一项资产所有权有关的全部风险和报酬的一种租赁。

10. 劳动保护费

企业发生的合理的劳动保护支出，准予扣除。自2011年7月1日起，企业根据自身工作性质和特点，统一制作并要求员工工作时统一着装所发生的工作服饰费用，根据《企业所得税法实施条例》第二十七条的规定，可以作为企业合理的支出给予税前扣除。

11. 公益性捐赠支出

公益性捐赠，是指企业通过公益性社会团体或者县级（含县级）以上人民政府及其部门，用于《中华人民共和国公益事业捐赠法》（以下简称《公共事业捐赠法》）规定的公益事业的捐赠。

企业发生的公益性捐赠支出，不超过年度利润总额12%的部分，准予扣除。超出部分可结转以后年度扣除。

用于公益事业的捐赠支出，是指《公益事业捐赠法》规定的向公益事业的捐赠支出。

企事业单位、社会团体及其他组织捐赠住房作为廉租住房的视同公益性捐赠按上述规定执行。

四、不得扣除的项目

在计算应纳税所得额时，下列项目不得扣除。

1）向投资者支付的股息、红利等权益性投资收益款项。

2）企业所得税税款。

3）税收滞纳金，是指纳税人违反税收法规，被税务机关处以的滞纳金。

4）罚金、罚款和被没收财物的损失，是指纳税人违反国家有关法律、法规规定，被有关部门处以的罚款，以及被司法机关处以的罚金和被没收财物。

5）超过规定标准的捐赠支出。

6）赞助支出，是指企业发生的与生产经营活动无关的各种非广告性质的支出。

7）未经核定的准备金支出，是指不符合国务院财政、税务主管部门规定的各项资产减值准备、风险准备等准备金支出。企业之间支付的管理费、企业内营业机构之间支付的租金和特许权使用费，以及非银行企业内营业机构之间支付的利息，不得扣除。

8）取得与收入无关的其他支出。

五、亏损弥补

亏损，是指企业依照《企业所得税法》的规定，将每一纳税年度的收入总额减除不征税收入、免税收入和各项扣除后小于零的数额。税法规定，企业某一纳税年度发生的亏损可以用下一年度的所得弥补，下一年度的所得不足以弥补的，可以逐年延续弥补，但最长不得超过5年。而且，企业在汇总计算缴纳企业所得税时，其中国境外营业机构的亏损不得抵减中国境内营业机构的盈利。

企业筹办期间不计算为亏损年度，企业自开始生产经营的年度，为开始计算企业损益的年度。企业从事生产经营之前进行筹办活动期间发生筹办费用支出，不得计算为当期的亏损，企业可以在开始经营之日的当年一次性扣除，也可以按照新税法有关长期待摊费用的处理规定处理，但一经选定，不得改变。

税务机关对企业以前年度纳税情况进行检查时调增的应纳税所得额，凡企业以前年度发生亏损且该亏损属于《企业所得税法》规定允许弥补的，应允许以调增的应纳税所得额弥补该亏损。弥补该亏损后仍有余额的，按照《企业所得税法》规定计算缴纳企业所得税。对检查调增的应纳税所得额应根据其情节，依照《税收征收管理法》有关规定进行处理或处罚。上述规定自 2010 年 12 月 1 日开始执行。以前（含 2008 年度之前）没有处理的事项，按本规定执行。

对企业发现以前年度实际发生的、按照税收规定应在企业所得税前扣除而未扣除或者少扣除的支出，企业作出专项申报及说明后，准予追补至该项目发生年度计算扣除，但追补确认期限不得超过 5 年。企业由于上述原因多缴的企业所得税税款，可以在追补确认年度企业所得税应纳税款中抵扣，不足抵扣的，可以向以后年度递延抵扣或申请退税。

亏损企业追补确认以前年度未在企业所得税前扣除的支出，或盈利企业经过追补确认后出现亏损的，应首先调整该项支出所属年度的亏损额，再按照弥补亏损的原则计算以后年度多缴的企业所得税税款，并按相关规定处理。

第三节　资产的税务处理

资产是由于资本投资而形成的财产，对于资本性支出及无形资产受让、开办、开发费用，不允许作为成本、费用从纳税人的收入总额中作一次性扣除，只能采取分次计提折旧或分次摊销的方式予以扣除。即纳税人经营活动中使用的固定资产的折旧费用、无形资产和长期待摊费用的摊销费用可以扣除。税法规定，纳税人税务处理范围的资产形式主要有固定资产、生物资产、无形资产、长期待摊费用、存货、投资资产等，均以历史成本为计税基础。历史成本是指企业取得该项资产时实际发生的支出。企业持有各项资产期间资产增值或者减值，除国务院财政、税务主管部门规定可以确认损益外，不得调整该资产的计税基础。

一、固定资产的税务处理

固定资产，是指企业为生产产品、提供劳务、出租或者经营管理而持有的、使用时间超过 12 个月的非货币性资产，包括房屋、建筑物、机器、机械、运输工具及其他与生产经营活动有关的设备、器具、工具等。

（一）固定资产的计税基础

外购的固定资产，以购买价款和支付的相关税费及直接归属于使该资产达到预定用途发生的其他支出为计税基础。

自行建造的固定资产，以竣工结算前发生的支出为计税基础。

融资租入的固定资产，以租赁合同约定的付款总额和承租人在签订租赁合同过程中发生的相关费用为计税基础，租赁合同未约定付款总额的，以该资产的公允价值和承租人在签订租赁合同过程中发生的相关费用为计税基础。

盘盈的固定资产，以同类固定资产的重置完全价值为计税基础。

通过捐赠、投资、非货币性资产交换、债务重组等方式取得的固定资产，以该资产的公允价值和支付的相关税费为计税基础。

改建的固定资产，除已足额提取折旧的固定资产和租入的固定资产以外的其他固定资产，以改建过程中发生的改建支出增加为计税基础。

（二）固定资产折旧的范围

在计算应纳税所得额时，企业按照规定计算的固定资产折旧，准予扣除。下列固定资产不得计算折旧扣除：①房屋、建筑物以外未投入使用的固定资产；②以经营租赁方式租入的固定资产；③以融资租赁方式租出的固定资产；④已足额提取折旧仍继续使用的固定资产；⑤与经营活动无关的固定资产；⑥单独估价作为固定资产入账的土地；⑦其他不得计算折旧扣除的固定资产。

（三）固定资产折旧的计提方法

企业应当自固定资产投入使用月份的次月起计算折旧；停止使用的固定资产，应当自停止使用月份的次月起停止计算折旧。

企业应当根据固定资产的性质和使用情况，合理确定固定资产的预计净残值。固定资产的预计净残值一经确定，不得变更。

固定资产按照直线法计算的折旧，准予扣除。

（四）固定资产折旧的企业所得税处理

企业固定资产会计折旧年限如果短于税法规定的最低折旧年限，其折旧按会计折旧年限计提的折旧高于按税法规定的最低折旧年限计提的折旧部分，应调增当期应纳税所得额；企业固定资产会计折旧年限已期满且会计折旧已提足，但税法规定的最低折旧年限尚未到期且税收折旧尚未足额扣除时，其未足额扣除的部分准予在剩余的税收折旧年限继续按规定扣除。

企业固定资产会计折旧年限如果长于税法规定的最低折旧年限，其折旧应按会计折旧年限计算扣除，税法另有规定的除外。

企业按会计规定提取的固定资产减值准备，不得税前扣除，其折旧仍按税法确定的固定资产计税基础计算扣除。

企业按税法规定实行加速折旧的，其折旧按加速折旧法计算的折旧额可全额在税前扣除。

二、生物资产的税务处理

生物资产，是指有生命的动物和植物。生物资产分为消耗性生物资产、生产性生物资产和公益性生物资产。消耗性生物资产，是指为出售而持有的或在将来收获为农产品的生物资产，包括生长中的农田作物、蔬菜、用材林及存栏待售的牲畜等。生产性生物资产，是指以为产出农产品、提供劳务或出租等目的而持有的生物资产，包括经济林、薪炭林等。公益性生物资产，是指以防护、环境保护为主要目的的生物资产，包括防风固沙林、水土保持林和水源涵养林等。下面着重介绍生产性生物资产的相关内容。

（一）生产性生物资产的计税基础

生产性生物资产按照以下方法确定计税基础：外购的生产性生物资产，以购买价款和支付的相关税费为计税基础。

通过捐赠、投资、非货币性资产交换、债务重组等方式取得的生产性生物资产，以该资产的公允价值和支付的相关税费为计税基础。

（二）生产性生物资产的折旧方法和折旧年限

生产性生物资产按照直线法计算的折旧，准予扣除。企业应当自生产性生物资产投入使用月份的次月起计算折旧；停止使用的生产性生物资产，应当自停止使用月份的次月起停止计算折旧。

企业应当根据生产性生物资产的性质和使用情况，合理确定生产性生物资产的预计净残值。生产性生物资产的预计净残值一经确定，不得变更。

生产性生物资产计算折旧的最低年限如下：林木类生产性生物资产，计算折旧的最低年限为 10 年；畜类生产性生物资产，计算折旧的最低年限为 3 年。

三、无形资产的税务处理

无形资产，是指企业长期使用但没有实物形态的资产，包括专利权、商标权、著作权、土地使用权、非专利技术、商誉等。

（一）无形资产的计税基础

无形资产按照以下方法确定计税基础。

1）外购的无形资产，以购买价款和支付的相关税费及直接归属于使该资产达到预定用途发生的其他支出为计税基础。

2）自行开发的无形资产，以开发过程中该资产符合资本化条件后至达到预定用途前发生的支出为计税基础。

3）通过捐赠、投资、非货币性资产交换、债务重组等方式取得的无形资产，以该资产的公允价值和支付的相关税费为计税基础。

（二）无形资产摊销的范围

在计算应纳税所得额时，企业按照规定计算的无形资产摊销费用，准予扣除。

下列无形资产不得计算摊销费用扣除：①自行开发的支出已在计算应纳税所得额时扣除的无形资产；②与经营活动无关的无形资产；③其他不得计算摊销费用扣除的无形资产。

（三）无形资产的摊销方法及年限

无形资产的摊销，采取直线法计算。无形资产的摊销年限不得低于 10 年。作为投资或者受让的无形资产，有关法律规定或者合同约定了使用年限的，可以按照规定或者约定的使用年限分期摊销。外购商誉的支出，在企业整体转让或者清算时准予扣除。

四、长期待摊费用的税务处理

长期待摊费用，是指企业发生的应在 1 个年度以上或几个年度进行摊销的费用。在计算应纳税所得额时，企业发生的下列支出作为长期待摊费用，按照规定摊销的，准予扣除。其包括：①已足额提取折旧的固定资产的改建支出；②固定资产的大修理支出；③其他应当作为长期待摊费用的支出。

企业的固定资产修理支出可在发生当期直接扣除。企业的固定资产改良支出，如果有关固定资产尚未提足折旧，可增加固定资产价值；如有关固定资产已提足折旧，可作为长期待摊费用，在规定的期间内平均摊销。

五、存货的税务处理

存货，是指企业持有以备出售的产品或者商品、处在生产过程中的在产品、在生产或者提供劳务过程中耗用的材料和物料等。

（一）存货的成本

存货按照以下方法确定成本。

1）通过支付现金方式取得的存货，以购买价款和支付的相关税费为成本。

2）通过支付现金以外的方式取得的存货，以该存货的公允价值和支付的相关税费为成本。

3）生产性生物资产收获的农产品，以产出或者采收过程中发生的材料费、人工费和分摊的间接费用等必要支出为成本。

（二）存货的成本计算方法

企业使用或者销售的存货的成本计算方法，可以在先进先出法、加权平均法、个别计价法中选用一种。计价方法一经选用，不得随意变更。

六、投资资产的税务处理

投资资产，是指企业对外进行权益性投资和债权性投资而形成的资产。

（一）投资资产的成本

投资资产按以下方法确定成本。

1）通过支付现金方式取得的投资资产，以购买价款为成本。

2）通过支付现金以外的方式取得的投资资产，以该资产的公允价值和支付的相关税费为成本。

（二）投资资产成本的扣除方法

企业对外投资期间，投资资产的成本在计算应纳税所得额时不得扣除，企业在转让或者处置投资资产时，投资资产的成本准予扣除。

七、税法规定与会计规定差异的处理

税法规定与会计规定差异的处理，是指企业在财务会计核算中与税法规定不一致的，应当依照税法规定予以调整。即企业在平时进行会计核算时，可以按会计制度的有关规定进行账务处理，但在申报纳税时，对税法规定和会计制度规定有差异的，要按税法规定进行纳税调整。

根据《企业所得税法》第二十一条规定，在计算应纳税所得额时，企业财务、会计处理办法与税收法律、行政法规的规定不一致的，应当按照税收法律、行政法规的规定计算。

企业不能提供完整、准确的收入及成本、费用凭证，不能正确计算应纳税所得额的，由税务机关核定其应纳税所得额。

第四节 税 收 优 惠

税收优惠，是指国家对某一部分特定企业和征税对象给予减轻或免除税收负担的一种措施。税法规定的企业所得税的税收优惠方式包括免征与减征优惠、高新技术企业优惠、小型微利企业优惠、加计扣除优惠、创投企业优惠、加速折旧优惠、减计收入优惠、税额抵免优惠、民族自治地方优惠、非居民企业优惠。

一、免征与减征优惠

企业的下列所得，可以免征、减征企业所得税。企业如果从事国家限制和禁止发展的项目，不得享受企业所得税优惠。

（一）从事农、林、牧、渔业项目的所得

企业从事农、林、牧、渔业项目的所得，包括免征和减征两部分。

企业从事下列项目的所得，免征企业所得税：①蔬菜、谷物、薯类、油料、豆类、棉花、麻类、糖料、水果、坚果的种植；②农作物新品种的选育；③中药材的种植；④林木的培育和种植；⑤牲畜、家禽的饲养；⑥林产品的采集；⑦灌溉、农产品初加工、兽医、农技推广、农机作业和维修等农、林、牧、渔服务业项目；⑧远洋捕捞。

企业从事下列项目的所得，减半征收企业所得税：①花卉、茶及其他饮料作物和香料作物的种植；②海水养殖、内陆养殖。

（二）从事国家重点扶持的公共基础设施项目投资经营的所得

《企业所得税法》所称国家重点扶持的公共基础设施项目，是指《公共基础设施项目企业所得税优惠目录》规定的港口码头、机场、铁路、公路、电力、水利等项目。

企业从事国家重点扶持的公共基础设施项目的投资经营的所得，自项目取得第一笔生产经营收入所属纳税年度起，第1年至第3年免征企业所得税，第4年至第6年减半征收企业所得税。

企业承包经营、承包建设和内部自建自用本条规定的项目，不得享受本条规定的企业所得税优惠。

企业投资经营符合《公共基础设施项目企业所得税优惠目录》规定条件和标准的公共基础设施项目，采用一次核准、分批次（如码头、泊位、航站楼、跑道、路段、发电机组等）建设的，凡同时符合以下条件的，可按每一批次为单位计算所得，并享受企业所得税“三免三减半”优惠。

（三）从事符合条件的环境保护、节能节水项目的所得

环境保护、节能节水项目的所得，自项目取得第一笔生产经营收入所属纳税年度起，第 1 年至第 3 年免征企业所得税，第 4 年至第 6 年减半征收企业所得税。

符合条件的环境保护、节能节水项目，包括公共污水处理、公共垃圾处理、沼气综合开发利用、节能减排技术改造、海水淡化等。项目的具体条件和范围由国务院财政、税务主管部门商国务院有关部门制定，报国务院批准后公布施行。

但是以上规定享受减免税优惠的项目，在减免税期限内转让的，受让方自受让之日起，可以在剩余期限内享受规定的减免税优惠；减免税期限届满后转让的，受让方不得就该项目重复享受减免税优惠。

（四）符合条件的技术转让所得

《企业所得税法》所称符合条件的技术转让所得免征、减征企业所得税，是指一个纳税年度内，居民企业转让技术所有权所得不超过 500 万元的部分，免征企业所得税；超过 500 万元的部分，减半征收企业所得税。

二、高新技术企业优惠

国家需要重点扶持的高新技术企业，减按 15%的税率征收企业所得税。

国家需要重点扶持的高新技术企业是指在中国境内（不含港、澳、台地区）注册的企业，近 3 年内通过自主研发、受让、并购等方式，或通过 5 年以上的独占许可方式，对其主要产品（服务）的核心技术拥有自主知识产权并且主要符合以下条件的企业。

1）产品（服务）属于《国家重点支持的高新技术领域》规定的范围。

2）研究开发费用占销售收入的比例不低于规定比例。它是指企业为获得科学技术（不包括人文、社会科学）新知识，创造性运用科学技术新知识，或实质性改进技术、产品（服务）而持续进行了研究开发活动，且近 3 个会计年度的研究开发费用总额占销售收入总额的比例符合如下要求：最近一年销售收入小于 5 000 万元的企业，比例不低于 6%；最近一年销售收入在 5 000 万元至 20 000 万元的企业，比例不低于 4%；最近一年销售收入在 20 000 万元以上的企业，比例不低于 3%。

其中，企业在中国境内发生的研究开发费用总额占全部研究开发费用总额的比例不低于 60%。企业注册成立时间不足 3 年的，按实际经营年限计算。

3）高新技术产品（服务）收入占企业总收入的比例不低于规定比例。它是指高新技术产品（服务）收入占企业当年总收入的 60%以上。

4）科技人员占企业职工总数的比例不低于规定比例。它是指具有大学专科以上学历的科技人员占企业当年职工总数的 30%以上，其中研发人员占企业当年职工总数的 10%以上。

5）高新技术企业认定管理办法规定的其他条件。《国家重点支持的高新技术领域》

和《高新技术企业认定管理办法》（国科发火〔2016〕32 号）由国务院科技、财政、税务主管部门商国务院有关部门制定，报国务院批准后公布施行。

三、小型微利企业优惠

小型微利企业，是指企业的全部生产经营活动产生的所得均负有我国企业所得税纳税义务的企业。

（一）小型微利企业认定

小型微利企业减按 20%的税率征收企业所得税。小型微利企业的认定条件如下。

1）工业企业，年度应纳税所得额不超过 30 万元，从业人数不超过 100 人，资产总额不超过 3 000 万元。

2）其他企业，年度应纳税所得额不超过 30 万元，从业人数不超过 80 人，资产总额不超过 1 000 万元。

上述从业人数按企业全年平均从业人数计算，资产总额按企业年初和年末的资产总额平均计算。

仅就来源于我国所得负有我国纳税义务的非居民企业，不适用上述规定。

（二）小型微利企业的优惠政策

2014 年 1 月 1 日至 2016 年 12 月 31 日，对年应纳税所得额低于 10 万元（含 10 万元）的小型微利企业，其所得减按 50%计入应纳税所得额，按 20%的税率缴纳企业所得税。

符合规定条件的小型微利企业（包括采取查账征收和核定征收方式的企业），均可按照规定享受小型微利企业所得税优惠政策。

小型微利企业所得税优惠政策，包括企业所得税减按 20%征收（以下简称减低税率政策），以及《财政部　国家税务总局关于小型微利企业所得税优惠政策有关问题的通知》（财税〔2014〕34 号）规定的优惠政策（以下简称减半征税政策）。

符合规定条件的小型微利企业，在预缴和年度汇算清缴企业所得税时，可以按照规定自行享受小型微利企业所得税优惠政策，无须税务机关审核批准，但在报送年度企业所得税纳税申报表时，应同时将企业从业人数、资产总额情况报税务机关备案。

四、加计扣除优惠

加计扣除优惠包括以下两项内容。

（一）研究开发费

研究开发费，是指企业为开发新技术、新产品、新工艺而发生的研究开发费用，未形成无形资产计入当期损益的，在按照规定据实扣除的基础上，按照研究开发费用的

50%加计扣除；形成无形资产的，按照无形资产成本的150%摊销。

从2008年1月1日起，可以加计扣除的研究开发费按下列相关规定执行：研究开发费是指从事规定范围内的研究开发活动发生的相关费用。研究开发活动是指企业为获得科学与技术（不包括人文、社会科学）新知识，创造性运用科学技术新知识，或实质性改进技术、工艺、产品（服务）而持续进行的具有明确目标的研究开发活动。

创造性运用科学技术新知识，或实质性改进技术、工艺、产品（服务），是指企业通过研究开发活动在技术、工艺、产品（服务）方面的创新取得了有价值的成果，对本地区（省、自治区、直辖市或计划单列市）相关行业的技术、工艺领先具有推动作用，不包括企业产品（服务）的常规性升级或对公开的科研成果直接应用等活动（如直接采用公开的新工艺、材料、装置、产品、服务或知识等）。

（二）企业安置残疾人员所支付的工资

企业安置残疾人员所支付工资费用的加计扣除，是指企业安置残疾人员的，在按照支付给残疾职工工资据实扣除的基础上，按照支付给残疾职工工资的100%加计扣除。残疾人员的范围适用《中华人民共和国残疾人保障法》的有关规定。企业安置国家鼓励安置的其他就业人员所支付的工资的加计扣除办法，由国务院另行规定。

五、创投企业优惠

创业投资企业从事国家需要重点扶持和鼓励的创业投资，可以按投资额的一定比例抵扣应纳税所得额。

创投企业优惠，是指创业投资企业采取股权投资方式投资于未上市的中小高新技术企业2年以上的，可以按照其投资额的70%在股权持有满2年的当年抵扣该创业投资企业的应纳税所得额；当年不足抵扣的，可以在以后纳税年度结转抵扣。例如，甲企业2008年1月1日向乙企业（未上市的中小高新技术企业）投资100万元，一般股权持有至2009年12月31日，则甲企业2009年度可抵扣的应纳税所得额为70万元。

六、加速折旧优惠

企业的固定资产由于技术进步等原因，确需加速折旧的可以缩短折旧年限或者采取加速折旧的方法。可采用以上折旧方法的固定资产包括由于技术进步，产品更新换代较快的固定资产；常年处于强震动、高腐蚀状态的固定资产。

采取缩短折旧年限方法的，最低折旧年限不得低于规定折旧年限的60%；采取加速折旧方法的，可以采取双倍余额递减法或者年数总和法。

七、减计收入优惠

企业综合利用资源，生产符合国家产业政策规定的产品所取得的收入，可以在计算

应纳税所得额时减计收入。

减计收入是指企业以《资源综合利用企业所得税优惠目录》规定的资源作为主要原材料，生产国家非限制和禁止并符合国家和行业相关标准的产品取得的收入，减按90%计入收入总额。

上述所称原材料占生产产品材料的比例不得低于《资源综合利用企业所得税优惠目录》规定的标准。

八、税额抵免优惠

税额抵免，是指企业购置并实际使用《环境保护专用设备企业所得税优惠目录》《节能节水专用设备企业所得税优惠目录》《安全生产专用设备企业所得税优惠目录》规定的环境保护、节能节水、安全生产等专用设备的，该专用设备的投资额的10%可以从企业当年的应纳税额中抵免；当年不足抵免的，可以在以后5个纳税年度结转抵免。

享受上述规定的企业所得税优惠的企业，应当实际购置并自身实际投入使用上述规定的专用设备；企业购置上述专用设备在5年内转让、出租的，应当停止享受企业所得税优惠，并补缴已经抵免的企业所得税税款。转让的受让方可以按照该专用设备投资额的10%抵免当年企业所得税应纳税额；当年应纳税额不足抵免的，可以在以后5个纳税年度结转抵免。

企业所得税优惠目录，由国务院财政、税务主管部门商国务院有关部门制定，报国务院批准后公布施行。

企业同时从事适用不同企业所得税待遇的项目的，其优惠项目应当单独计算所得，并合理分摊企业的期间费用；没有单独计算的，不得享受企业所得税优惠。

自2009年1月1日起，增值税一般纳税人购进固定资产发生的进项税额可从其销项税额中抵扣。如增值税进项税额允许抵扣，其专用设备投资额不再包括增值税进项税额；如增值税进项税额不允许抵扣，其专用设备投资额应为增值税专用发票上注明的价税合计金额。企业购买专用设备取得增值税普通发票的，其专用设备投资额为普通发票上注明的金额。

九、民族自治地方优惠

民族自治地方的自治机关对本民族自治地方的企业应缴纳的企业所得税中属于地方分享的部分，可以决定减征或者免征。自治州、自治县决定减征或者免征的，须报省、自治区、直辖市人民政府批准。

企业所得税法所称民族自治地方，是指依照《中华人民共和国民族区域自治法》的规定，实行民族区域自治的自治区、自治州、自治县。

对民族自治地方内国家限制和禁止行业的企业，不得减征或者免征企业所得税。

十、非居民企业优惠

非居民企业减按10%的税率征收企业所得税。这里的非居民企业，是指在中国境内未设立机构、场所的，或者虽设立机构、场所但取得的所得与其所设机构、场所没有实际联系的企业。该类非居民企业取得下列所得免征企业所得税。

1）外国政府向中国政府提供贷款取得的利息所得。

2）国际金融组织向中国政府和居民企业提供优惠贷款取得的利息所得。

3）经国务院批准的其他所得。

第五节　应纳税额的计算

一、居民企业应纳税额的计算

居民企业应纳税额等于应纳税所得额乘以适用税率，其计算公式为

应纳税额=应纳税所得额×适用税率-减免税额-抵免税额　　（4-2）

式（4-2）中，应纳税额的多少，取决于应纳税所得额和适用税率两个因素，在实际过程中，应纳税所得额的计算一般有以下两种方法。

（一）直接计算法

在直接计算法下，企业每一个纳税年度的收入总额减除不征税收入、免税收入、各项扣除及允许弥补的以前年度亏损后的余额为应纳税所得额。其计算公式与式（4-2）相同，即

应纳税所得额=收入总额-不征税收入-免税收入-各项扣除金额
-允许弥补的以前年度亏损　　（4-3）

（二）间接计算法

在间接计算法下，企业在会计利润总额的基础上加或减按照税法规定的纳税调整项目金额后，即为应纳税所得额。其计算公式为

应纳税所得额=会计利润总额±纳税调整项目金额　　（4-4）

纳税调整项目金额包括两个方面的内容：一是企业的财务会计处理和税收规定不一致的应予以调整的金额；二是企业按税法规定准予扣除的税收金额。

【例 4-1】某企业为居民企业，2017 年发生经营业务如下：取得产品销售收入 4 000 万元。发生产品销售成本 2 600 万元。发生销售费用 770 万元（其中广告费 650 万元）；管理费用 480 万元（其中业务招待费 25 万元）；财务费用 60 万元。销售税金 160 万元（含

增值税 120 万元）。营业外收入 80 万元，营业外支出 50 万元（含通过公益性社会团体向贫困山区捐款 30 万元，支付税收滞纳金 6 万元）。计入成本、费用中的实发工资总额 200 万元、拨缴职工工会经费 5 万元、发生职工福利费 31 万元、发生职工教育经费 7 万元。

要求：计算该企业 2017 年度实际应纳的企业所得税。

解析：

会计利润总额=4 000 + 80−2 600−770−480−60−40−50=80（万元）

广告费和业务宣传费调增所得额=650−4 000×15%=650−600=50（万元）

业务招待费调增所得额=25−25×60%=25−15=10（万元）

4 000×5‰=20（万元）>25×60%=15（万元）

捐赠支出应调增所得额=30−80×12%=20.4（万元）

工会经费应调增所得额=5−200×2%=1（万元）

职工福利费应调增所得额=31−200×14%=3（万元）

职工教育经费应调增所得额=7−200×2.5%=2（万元）

应纳税所得额=80+50+10+20.4+6+1+3+2=172.4（万元）

2017 年应纳企业所得税=172.4×25% =43.1（万元）

【例 4-2】某工业企业为居民企业，2017 年度发生经营业务如下：全年取得产品销售收入 5 600 万元，发生产品销售成本 4 000 万元；其他业务收入 800 万元，其他业务成本 694 万元；取得购买国债的利息收入 40 万元；缴纳非增值税销售税金及附加 300 万元；发生的管理费用 760 万元，其中新技术的研究开发费用 60 万元、业务招待费用 70 万元；发生财务费用 200 万元；取得直接投资其他居民企业的权益性收益 34 万元（已在投资方所在地按 15%的税率缴纳了企业所得税）；取得营业外收入 100 万元，发生营业外支出 250 万元（其中含公益捐赠 38 万元）。

要求：计算该企业 2017 年应纳的企业所得税。

解析：

利润总额=5 600+800+40+34+100−4 000−694−300−760−200−250=370（万元）

国债利息收入免征企业所得税，应调减所得额 40 万元。

技术开发费调减所得额=60×50%=30（万元）

按实际发生业务招待费的 60%计算=70×60%=42（万元）

按销售（营业）收入的计算=(5600+800)×15%=32（万元）

按照规定税前扣除限额应为 32 万元，实际应调增应纳税所得额=70−32=38（万元）。

取得直接投资其他居民企业的权益性收益属于免税收入，应调减应纳税所得额 34 万元。

捐赠扣除标准=370×12%=44.4（万元）

实际捐赠额 38 万元小于扣除标准 44.4 万元，可按实捐数扣除，不作纳税调整。

应纳税所得额=370−40−30+38−34=304（万元）

该企业2017年应缴纳企业所得税=304×25% =76（万元）

二、中国境外所得抵扣税额的计算

企业取得的下列所得已在中国境外缴纳的所得税税额，可以从其当期应纳税额中抵免，抵免限额为该项所得依照《企业所得税法》规定计算的应纳税额；超过抵免限额的部分，可以在以后5个年度内，用每年度抵免限额抵免当年应抵税额后的余额进行抵补。

1）居民企业来源于中国境外的应税所得。

2）非居民企业在中国境内设立机构、场所，取得发生在中国境外但与该机构、场所有实际联系的应税所得。

居民企业从其直接或者间接控制的外国企业分得的来源于中国境外的股息、红利等权益性投资收益，外国企业在中国境外实际缴纳的所得税税额中属于该项所得负担的部分，可以作为该居民企业的可抵免中国境外所得税税额，在企业所得税法规定的抵免限额内抵免。

已在中国境外缴纳的所得税税额，是指企业来源于中国境外的所得依照中国境外税收法律及相关规定应当缴纳并已经实际缴纳的企业所得税性质的税款。企业依照《企业所得税法》的规定抵免企业所得税税额时，应当提供中国境外税务机关出具的税款所属年度的有关纳税凭证。

抵免限额，是指企业来源于中国境外的所得，依照《企业所得税法》及其实施条例的规定计算的应纳税额。除国务院财政、税务主管部门另有规定外，该抵免限额应当分国（地区）不分项计算，其计算公式为

抵免限额

=中国境内、境外所得依照《企业所得税法》和条例规定计算的应纳税总额

×来源于某国（地区）的应纳税所得额+中国境内、境外应纳税所得总额

前述5个年度，是指从企业取得的来源于中国境外的所得，已经在中国境外缴纳的企业所得税性质的税额超过抵免限额的当年的次年起连续5个纳税年度。

三、居民企业核定征收应纳税额的计算

为了加强企业所得税征收管理，规范核定征收企业所得税工作，保障国家税款及时足额入库，维护纳税人合法权益，根据《企业所得税法》及其实施条例、《税收征收管理法》及其实施细则的有关规定，核定征收企业所得税的有关规定如下。

（一）核定征收企业所得税的范围

核定征收办法适用于居民企业纳税人，纳税人具有下列情形之一的，核定征收企业所得税。

1）依照法律、行政法规的规定可以不设置账簿的。

2）依照法律、行政法规的规定应当设置但未设置账簿的。

3）擅自销毁账簿或者拒不提供纳税资料的。

4）虽设置账簿，但账目混乱或者成本资料、收入凭证、费用凭证残缺不全，难以查账的。

5）发生纳税义务，未按照规定的期限办理纳税申报，经税务机关责令限期申报，逾期仍不申报的。

6）申报的计税依据明显偏低，又无正当理由的。

特殊行业、特殊类型的纳税人和一定规模以上的纳税人不适用核定征收办法。上述特定纳税人由国家税务总局另行明确。

（二）核定征收的办法

税务机关应根据纳税人具体情况，对核定征收企业所得税的纳税人，核定应税所得率或者核定应纳所得税额。

1. 核定应税所得率

具有下列情形之一的，核定其应税所得率。

1）能正确核算（查实）收入总额，但不能正确核算（查实）成本费用总额的。

2）能正确核算（查实）成本费用总额，但不能正确核算（查实）收入总额的。

3）通过合理方法，能计算和推定纳税人收入总额或成本费用总额的。

4）纳税人不属于以上情形的，核定其应纳所得税额。

2. 核定征收企业所得税的方法

税务机关采用下列方法核定征收企业所得税：

1）参照当地同类行业或者类似行业中经营规模和收入水平相近的纳税人的税负水平核定。

2）按照应税收入额或成本费用支出额定率核定。

3）按照耗用的原材料、燃料、动力等推算或测算核定。

4）按照其他合理方法核定。

采用上述所列一种方法不足以正确核定应纳税所得额或应纳税额的，可以同时采用两种以上的方法核定。采用两种以上方法测算的应纳税额不一致时，可按测算的应纳税额从高核定。

采用应税所得率方式核定征收企业所得税的，应纳所得税额计算公式为

$$应纳所得税额=应纳税所得额\times适用税率$$

$$应纳税所得额=应税收入额\times应税所得率$$

或

应纳税所得额=成本(费用)支出额÷(1−应税所得率)×应税所得率

实行应税所得率方式核定征收企业所得税的纳税人，经营多业的，无论其经营项目是否单独核算，均由税务机关根据其主营项目确定适用的应税所得率。

应税所得率的幅度标准如表4-1所示。

表4-1　应税所得率的幅度标准

行业	应税所得率/%
农、林、牧、渔业	3～10
制造业	5～15
批发和零售贸易业	4～15
交通运输业	7～15
建筑业	8～20
饮食业	8～25
娱乐业	15～30
其他行业	10～30

第六节　征收管理

一、纳税地点

税收法律、行政法规另有规定外，居民企业以企业登记注册地为纳税地点；但登记注册地在中国境外的，以实际管理机构所在地为纳税地点。企业注册登记地是指企业依照国家有关规定登记注册的住所地。

居民企业在中国境内设立不具有法人资格的营业机构的，应当汇总计算并缴纳企业所得税。企业汇总计算并缴纳企业所得税时，应当统一核算应纳税所得额，具体办法由国务院财政、税务主管部门另行制定。

非居民企业在中国境内设立机构、场所的，应当就其所设机构、场所取得的来源于中国境内的所得，以及发生在中国境外但与其所设机构、场所有实际联系的所得，以机构、场所所在地为纳税地点。非居民企业在中国境内设立两个或者两个以上机构、场所的，经税务机关审核批准，可以选择由其主要机构、场所汇总缴纳企业所得税。非居民企业经批准汇总缴纳企业所得税后，需要增设、合并、迁移、关闭机构、场所或者停止机构、场所业务的，应当事先由负责汇总申报缴纳企业所得税的主要机构、场所向其所在地税务机关报告；需要变更汇总缴纳企业所得税的主要机构、场所的，依照相关规定办理。

非居民企业在中国境内未设立机构、场所的，或者虽设立机构、场所但取得的所得

与其所设机构、场所没有实际联系的所得，以扣缴义务人所在地为纳税地点。

除国务院另有规定外，企业之间不得合并缴纳企业所得税。

二、纳税期限

企业所得税按年计征，分月或者分季预缴，年终汇算清缴，多退少补。

企业所得税的纳税年度，自公历1月1日起至12月31日止。企业在一个纳税年度的中间开业，或者由于合并、关闭等原因终止经营活动，使该纳税年度的实际经营期不足12个月的，应当以其实际经营期为1个纳税年度。企业清算时，应当以清算期间作为1个纳税年度。

年度终了之日起5个月内，向税务机关报送年度企业所得税纳税申报表，并汇算清缴，结清应缴应退税款。

企业在年度中间终止经营活动的，应当自实际经营终止之日起60日内，向税务机关办理当期企业所得税汇算清缴。

三、纳税申报

按月或按季预缴的，应当自月份或者季度终了之日起15日内，向税务机关报送预缴企业所得税纳税申报表，预缴税款。

企业在报送企业所得税纳税申报表时，应当按照规定附送财务会计报告和其他有关资料。

企业应当在办理注销登记前，就其清算所得向税务机关申报并依法缴纳企业所得税。

依照《企业所得税法》缴纳的企业所得税，以人民币计算。所得以人民币以外的货币计算的，应当折合成人民币计算并缴纳税款。

企业在纳税年度内无论盈利或者亏损，都应当依照《企业所得税法》第五十四条规定的期限，向税务机关报送预缴企业所得税纳税申报表、年度企业所得税纳税申报表、财务会计报告和税务机关规定应当报送的其他有关资料。

四、新增企业所得税征管范围调整

自2009年1月1日起，新增企业所得税纳税人中，应缴纳增值税的企业，其企业所得税由国家税务局管理；应缴纳营业税的企业，其企业所得税由地方税务局管理。以2008年为基年，2008年年底之前国家税务局、地方税务局各自管理的企业所得税纳税人不作调整。

从2009年起，企业所得税全额为中央收入的企业和在国家税务局缴纳营业税的企业，其企业所得税由国家税务局管理。银行（信用社）、保险公司的企业所得税由国家税务局管理除前述规定外的其他各类金融企业的企业所得税由地方税务局管理。外商投资企业和外国企业常驻代表机构的企业所得税仍由国家税务局管理。例如，2008年年底之前已成立跨区经营汇总纳税企业，从 2009 年起新设立的分支机构，其企业所得税的征管部门应与总机构企业所得税征管部门相一致；从 2009 年起新增跨区经营汇总纳税企业，总机构按基本规定确定的原则划分征管归属，其分支机构企业所得税的管理部门也应与总机构企业所得税管理部门相一致。按税法规定免缴流转税的企业，按其免缴的流转税税种确定企业所得税征管归属；既不缴纳增值税，也不缴纳营业税的企业，其企业所得税暂由地方税务局管理。既缴纳增值税又缴纳营业税的企业，原则上按照其税务登记时自行申报的主营业务应缴纳的流转税税种确定征管归属；企业税务登记时无法确定主营业务的，一般以工商登记注明的第一项业务为准；一经确定，原则上不再调整。

课后练习

在线测试 4

一、名词解释

1. 企业所得税　2. 收入总额　3. 应纳税所得额　4. 居民企业　5. 非居民企业　6. 中国境外所得已纳税款　7. 准予扣除的项目　8. 不征税收入　9. 所得税应纳税额

二、填空题

1. 企业所得税实行比例税率，其基本税率为________。

2. 对符合条件的小型微利企业，减按________的税率征收企业所得税；对国家需要重点扶持的高新技术企业，减按________的税率征收企业所得税。

3. 企业应纳税所得额的确定，以________为原则。

4. 企业发生年度亏损的，准予向以后年度结转，用以后年度的所得弥补，但结转年限最长不得超过________年。

5. 企业发生的公益性捐赠支出，在年度利润总额________以内的部分，准予在计算应纳税所得额时扣除。

6. 企业所得税的不征税收入有________、________、________。

7. 实行源泉扣缴的非居民企业的应缴纳的所得税，以________为扣缴义务人。

8. 企业实际发生的与取得收入有关的合理的支出包括________、________、________、________和________，准予在计算应纳税所得额时扣除。

9. 除税收法律、行政法规另有规定外，居民企业以________为纳税地点；但登记注册地在中国境外的，以________为纳税地点。

10. 企业在一个纳税年度中间开业，或者终止经营活动，使该纳税年度的实际经营期不足 12 个月的，应当以其________为一个纳税年度。

三、判断题（判断对错，并将错误的改正过来）

1. 企业所得税的征税对象为所得额，它是企业实现的利润额，但不是企业的销售额或营业额。（　　）

2. 企业以新设合并发生合并后，新设合并企业符合企业所得税纳税人条件的，以新设企业为纳税人；合并前企业未了税务事宜，新设企业可不予以继承。（　　）

3. 企业购买国债的利息收入，不计入应纳税所得额。（　　）

4. 居民企业应当就其来源于中国境内的所得缴纳企业所得税。（　　）

5. 非居民企业在中国境内未设立机构、场所的，或者虽设立机构、场所但取得的所得与其所设机构、场所没有实际联系的，应当就其来源于中国境内的所得缴纳企业所得税。（　　）

6. 非居民企业在中国境内未设立机构、场所的，或者虽设立机构、场所但取得的所得与其所设机构、场所没有实际联系的而来源于中国境内的所得适用税率为25%。（　　）

7. 企业所得税的应纳税所得额是企业每一个纳税年度的收入总额，减除不征税收入、各项扣除及允许弥补的以前年度亏损后的余额。（　　）

8. 企业的收入总额中不征税收入包括财政拨款，依法收取并纳入财政管理的行政事业性收费、政府性基金，国务院规定的其他不征税收入。（　　）

9. 企业在汇总计算缴纳企业所得税时，其中国境外营业机构的亏损可以抵减中国境内营业机构的盈利。（　　）

10. 企业开发新技术、新产品、新工艺发生的研究开发费用，以及安置残疾人员及国家鼓励安置的其他就业人员所支付的工资，可以免征、减征企业所得税。（　　）

四、单项选择题

1. 企业在计算应纳税所得额时，下列准予从收入总额中予以扣除的是（　　）。

A. 与经营活动无关的无形资产

B. 企业使用或者销售存货，按照规定计算的存货成本

C. 企业对外投资期间的投资资产的成本

D. 自创商誉

2. 企业在纳税年度内无论盈利或亏损，都应在月份或季度终了后（　　）日内，向其所在地主管税务机关报送会计报表和预缴所得税申报表。

A. 7　　B. 10　　C. 15　　D. 45

3. 扣缴义务人每次代扣的税款，应当自代扣之日起（　　）日内缴入国库，并向所在地的税务机关报送扣缴企业所得税报告表。

A. 7　　B. 10　　C. 15　　D. 45

五、多项选择题

1. 下列企业中，不属于企业所得税纳税人的是（　　）。

A. 私营企业　　B. 个人独资企业　　C. 外商投资企业　　D. 合伙企业

2. 下列收入中，属于免征企业所得税的收入包括（　　）。

A. 财产转让收入

B. 符合条件的居民企业之间的权益性投资收益

C. 符合条件的非营利组织收入

D. 接受捐赠收入

3. 在计算应纳税所得额时，企业发生的（　　）作为长期待摊费用，按照规定摊销的，准予扣除。

A. 已足额提取折旧的固定资产的改建支出

B. 租入固定资产的改建支出

C. 固定资产的大修理支出

D. 其他应当作为长期待摊费用的支出

4. 企业的（　　）在计算应纳税所得额时，准予从收入总额中扣除。

A. 企业所得税　　B. 营业税　　C. 消费税　　D. 教育费附加

5. 关于非居民企业在中国境内未设立机构、场所的，或者虽设立机构、场所但取得的所得与其所设机构、场所没有实际联系的而来源于中国境内的所得，其应纳税所得额的计算方法，下列说法正确的是（　　）。

A. 股息、红利等权益性投资收益和利息、租金、特许权使用费所得，以收入全额为应纳税所得额

B. 股息、红利等权益性投资收益和利息、租金、特许权使用费所得，以收入全额扣除相关的成本费用后的余额为应纳税所得额

C. 转让财产所得，以收入全额为应纳税所得额

D. 转让财产所得，以收入全额减除财产净值后的余额为应纳税所得额

6. 企业的下列所得中，可以免征、减征企业所得税的是（　　）。

A. 从事农、林、牧、渔业项目的所得

B. 从事国家重点扶持的公共基础设施项目投资经营的所得

C. 从事符合条件的环境保护、节能节水项目的所得

D. 符合条件的技术转让所得

7. 企业通过非营利性社团和国家机关对（　　）捐赠，在年度利润总额12%之内的部分，准予在计算应纳税所得额时扣除。

A. 红十字会　　B. 减灾委员会　　C. 全国老年基金会　　D. 老区促进会

六、问答题

1. 简述企业所得税的主要特点。
2. 在计算应纳税所得额时，哪些项目不得扣除？
3. 在计算应纳税所得额时，哪些固定资产不得计算折旧予以扣除？

七、计算题

1. 某企业于2008年年初开业，2008～2017年获利情况如表4-2所示。

表4-2　2008～2017年获利情况

单位：万元

年度	2008	2009	2010	2011	2012	2013	2014	2015	2016	2017
获利	−20	−10	5	−5	−10	10	20	25	30	40

要求：计算企业各年应纳企业所得税税额。

2. 某公司2017年度从国内联营企业分回投资利润255万元，该联营企业为国家重点扶持的高新技术企业，适用所得税税率为15%，该公司适用的企业所得税税率为25%。

要求：计算该公司从联营企业分回投资利润应补缴的企业所得税。

3. 公司2017年全年取得中国境内应纳税所得额1 200万元，同期来源于设在A国的分支机构的所得500万元，该所得已按照A国的税法缴纳了125万元的所得税；来源于设在B国的分支机构的所得400万元，该所得已按照B国的税法缴纳了160万元的所得税。该公司适用的企业所得税税率为25%，对境外所得实行分国不分项抵扣法计算抵扣所得税。

要求：

1）计算该公司2017年度中国境内境外所得按税法计算的应纳企业所得税税额。

2）计算该公司2017年度实际应缴纳企业所得税税额。

4. 某企业经税务机关同意，每个季度按实际利润数预缴所得税。2017 年第一季度实现利润额为150万元，第二季度实现利润额为180万元，第三季度实现利润额为200万元，第四季度实现利润额为100万元。2017年全年应纳税所得额为800万元。

要求：计算2017年各季度应预缴和年终汇算清缴的企业所得税税额。

5. 某中外合资经营企业2017年度中国境内应纳税所得额为400万元，该企业在A、B两国设有分支机构。A国分公司所得为200万元，其中生产经营所得150万元，A国所得税税率为40%，租金所得为50万元，税率为20%。B国分公司所得为240万元，其中生产经营所得为200万元，B国所得税税率为25%，利息所得为40万元，税率为20%。

要求：计算该企业2017年应纳的企业所得税税额。

第五章　个人所得税法

知识目标

1）了解个人所得税的特点。

2）熟悉我国现行个人所得税的基本规定。

3）掌握个人所得税应纳税所得额的计算方法。

4）掌握个人所得税应纳税额的计算方法。

能力目标

能够掌握个人所得税法计算方法，进行个人所得税的计算与纳税申报。

重点难点

1）个人所得税纳税义务人。

2）按征税对象划分的应税所得项目，不同的应税所得项目的税率规定及应纳税额的计算方法。

3）个人所得税各项税收优惠的规定。

案例导入

2017 年 2 月，李某当月取得工资收入 9 000 元，当月个人承担住房公积金、基本养老保险金、医疗保险金、失业保险金共计 1 000 元，缴纳个人所得税税额为 905 元。

同月，李某接受某客户委托，完成装潢设计项目一项，一次性获得报酬 9 000 元，缴纳个人所得税 1 440 元。

同年 3 月，李某的工资收入和四金均不变，但应纳个人所得税税额变为 825 元。

问题：同样是 9 000 元的收入，为什么需缴纳的个人所得税存在差异？

个人所得税法是指国家制定的用以调整个人所得税征收与缴纳之间权利及义务关系的法律规范。个人所得税的基本规范是1980年9月10日第五届全国人大第三次会议制定、根据1993年10月31日第八届全国人大常委会第四次会议决定修改的《个人所得税法》，通过了六次修改，目前适用的是2011年6月30日，由第十一届全国人大常委会第二十一次会议修改通过并公布的，自2011年9月1日起施行。

个人所得税是以自然人取得的各类应税所得为征税对象而征收的一种所得税，是政府利用税收对个人收入进行调节的一种手段。个人所得税的纳税人不仅包括个人还包括具有自然人性质的企业。从世界范围看，个人所得税的税制模式有三种：分类征收制、综合征收制与混合征收制。分类征收制，是将纳税人不同来源、性质的所得项目，分别规定不同的税率征税；综合征收制，是对纳税人全年的各项所得加以汇总，就其总额进行征税；混合征收制，是对纳税人不同来源、性质的所得先分别按照不同的税率征税，然后将全年的各项所得进行汇总征税。三种不同的征收模式各有其优缺点。

目前，我国个人所得税的征收采用的是第一种模式，即分类征收制，其改革方向是由分类征收制向分类与综合相结合的模式转变。个人所得税在组织财政收入、提高公民纳税意识，尤其在调节个人收入分配差距方面具有重要作用。

第一节 纳税义务人与征税范围

一、纳税义务人

个人所得税的纳税义务人，包括中国公民（含中国香港、澳门、台湾同胞）、个体工商业户、个人独资企业、合伙企业投资者、在中国有所得的外籍人员（包括无国籍人员，下同）。上述纳税义务人依据住所和居住时间两个标准，区分为居民和非居民，分别承担不同的纳税义务。

（一）居民纳税义务人

居民纳税义务人负有无限纳税义务。其取得的应纳税所得，无论是来源于中国境内还是中国境外，都要在中国缴纳个人所得税。根据《个人所得税法》规定，居民纳税义务人是指在中国境内有住所，或者无住所而在中国境内居住满1年的个人。

所谓在中国境内有住所的个人，是指因户籍、家庭、经济利益关系，而在中国境内习惯性居住的个人。这里所说的习惯性居住，是判定纳税义务人属于居民还是非居民的一个重要依据。它是指个人在学习、工作、探亲等原因消除之后，没有理由在其他地方继续居留时，所要回到的地方，而不是指实际居住或在某一个特定时期内的居住地。一个纳税人因学习、工作、探亲、旅游等，原来是在中国境外居住，但是在这些原因消除之后，如果必须回到中国境内居住的，则中国为该人的习惯性居住地。尽管该纳税义务人在一个纳税年度内，甚至连续几个纳税年度，都未在中国境内居住过一天，他仍然是中国居民纳税义务人，应就其来自全球的应纳税所得，向中国缴纳个人所得税。

所谓在中国境内居住满 1 年，是指在一个纳税年度内，在中国境内居住满 365 日。在计算居住天数时，对临时离境应视同在华居住，不扣减其在华居住的天数。这里所说的临时离境，是指在一个纳税年度内，一次不超过 30 日或者多次累计不超过 90 日的离境。综上可知，个人所得税的居民纳税义务人包括以下两类：在中国境内定居的中国公民和外国侨民。但不包括虽具有中国国籍，却没有在中国大陆定居，而是侨居海外的华侨和居住在中国香港、澳门、台湾的同胞。

从公历 1 月 1 日起至 12 月 31 日止，居住在中国境内的外国人、海外侨胞和中国香港、澳门、台湾同胞。这些人如果在一个纳税年度内，一次离境不超过 30 日，或者多次离境累计不超过 90 日的，仍应被视为全年在中国境内居住，从而判定为居民纳税义务人。例如，一个外籍人员从 1997 年 10 月起到中国境内的公司任职，在 1998 年纳税年度内，曾于 3 月 7～12 日离境回国，向其总公司述职，12 月 23 日又离境回国欢度圣诞节和元旦。这两次离境时间相加，没有超过 90 日的标准，应视作临时离境，不扣减其在华居住天数。因此，该纳税义务人应为居民纳税义务人。

现行税法中关于中国境内的概念，是指中国大陆地区，目前还不包括中国香港、澳门和台湾地区。

（二）非居民纳税义务人

非居民纳税义务人，是指不符合居民纳税义务人判定标准（条件）的纳税义务人。非居民纳税义务人承担有限纳税义务，即仅就其来源于中国境内的所得，向中国缴纳个人所得税。《个人所得税法》规定，非居民纳税义务人是“在中国境内无住所又不居住或者无住所而在境内居住不满一年的个人”。也就是说，非居民纳税义务人，是指习惯性居住地不在中国境内，而且不在中国居住，或者在一个纳税年度内，在中国境内居住不满 1 年的个人。在现实生活中，习惯性居住地不在中国境内的个人，只有外籍人员、华侨或中国香港、澳门和台湾同胞。因此，非居民纳税义务人，实际上只能是在一个纳税年度中，没有在中国境内居住，或者在中国境内居住不满 1 年的外籍人员、华侨或中国香港、澳门、台湾同胞。自 2004 年 7 月 1 日起，对境内居住的天数和境内实际工作期间按以下规定为准，判定纳税义务及计算在中国境内居住的天数。对在中国境内无住所的个人，需要计算确定其在中国境内的居住天数，以便依照税法和协定或安排的规定判定其在华负有何种纳税义务时，均应以该个人实际在华逗留天数计算。上述个人入境、离境、往返或多次往返境内外的当日，均按 1 天计算其在华实际逗留天数。个人入境、

离境当日及在中国境内实际工作期间的判定。对在中国境内、境外机构同时担任职务或仅在中国境外机构任职的中国境内无住所个人，在按《国家税务总局关于在中国境内无住所的个人计算缴纳个人所得税若干具体问题的通知》(国税发〔1994〕148 号) 第一条的规定计算其中国境内工作期间时，对其入境、离境、往返或多次往返中国境内外的当日，均按半天计算在华实际工作天数。

二、征税范围

下列各项个人所得，应纳个人所得税。

(一) 工资、薪金所得

工资、薪金所得，是指个人因任职或者受雇而取得的工资、薪金、奖金、年终加薪、劳动分红、津贴、补贴及与任职或者受雇有关的其他所得。

一般来说，工资、薪金所得属于非独立个人劳动所得。所谓非独立个人劳动，是指个人所从事的由他人指定、安排并接受管理的劳动，工作或服务于公司、工厂、行政事业单位的人员（私营企业主除外）均为非独立劳动者。他们从上述单位取得的劳动报酬，是以工资、薪金的形式体现的。在这类报酬中，工资和薪金的收入主体略有差异。通常情况下，把直接从事生产、经营或服务的劳动者（工人）的收入称为工资，即所谓“蓝领阶层”所得；而将从事社会公职或管理活动的劳动者（公职人员）的收入称为薪金，即所谓“白领阶层”所得。但实际立法过程中，各国都从简便易行的角度考虑，将工资、薪金合并为一个项目计征个人所得税。

除工资、薪金以外，奖金、年终加薪、劳动分红、津贴、补贴也被确定为工资、薪金范畴。其中，奖金是指所有具有工资性质的奖金，免税奖金的范围在税法中另有规定。年终加薪、劳动分红不分种类和取得情况，一律按工资、薪金所得征税。津贴、补贴等则有例外。根据我国目前个人收入的构成情况，规定对于一些不属于工资、薪金性质的补贴、津贴或者不属于纳税人本人工资、薪金所得项目的收入，不予征税。这些项目包括：独生子女补贴；托儿补助费；差旅费津贴；误餐补助。

其中，误餐补助是指按照财政规定，个人因公在城区、郊区工作，不能在工作单位或返回就餐的，根据实际误餐顿数，按规定的标准领取的误餐补助。单位以误餐补助名义发给职工的津贴不能包括在内。

(二) 个体工商户的生产、经营所得

个体工商户的生产、经营所得，是指个体工商户从事工业、手工业、建筑业、交通运输业、商业、饮食业，服务业、修理业及其他行业取得的所得；个人经政府有关部门批准，取得执照，从事办学、医疗、咨询及其他有偿服务活动取得的所得；其他个人从事个体工商业生产、经营取得的所得；个体工商户和个人取得的与生产、经营有关的各

项应税所得。

个人因从事彩票代销业务而取得的所得，应按照“个体工商户的生产、经营所得”项目计征个人所得税。

从事个体出租车运营的出租车驾驶员取得的收入；按“个体工商户的生产、经营所得”项目缴纳个人所得税。

出租车属个人所有，但挂靠出租汽车经营单位或企事业单位，驾驶员向挂靠单位缴纳管理费的，或出租汽车经营单位将出租车所有权转移给驾驶员的，出租车驾驶员从事客货运营取得的收入，比照“个体工商户的生产、经营所得”项目征税。

个体工商户和从事生产、经营的个人，取得与生产、经营活动无关的其他各项应税所得，应分别按照其他应税项目的有关规定，计算征收个人所得税。例如，取得银行存款的利息所得、对外投资取得的股息所得，应按“股息、利息、红利”税目的规定单独计征个人所得税。

个人独资企业、合伙企业的个人投资者以企业资金为本人、家庭成员及其相关人员支付与企业生产经营无关的消费性支出及购买汽车、住房等财产性支出，视为企业对个人投资者利润分配，并入投资者个人的生产经营所得，依照“个体工商户的生产、经营所得”项目计征个人所得税。

（三）对企事业单位的承包经营、承租经营所得

对企事业单位的承包经营、承租经营所得，是指个人承包经营或承租经营及转包、转租取得的所得。承包项目可分为多种，如生产经营、采购、销售、建筑安装等。转包包括全部转包或部分转包。

（四）劳务报酬所得

劳务报酬所得，是指个人独立从事各种非雇用的各种劳务的所得，其具体内容如下。

1）设计，指按照客户的要求，代为制订工程、工艺等各类设计业务。

2）装潢，指接受委托，对物体进行装饰、修饰，使之美观或具有特定用途的作业。

3）安装，指按照客户要求，对各种机器、设备的装配、安置，以及与机器、设备相连的附属设施的装设和被安装机器设备的绝缘、防腐、保温、油漆等工程作业。

4）制图，指受托按实物或设想物体的形象，依体积、面积、距离等，用一定比例绘制成平面图、立体图、透视图等的业务。

5）化验，指受托用物理或化学的方法，检验物质的成分和性质等业务。

6）测试，指利用仪器仪表或其他手段代客对物品的性能和质量进行检测试验的业务。

7）医疗，指从事各种病情诊断、治疗等医护业务。

8）法律，指受托担任辩护律师、法律顾问，撰写辩护词、起诉书等法律文书的业务。

9）会计，指受托从事会计核算的业务。

10）咨询，指对客户提出的政治、经济、科技、法律、会计、文化等方面的问题进行解答、说明的业务。

11）讲学，指应邀（聘）进行讲课、报告、介绍情况等业务。

12）新闻，指提供新闻信息、编写新闻消息的业务。

13）广播，指从事播音等劳务。

14）翻译，指受托从事中、外语言或文字的翻译（包括笔译和口译）的业务。

15）审稿，指对文字作品或有形作品进行审查、核对的业务。

16）书画，指按客户要求或自行从事书法、绘画、题词等业务。

17）雕刻，指代客镌刻图章、牌匾、碑、玉器、雕塑等业务。

18）影视，指应邀或应聘在电影、电视节目中出任演员，或担任导演、音响、化妆、道具、制作、摄影等与拍摄影视节目有关的业务。

19）录音，指用录音器械代客录制各种音响带的业务，或者应邀演讲、演唱、采访而被录音的服务。

20）录像，指用录像器械代客录制各种图像、节目的业务，或者应邀表演、采访被录像的业务。

21）演出，指参加戏剧、音乐、舞蹈、曲艺等文艺演出活动的业务。

22）表演，指从事杂技、体育、武术、健美、时装、气功及其他技巧性表演活动的业务。

23）广告，指利用图书、报纸、杂志、广播、电视、电影、招贴、路牌、橱窗、霓虹灯、灯箱、墙面及其他载体，为介绍商品、经营服务项目、文体节目或通告、声明等事项，所作的宣传和提供相关服务的业务。

24）展览，指举办或参加书画展、影展、盆景展、邮展、个人收藏品展、花鸟虫鱼展等各种展示活动的业务。

25）技术服务，指利用一技之长而进行技术指导、提供技术帮助的业务。

26）介绍服务，指介绍供求双方商谈，或者介绍产品、经营服务项目等服务的业务。

27）经纪服务，指经纪人通过居间介绍，促成各种交易和提供劳务等服务的业务。

28）代办服务，指代委托人办理受托范围内的各项事宜的业务。

29）其他劳务，指上述列举 28 项劳务项目之外的各种劳务。

在实际操作过程中，还可能出现难以判定一项所得是工资、薪金所得，还是劳务报酬所得的情况。这两者的区别在于：工资、薪金所得属于非独立个人劳务活动，即在机关、团体、学校、部队、企业、事业单位及其他组织中任职、受雇而得到的报酬；而劳务报酬所得，则是个人独立从事各种技艺、提供各项劳务取得的报酬。

（五）稿酬所得

稿酬所得，是指个人因其作品以图书、报刊形式出版、发表而取得的所得。将稿酬所得独立划归为一个征税项目，而对不以图书、报刊形式出版、发表的翻译、审稿、书画所得归为劳务报酬所得，主要是考虑了出版、发表作品的特殊性。第一，它是一种依靠较高智力创作的精神产品；第二，它具有普遍性；第三，它与社会主义精神文明和物质文明密切相关；第四，它的报酬相对偏低。因此，稿酬所得应当与一般劳务报酬相区别，并给予适当优惠照顾。

（六）特许权使用费所得

特许权使用费所得，是指个人提供专利权、商标权、著作权、非专利技术及其他特许权的使用权取得的所得。提供著作权的使用权取得的所得，不包括稿酬所得。

专利权，是由国家专利主管机关依法授予专利申请人或其权利继承人在一定期间内实施其发明创造的专有权。对于专利权许多国家只将提供他人使用取得的所得，列入特许权使用费，而将转让专利权所得列为资本利得税的征税对象。我国没有开征资本利得税，故将个人提供和转让专利权取得的所得，都列入特许权使用费所得征收个人所得税。

商标权，即商标注册人享有的商标专用权。著作权，即版权，是作者依法对文学、艺术和科学作品享有的专有权。个人提供或转让商标权、著作权、专有技术或技术秘密、技术诀窍取得的所得，应当依法缴纳个人所得税。

（七）利息、股息、红利所得

利息、股息、红利所得，是指个人拥有债权、股权而取得的利息、股息、红利所得。利息，是指个人拥有债权而取得的利息，包括存款利息、贷款利息和各种债券的利息。按税法规定，个人取得的利息所得，除国债和国家发行的金融债券利息外，应当依法缴纳个人所得税。股息、红利，是指个人拥有股权取得的股息、红利。按照一定的比率对应每股发给的息金称股息；公司、企业应分配的利润，按股份分配的称红利。股息、红利所得，除另有规定外，都应当缴纳个人所得税。

除个人独资企业、合伙企业以外的其他企业的个人投资者，以企业资金为本人、家庭成员及其相关人员支付与企业生产经营无关的消费性支出及购买汽车、住房等财产性支出，视为企业对个人投资者的红利分配，依照“利息、股息、红利所得”项目计征个人所得税。企业的上述支出不允许在所得税税前扣除。

纳税年度内个人投资者从其投资企业（个人独资企业、合伙企业除外）借款，在该纳税年度终了后既不归还又未用于企业生产经营的，其未归还的借款可视为企业对个人投资者的红利分配，依照“利息、股息、红利所得”项目计征个人所得税。

个人在个人银行结算账户的存款自 2003 年 9 月 1 日起孳生的利息，应按“利息、

股息、红利所得”项目计征个人所得税，税款由办理个人银行结算账户业务的储蓄机构在结付利息时代扣代缴。自2008年10月9日起暂免征收储蓄存款利息的个人所得税。

（八）财产租赁所得

财产租赁所得，是指个人出租建筑物、土地使用权、机器设备、车船及其他财产取得的所得。

个人取得的财产转租收入，属于“财产租赁所得”项目的征税范围，由财产转租人缴纳个人所得税。

（九）财产转让所得

财产转让所得，是指个人转让有价证券、股权、建筑物、土地使用权、机器设备、车船及其他财产取得的所得。

在现实生活中，个人进行的财产转让主要是个人财产所有权的转让。财产转让实际上是一种买卖行为，当事人双方通过签订、履行财产转让合同，形成财产买卖的法律关系，使出让财产的个人从对方取得价款（收入）或其他经济利益。财产转让所得因其性质的特殊性，需要单独列举项目征税。对个人取得的各项财产转让所得，除股票转让所得外，都要征收个人所得税。

（十）偶然所得

偶然所得，是指个人得奖、中奖、中彩及其他偶然性质的所得。得奖是指参加各种有奖竞赛活动，取得名次得到的奖金；中奖、中彩是指参加各种有奖活动，如有奖销售、有奖储蓄或者购买彩票，经过规定程序，抽中、摇中号码而取得的奖金。偶然所得应缴纳的个人所得税税款，一律由发奖单位或机构代扣代缴。

（十一）经国务院财政部门确定征税的其他所得

除上述列举的各项个人应税所得外，其他确有必要征税的个人所得，由国务院财政部门确定。个人取得的所得，难以界定应纳税所得项目的，由主管税务机关确定。

三、所得来源地的确定

下列所得，不论支付地点是否在中国境内，均为来源于中国境内的所得。

1）因任职、受雇、履约等而在中国境内提供劳务取得的所得。

2）将财产出租给承租人在中国境内使用而取得的所得。

3）转让中国境内的建筑物、土地使用权等财产或者在中国境内转让其他财产取得的所得。

4）许可各种特许权在中国境内使用而取得的所得。

5）从中国境内的公司、企业及其他经济组织或者个人取得的利息、股息、红利所得。

在中国境内无住所，但是居住1年以上5年以下的个人，其来源于中国境外的所得，经主管税务机关批准，可以只就由中国境内公司、企业及其他经济组织或者个人支付的部分缴纳个人所得税；居住超过5年的个人，从第6年起，应当就其来源于中国境外的全部所得缴纳个人所得税。

在中国境内无住所，但是在一个纳税年度中在中国境内连续，或者累计居住不超过90日的个人，其来源于中国境内的所得，由中国境外雇主支付并且不由该雇主在中国境内的机构、场所负担的部分，免予缴纳个人所得税。

个人所得税征税对象的确定及税率

第二节　税率与应纳税所得额的确定

一、税率

（一）工资、薪金所得适用税率

工资、薪金所得适用七级超额累进税率，税率为3%～45%，如表5-1所示。

表5-1　工资、薪金所得个人所得税税率表

级数	全月含税应纳税所得额	全月不含税应纳税所得额	税率/%	速算扣除数/元
1	不超过1 500元的	不超过1 455元的	3	0
2	超过1 500元至4 500元的部分	超过1 455元至4 155元的部分	10	105
3	超过4 500元至9 000元的部分	超过4 155元至7 755元的部分	20	555
4	超过9 000元至35 000元的部分	超过7 755元至27 255元的部分	25	1 005
5	超过35 000元至55 000元的部分	超过27 255元至41 255元的部分	30	2 755
6	超过55 000元至80 000元的部分	超过41 255元至57 505元的部分	35	5 505
7	超过80000元的部分	超过57 505元的部分	45	13 505

注：本表所称全月含税应纳税所得额和全月不含税应纳税所得额，是指依照税法的规定，以每月收入额减除费用3 500元后的余额或者再减除附加减除费用后的余额。

小贴士

2011 年 6 月 30 日，第十一届全国人大常委会第二十一次会议表决通过关于修改《个人所得税法》的决定，修改后的《个人所得税法》于 2011 年 9 月 1 日起施行。

《个人所得税法》第三条第一项修改为：“工资、薪金所得，适用超额累进税率，税率为百分之三至百分之四十五。”第六条第一款第一项修改为：“工资、薪金所得，以每月收入额减除费用三千五百元后的余额，为应纳税所得额。”

这是自 1994 年现行个人所得税法实施以来第 3 次提高个人所得税起征点，2006 年，起征点从每月 800 元提高到 1 600 元；2008 年，起征点从 1 600 元提高到 2 000 元。

（二）个体工商户的生产、经营所得和对企事业单位的承包经营、承租经营适用税率

个体工商户包括依法取得个体工商户营业执照，从事生产经营的个体工商户；经政府有关部门批准，从事办学、医疗、咨询等有偿服务活动的个人及其他从事个体生产、经营的个人。个体工商户以业主为个人所得税纳税义务人。

1）个体工商户的生产、经营所得和对企事业单位的承包经营、承租经营所得适用 5%～35%的五级超额累进税率（表 5-2）。

表 5-2 个体工商户的生产、经营所得和对企事业单位的承包经营、承租经营所得个人所得税税率表

级数	全年含税应纳税所得额	全年不含税应纳税所得额	税率/%	速算扣除数/元
1	不超过 15 000 元的	不超过 14 250 元的	5	0
2	超过 15 000 元至 30 000 元的部分	超过 14 250 元至 27 750 元的部分	10	750
3	超过 30 000 元至 60 000 元的部分	超过 27 750 元至 51 750 元的部分	20	3 750
4	超过 60 000 元至 100 000 元的部分	超过 51 750 元至 79 750 元的部分	30	9 750
5	超过 100 000 元的部分	超过 79 750 元的部分	35	14 750

注：本表所称全年含税应纳税所得额和全年不含税应纳税所得额，对个体工商户的生产、经营所得，是指以每一纳税年度的收入总额，减除成本、费用、相关税费及损失后的余额；对企事业单位的承包经营、承租经营所得，是指以每一纳税年度的收入总额，减除必要费用后的余额。

这里值得注意的是，由于目前实行承包（租）经营的形式较多，分配方式也不相同，因此，承包、承租人按照承包、承租经营合同规定取得所得的适用税率也不一致。

承包、承租人对企业经营成果不拥有所有权，仅是按合同（协议）规定取得一定所得的，其所得按“工资、薪金所得”项目征税，适用 3%～45%的七级超额累进税率。

承包、承租人按合同（协议）的规定只向发包、出租方缴纳一定费用后，企业经营成果归其所有的，承包、承租人取得的所得，按对企事业单位的承包经营、承租经营所得项目，适用 5%～35%的五级超额累进税率。

2）个人独资企业和合伙企业的个人投资者取得的生产经营所得也适用5%～35%的五级超额累进税率。

（三）稿酬所得适用税率

稿酬所得适用比例税率，税率为20%，并按应纳税额减征30%，故其实际税负为14%。

（四）劳务报酬所得适用税率

劳务报酬所得适用比例税率，税率为20%。对劳务报酬所得一次收入畸高的，可以实行加成征收，具体办法由国务院规定。

根据《中华人民共和国个人所得税法实施条例》（以下简称《个人所得税法实施条例》）规定，“劳务报酬所得一次收入畸高”，是指个人一次取得劳务报酬，其应纳税所得额超过20 000元。对应纳税所得额超过20 000元至50 000元的部分，依照税法规定计算应纳税额后再按照应纳税额加征五成；超过50 000元的部分，加征十成。因此，劳务报酬所得实际上适用20%、30%、40%的三级超额累进税率（表5-3）。

表5-3 劳务报酬所得个人所得税税率表

级数	每次应纳税所得额	税率/%
1	不超过20 000元的部分	20
2	超过20 000元至50 000元的部分	30
3	超过50 000元的部分	40

注：本表所称每次应纳税所得额，是指每次收入额减除费用800元（当每次收入额不超过4 000元时）或者减除20%的费用（当每次收入额超过4 000元时）后的余额。

（五）特许权使用费所得，利息、股息、红利所得，财产租赁所得，财产转让所得，偶然所得和其他所得适用税率

特许权使用费所得，利息、股息、红利所得，财产租赁所得，财产转让所得，偶然所得和其他所得，适用比例税率，税率为20%。从2007年8月15日起，居民储蓄利息税率调整为5%，自2008年10月9日起暂免征收储蓄存款利息的个人所得税。对个人出租住房取得的所得减按10%的税率征收个人所得税。

二、应纳税所得额的规定

由于个人所得税的应税项目不同，并且取得某项所得所需费用也不相同，因此，计算个人应纳税所得额，需按不同应税项目分项计算。以某项应税项目的收入额减去税法规定的该项目费用减除标准后的余额，为该应税项应纳税所得额。

（一）每次收入的确定

《个人所得税法》对纳税义务人的征税方法有三种：一是按年计征，如个体工商户的生产、经营所得和对企事业单位的承包、承租经营所得；二是按月计征，如工资、薪金所得；三是按次计征，如劳务报酬所得，稿酬所得，特许权使用费所得，利息、股息、红利所得，财产租赁所得，偶然所得和其他所得 7 项所得。在按次征收情况下，由于扣除费用依据每次应纳税所得额的大小，分别规定了定额和定率两种标准。因此，无论是从正确贯彻税法的立法精神、维护纳税义务人的合法权益方面来看，还是从避免税收漏洞、防止税款流失、保证国家税收收入方面来看，如何准确划分“次”，都是十分重要的。劳务报酬所得等 7 个项目的“次”，《个人所得税法实施条例》中作出了明确规定。具体内容如下。

1. 劳务报酬所得

劳务报酬所得，根据不同劳务项目的特点，分别规定为：只有一次性收入的，以取得该项收入为一次。例如，从事设计、安装、装潢、制图、化验、测试等劳务的纳税义务人，往往是接受客户的委托，按照客户的要求，完成一次劳务后取得收入。因此，该劳务报酬所得是属于只有一次性的收入，应以每次提供劳务取得的收入为一次。属于同一事项连续取得收入的，以 1 个月内取得的收入为一次。例如，某歌手与一家卡拉 OK 厅签约，在 1 年内每天到卡拉 OK 厅演唱一次，每次演出后付酬 50 元。在计算其劳务报酬所得时，应视为同一事项的连续性收入，以其 1 个月内取得的收入为一次计征个人所得税，而不能以每天取得的收入为一次。

2. 稿酬所得

稿酬所得，以每次出版、发表取得的收入为一次。具体可分为以下几种。

1）同一作品再版取得的所得，应视作另一次稿酬所得计征个人所得税。

2）同一作品先在报刊上连载，再出版，或先出版，再在报刊上连载的，应视为两次稿酬所得计征个人所得税。即连载作为一次，出版作为另一次。

3）同一作品在报刊上连载取得收入的，以连载完成后取得的所有收入合并为一次，计征个人所得税。

4）同一作品在出版和发表时，以预付稿酬或分次支付稿酬等形式取得的稿酬收入，应合并计算为一次。

5）同一作品出版、发表后，因添加印数而追加稿酬的，应与以前出版、发表时取得的稿酬合并计算为一次，计征个人所得税。

3. 特许权使用费所得

特许权使用费所得，以某项使用权的一次转让所取得的收入为一次。一个纳税义务人，可能不仅拥有一项特许权，每一项特许权的使用权也可能不止一次地向他人提供。因此，对特许权使用费所得的“次”的界定，明确为每一项使用权的每次转让所取得的收入为一次。如果该次转让取得的收入是分笔支付的，则应将各笔收入相加为一次的收入，计征个人所得税。

4. 利息、股息、红利所得

利息、股息、红利所得，以支付利息、股息、红利时取得的收入为一次。

5. 财产租赁所得

财产租赁所得，以 1 个月内取得的收入为一次。

6. 偶然所得

偶然所得，以每次取得该项收入为一次。

7. 其他所得

其他所得，以每次取得该项收入为一次。

（二）费用减除标准

1. 工资、薪金所得

工资、薪金所得，以每月收入额减除费用 3 500 元后的余额为应纳税所得额。

2. 个体工商户的生产、经营所得

个体工商户的生产、经营所得，以每一纳税年度的收入总额，减除成本、费用及损失后的余额，为应纳税所得额。成本、费用，是指纳税义务人从事生产、经营所发生的各项直接支出和分配计入成本的间接费用及销售费用、管理费用、财务费用；损失，是指纳税义务人在生产、经营过程中发生的各项营业外支出。从事生产、经营的纳税义务人未提供完整、准确的纳税资料，不能正确计算应纳税所得额的，由主管税务机关核定其应纳税所得额。

个人独资企业的投资者以全部生产经营所得为应纳税所得额；合伙企业的投资者按照合伙企业的全部生产经营所得和合伙协议约定的分配比例，确定应纳税所得额，合伙协议没有约定分配比例的，以全部生产经营所得和合伙人数量平均计算每个投资者的应

纳税所得额。

上述所称生产经营所得，包括企业分配给投资者个人的所得和企业当年留存的所得（利润）。

3. 对企事业单位的承包经营、承租经营所得

对企事业单位的承包经营、承租经营所得，以每一个纳税年度的收入总额，减除必要费用后的余额，为应纳税所得额。每一个纳税年度的收入总额，是指纳税义务人按照承包经营、承租经营合同规定分得的经营利润和工资、薪金性质的所得；所说的减除必要费用，是指按月减除 3 500 元。

4. 劳务报酬所得、稿酬所得、特许权使用费所得、财产租赁所得

劳务报酬所得、稿酬所得、特许权使用费所得、财产租赁所得，每次收入不超过 4 000 元的，减除费用 800 元；4 000 元以上的，减除 20%的费用，其余额为应纳税所得额。

5. 财产转让所得

财产转让所得，以转让财产的收入额减除财产原值和合理费用后的余额，为应纳税所得额。财产原值，包括：①有价证券，为买入价及买入时按照规定缴纳的有关费用；②建筑物，为建造费或者购进价格及其他有关费用；③土地使用权，为取得土地使用权所支付的金额、开发土地的费用及其他有关费用；④机器设备、车船，为购进价格、运输费、安装费及其他有关费用；⑤其他财产，参照以上方法确定。

纳税义务人未提供完整、准确的财产原值凭证，不能正确计算财产原值的，由主管税务机关核定其财产原值。

合理费用，是指卖出财产时按照规定支付的有关费用。

利息、股息、红利所得，偶然所得和其他所得，以每次收入额为应纳税所得额。

（三）附加减除费用适用的范围和标准

上面讲到的计算个人应纳税所得额的费用减除标准，对所有纳税人都是普遍适用的。但是，考虑到外籍人员和在中国境外工作的中国公民的生活水平比国内公民要高，而且我国汇率的变化情况对他们的工资、薪金所得也有一定的影响。为了不因征收个人所得税而加重他们的负担，现行税法对外籍人员和在中国境外工作的中国公民的工资、薪金所得增加了附加减除费用的优惠政策。

按照税法的规定，对在中国境内无住所而在中国境内取得工资、薪金所得的纳税义务人和在中国境内有住所而在中国境外取得工资、薪金所得的纳税义务人，可以根据其平均收入水平、生活水平及汇率变化情况确定附加减除费用，附加减除费用适用的范围和标准由国务院规定。

《个人所得税法实施条例》对附加减除费用适用的范围和标准做了具体规定。

1. 附加减除费用的范围

附加减除费用适用的范围，包括以下内容。

1）在中国境内的外商投资企业和外国企业中工作取得工资、薪金所得的外籍人员。

2）应聘在中国境内的企业、事业单位、社会团体、国家机关中工作取得工资、薪金所得的外籍专家。

3）在中国境内有住所而在中国境外任职或者受雇取得工资、薪金所得的个人。

4）财政部确定的取得工资、薪金所得的其他人员。

2. 附加减除费用的标准

附加减除费用标准。从2011年9月1日起，在每月减除3 500元费用的基础上，再附加减除1 300元。华侨和中国香港、澳门、台湾同胞参照上述附加减除费用标准执行。

（四）应纳税所得额的其他规定

个人将其所得通过中国境内的社会团体、国家机关向教育和其他社会公益事业及遭受严重自然灾害地区、贫困地区捐赠，捐赠额未超过纳税义务人申报的应纳税所得额30%的部分，可以从其应纳税所得额中扣除。

个人的所得（不含偶然所得和经国务院财政部门确定征税的其他所得）用于资助非关联的科研机构和高等学校研究开发新产品、新技术、新工艺所发生的研究开发经费，经主管税务机关确定，可以全额在下月（工资、薪金所得）或下次（按次计征的所得）或当年（按年计征的所得）计征个人所得税时，从应纳税所得额中扣除，不足抵扣的，不得结转抵扣。

个人取得的应纳税所得，包括现金、实物和有价证券。所得为实物的，应当按照取得的凭证上所注明的价格计算应纳税所得额；无凭证的实物或者凭证上注明的价格明显偏低的，由主管税务机关参照当地的市场价格核定应纳税所得额。所得为有价证券的，由主管税务机关根据票面价格和市场价格核定应纳税所得额。

第三节 应纳税额的计算

依照税法规定的适用税率和费用扣除标准，各项所得的应纳税额应分别按以下方式计算。

一、工资、薪金所得应纳税额的计算

工资、薪金所得应纳税额的计算公式为

应纳税额=应纳税所得额×适用税率-速算扣除数

=(每月收入额-3 500 元或 4 800 元)×适用税率-速算扣除数　　(5-1)

这里需要说明的是，由于工资、薪金所得在计算应纳个人所得税税额时，适用的是超额累进税率，所以计算比较烦琐。运用速算扣除数计算法，可以简化计算过程。速算扣除数是指在采用超额累进税率征税的情况下，根据超额累进税率表中划分的应纳税所得额的级距和税率，先用全额累进方法计算出税额，再减去用超额累进方法计算的应征税额以后的差额。当超额累进税率表中的级距和税率确定以后，各级速算扣除数也固定不变，成为计算应纳税额时的常数。

【例 5-1】假定某纳税人 2017 年 1 月含税工资收入为 4 200 元，该纳税人不适用附加减除费用的规定。试计算其当月应纳个人所得税税额。

解析：

应纳税所得额=4 200-3 500=700（元）

应纳税额=700×3%-0=21（元）

【例 5-2】假定在某外商投资企业中工作的美国专家（假设为非居民纳税人），2017 年 2 月取得由该企业发放的含税工资收入 10 400 元。试计算其应纳个人所得税税额。

解析：

应纳税所得额=10 400-4 800 =5 600（元）

应纳税额=5 600×20%-555=565（元）

二、个体工商户的生产、经营所得应纳税额的计算

个体工商户的生产、经营所得应纳税额的计算公式为

应纳税额=应纳税所得额×适用税率-速算扣除数　　(5-2)

或

应纳税额=(全年收入总额-成本、费用及损失)×适用税率-速算扣除数　(5-3)

个体工商户应纳税所得额的计算，以权责发生制为原则，属于当期的收入和费用，不论款项是否收付，均作为当期的收入和费用；不属于当期的收入和费用，即使款项已经在当期收付，均不作为当期收入和费用。财政部、国家税务总局另有规定的除外。其基本规定如下。

(一) 计税基本规定

个体工商户的生产、经营所得，以每一个纳税年度的收入总额，减除成本、费用、税金、损失、其他支出及允许弥补的以前年度亏损后的余额，为应纳税所得额。个体工

商户从事生产经营及与生产经营有关的活动（以下简称生产经营）取得的货币形式和非货币形式的各项收入，为收入总额。其包括销售货物收入、提供劳务收入、转让财产收入、利息收入、租金收入、接受捐赠收入、其他收入。

所称其他收入包括个体工商户资产溢余收入、逾期一年以上的未退包装物押金收入、确实无法偿付的应付款项、已作坏账损失处理后又收回的应收款项、债务重组收入、补贴收入、违约金收入、汇兑收益等。

成本，是指个体工商户在生产经营活动中发生的销售成本、销货成本、业务支出及其他耗费。

费用，是指个体工商户在生产经营活动中发生的销售费用、管理费用和财务费用，已经计入成本的有关费用除外。

税金，是指个体工商户在生产经营活动中发生的除个人所得税和允许抵扣的增值税以外的各项税金及其附加。

损失，是指个体工商户在生产经营活动中发生的固定资产和存货的盘亏、毁损、报废损失，转让财产损失，坏账损失，自然灾害等不可抗力因素造成的损失及其他损失。个体工商户发生的损失，减除责任人赔偿和保险赔款后的余额，参照财政部、国家税务总局有关企业资产损失税前扣除的规定扣除。个体工商户已经作为损失处理的资产，在以后纳税年度又全部收回或者部分收回时，应当计入收回当期的收入。

其他支出，是指除成本、费用、税金、损失外，个体工商户在生产经营活动中发生的与生产经营活动有关的、合理的支出。个体工商户发生的支出应当区分收益性支出和资本性支出。收益性支出在发生当期直接扣除；资本性支出应当分期扣除或者计入有关资产成本，不得在发生当期直接扣除。

上述所称支出，是指与取得收入直接相关的支出。

亏损是指个体工商户按规定计算的应纳税所得额小于0的数额；个体工商户纳税年度发生的亏损，准予向以后纳税年度结转，但结转年限最长不超过5年。

（二）扣除项目及标准

个体工商户实际支付给从业人员的、合理的工资、薪金支出，准予扣除。

个体工商户业主的费用扣除标准，依照相关法律、法规和政策规定执行。

个体工商户业主的工资、薪金支出不得税前扣除。

个体工商户按照国务院有关主管部门或者省级人民政府规定的范围和标准为其业主和从业人员缴纳的基本养老保险费、基本医疗保险费、失业保险费、生育保险费、工伤保险费和住房公积金，准予扣除。

个体工商户为从业人员缴纳的补充养老保险费、补充医疗保险费，分别在不超过从业人员工资总额5%标准内的部分据实扣除；超过部分，不得扣除。

个体工商户业主本人缴纳的补充养老保险费、补充医疗保险费，以当地（地级市）

上年度社会平均工资的 3 倍为计算基数，分别在不超过该计算基数 5%标准内的部分据实扣除；超过部分，不得扣除。

除个体工商户依照国家有关规定为特殊工种从业人员支付的人身安全保险费和财政部、国家税务总局规定可以扣除的其他商业保险费外，个体工商户业主本人或者为从业人员支付的商业保险费，不得扣除。

个体工商户在生产经营活动中发生的合理的不需要资本化的借款费用，准予扣除。

个体工商户为购置、建造固定资产、无形资产和经过 12 个月以上的建造才能达到预定可销售状态的存货发生借款的，在有关资产购置、建造期间发生的合理的借款费用，应当作为资本性支出计入有关资产的成本，并依照规定扣除。

个体工商户在生产经营活动中发生的下列利息支出，准予扣除：①向金融企业借款的利息支出；②向非金融企业和个人借款的利息支出，不超过按照金融企业同期同类贷款利率计算的数额的部分。

个体工商户向当地工会组织拨缴的工会经费、实际发生的职工福利费支出、职工教育经费支出分别在工资、薪金总额的 2%、14%、2.5%的标准内据实扣除。

工资、薪金总额是指允许在当期税前扣除的工资、薪金支出数额。

职工教育经费的实际发生数额超出规定比例当期不能扣除的数额，准予在以后纳税年度结转扣除。

个体工商户每一个纳税年度发生的与其生产经营活动直接相关的广告费和业务宣传费不超过当年销售（营业）收入 15%的部分，可以据实扣除；超过部分，准予在以后纳税年度结转扣除。

个体工商户代其从业人员或者他人负担的税款，不得税前扣除。

个体工商户按照规定缴纳的摊位费、行政性收费、协会会费等，按实际发生数额扣除。

个体工商户根据生产经营活动的需要租入固定资产支付的租赁费，按照以下方法扣除：①以经营租赁方式租入固定资产发生的租赁费支出，按照租赁期限均匀扣除；②以融资租赁方式租入固定资产发生的租赁费支出，按照规定构成融资租入固定资产价值的部分应当提取折旧费用，分期扣除。

个体工商户参加财产保险，按照规定缴纳的保险费，准予扣除。

个体工商户发生的合理的劳动保护支出，准予扣除。

个体工商户通过公益性社会团体或者县级以上人民政府及其部门，用于《中华人民共和国公益事业捐赠法》规定的公益事业的捐赠，捐赠额不超过其应纳税所得额 30%的部分可以据实扣除。

财政部、国家税务总局规定可以全额在税前扣除的捐赠支出项目，按有关规定执行。

个体工商户直接对受益人的捐赠不得扣除。

【例 5-3】某小型运输公司系个体工商户，账证健全，2017 年 12 月取得营业额为 220 000 元，准许扣除的当月成本、费用及相关税金共计 170 600 元。2017 年 1～11 月累计应纳税所得额为 68 400 元，1～11 月累计已预缴个人所得税 10 200 元。试计算该个体工商户 2017 年度应补缴的个人所得税。

解析：按照税收法律、法规和文件规定，应先计算全年应纳税所得额，再计算全年应纳税额。

全年应纳税所得额=220 000−170 600 + 68 400−3 500×12 = 75 800（元）

全年应缴纳个人所得税=75 800×30%−9 750 = 12 990（元）

该个体工商户 2017 年度应补缴的个人所得税=12 900−10 200=2 700（元）

（三）个人独资企业和合伙企业应纳个人所得税的计算

对个人独资企业和合伙企业生产经营所得，其个人所得税应纳税额的计算有以下两种方法。

1. 查账征税

自 2011 年 9 月 1 日起，个人独资企业和合伙企业投资者的生产经营所得依法计征个人所得税时，个人独资企业和合伙企业投资者本人的费用扣除标准统一确定为 42 000 元/年，即 3 500 元/月。个人独资企业和合伙企业投资者的工资不得在税前扣除。

个人独资企业和合伙企业投资者及其家庭发生的生活费用不允许在税前扣除。个人独资企业和合伙企业投资者及其家庭发生的生活费用与企业生产经营费用混合在一起，并且难以划分的，全部视为投资者个人及其家庭发生的生活费用，不允许在税前扣除。

企业生产经营和投资者及其家庭生活共用的固定资产，难以划分的，由主管税务机关根据企业的生产经营类型、规模等具体情况，核定准予在税前扣除的折旧费用的数额或比例。

企业向其从业人员实际支付的合理的工资、薪金支出，允许在税前据实扣除。

企业拨缴的工会经费、发生的职工福利费、职工教育经费支出分别在工资、薪金总额 2%、14%、2.5%的标准内据实扣除。

每一个纳税年度发生的广告费和业务宣传费用不超过当年销售（营业）收入 15%的部分，可据实扣除；超过部分，准予在以后纳税年度结转扣除。

每一个纳税年度发生的与其生产经营业务直接相关的业务招待费支出，按照发生额的 60%扣除，但最高不得超过当年销售（营业）收入的 5‰。

企业计提的各种准备金不得扣除。

2. 核定征收

核定征收方式，包括定额征收、核定应税所得率征收及其他合理的征收方式。

实行核定应税所得率征收方式的，应纳所得税额的计算公式为

应纳所得税额=应纳税所得额×适用税率　　　　(5-4)

应纳税所得额=收入总额×应税所得率 (5-5)

或

应纳税所得额=成本费用支出额÷(1−应税所得率)×应税所得率 (5-6)

个人所得税应税所得率如表 5-4 所示。

表 5-4 个人所得税应税所得率

行业	应税所得率/%
工业、交通运输业、商业	5～20
建筑业、房地产开发业	7～20
饮食服务业	7～25
娱乐业	20～40
其他行业	10

企业经营多业的，无论其经营项目是否单独核算，均应根据其主营项目确定其适用的应税所得率。

实行核定征税的投资者，不能享受个人所得税的优惠政策。实行查账征税方式的个人独资企业和合伙企业改为核定征税方式后，在查账征税方式下认定的年度经营亏损未弥补完的部分，不得继续弥补。

个体工商户、个人独资企业和合伙企业因在纳税年度中间开业、合并、注销及其他原因，导致该纳税年度的实际经营期不足 1 年的，对个体工商户业主、个人独资企业投资者和合伙企业自然人合伙人的生产经营所得计算个人所得税时，以其实际经营期为 1 个纳税年度。投资者本人的费用扣除标准，应按照其实际经营月份数，以每月 3 500 元的减除标准确定。其计算公式为

应纳税所得额=该年度收入总额−成本、费用及损失
−当年投资者本人的费用扣除额 (5-7)

当年投资者本人的费用扣除额=月减除费用(3 500 元/月)×当年实际经营月份数 (5-8)

应纳税额=应纳税所得额×税率−速算扣除数 (5-9)

三、对企事业单位的承包经营、承租经营所得应纳税额的计算

对企事业单位的承包经营、承租经营所得，其个人所得税应纳税额的计算公式为

应纳税额=应纳税所得额×适用税率−速算扣除数 (5-10)

或

应纳税额=(纳税年度收入总额−必要费用)×适用税率−速算扣除数 (5-11)

这里需要说明的是：①对企事业单位的承包经营、承租经营所得，以每一个纳税年度的收入总额，减除必要费用后的余额为应纳税所得额；②在一个纳税年度中，承包经营或者承租经营期限不足 1 年的，以其实际经营期为纳税年度。

对企事业单位的承包经营、承租经营所得适用的速算扣除数，同个体工商户的生产，经营所得适用的速算扣除数。

【例 5-4】2017 年 1 月 1 日，某个人与事业单位签订承包合同经营招待所，承包期为 3 年。2017 年，招待所实现承包经营利润 150 000 元（未扣除含承包人工资报酬），按合同规定承包人每年应从承包经营利润中上缴承包费 30 000 元。试计算该承包人 2017 年应纳个人所得税税额。

解析：

2017 年应纳税所得额=150 000−30 000−3 500×12 =78 000（元）

该承包人 2017 年应缴纳个人所得税=78 000×30%−9 750 = 13 650（元）

四、劳务报酬所得应纳税额的计算

对劳务报酬所得，其个人所得税应纳税额的计算公式如下。

1. 每次收入不足 4 000 元的

每次收入不足 4 000 元的，其计算公式为

$$应纳税额=应纳税所得额\times适用税率 \quad (5\text{-}12)$$

或

$$应纳税额=(每次收入额-800)\times 20\% \quad (5\text{-}13)$$

2. 每次收入在 4 000 元以上的

每次收入在 4 000 元以上的，其计算公式为

$$应纳税额=应纳税所得额\times适用税率 \quad (5\text{-}14)$$

或

$$应纳税额=每次收入额\times(1-20\%)\times 20\% \quad (5\text{-}15)$$

3. 每次收入的应纳税所得额超过 20 000 元的

每次收入的应纳税所得额超过 20 000 元的，其计算公式为

$$应纳税额=应纳税所得额\times适用税率-速算扣除数 \quad (5\text{-}16)$$

或

$$应纳税额=每次收入额\times(1-20\%)\times适用税率-速算扣除数 \quad (5\text{-}17)$$

劳务报酬所得适用的速算扣除数如表 5-5 所示。

表 5-5　劳务报酬所得适用的速算扣除数

级数	每次应纳税所得额	税率/%	速算扣除数/元
1	不超过 20 000 元的部分	20	0

续表

级数	每次应纳税所得额	税率/%	速算扣除数/元
2	超过 20 000 元至 50 000 元的部分	30	2 000
3	超过 50 000 元的部分	40	7 000

【例 5-5】刘某一次取得表演收入 40 000 元，扣除 20%的费用后，应纳税所得额为 32 000 元。试计算其应纳个人所得税税额。

解析：

应纳税额=40 000×(1−20%)×30%−2 000 =7 600（元）

五、稿酬所得应纳税额的计算

稿酬所得应纳税额的计算公式如下。

1. 每次收入不足 4 000 元的

每次收入不足 4 000 元的，其计算公式为

应纳税额=应纳税所得额×适用税率×(1−30%)　　（5-18）

或

应纳税额=(每次收入额−800)×20%×(1−30%)　　（5-19）

2. 每次收入在 4 000 元以上的

每次收入在 4 000 元以上的，其计算公式为

应纳税额=应纳税所得额×适用税率×(1−30%)　　（5-20）

或

应纳税额=每次收入额×(1−20%)×20%×(1−30%)　　（5-21）

【例 5-6】某作家取得一次未扣除个人所得税的稿酬收入 20 000 元。试计算其应缴纳的个人所得税税额。

解析：

应纳税额=20 000×(1−20%)×20%×(1−30%)=2 240（元）

六、特许权使用费所得应纳税额的计算

特许权使用费所得应纳税额的计算公式如下。

1. 每次收入不足 4 000 元的

每次收入不足 4 000 元的，其计算公式为

应纳税额=应纳税所得额×适用税率=(每次收入额−800)×20%　　（5-22）

2. 每次收入在 4 000 元以上的

每次收入在 4 000 元以上的，其计算公式为

应纳税额=应纳税所得额×适用税率=每次收入额×(1−20%)×20%　　(5-23)

七、利息、股息、红利所得应纳税额的计算

利息、股息、红利所得应纳税额的计算公式为

应纳税额=应纳税所得额×适用税率=每次收入额×20%　　(5-24)

八、财产租赁所得应纳税额的计算

财产租赁所得应纳税额的计算公式如下。

1. 每次收入不足 4 000 元的

每次收入不足 4 000 元的，其计算公式为

应纳税额=应纳税所得额×适用税率=(每次收入额−800−修缮费用)×20%　(5-25)

2. 每次收入在 4 000 元以上的

每次收入在 4 000 元以上的，其计算公式为

应纳税额=应纳税所得额×适用税率
=(每次收入额−800−修缮费用)
×(1−20%)×20%　　(5-26)

九、财产转让所得应纳税额的计算

财产转让所得应纳税额的计算公式为

应纳税额=应纳税所得额×适用税率=(每次收入额−财产原值−合理费用)×20%（5-27）

十、偶然所得应纳税额的计算

偶然所得应纳税额的计算公式为

应纳税额=应纳税所得额×适用税率=每次收入额×20%　　(5-28)

【例 5-7】陈某在参加商场的有奖销售过程中，中奖所得共计价值为 20 000 元。陈某领奖时告知商场，从中奖收入中拿出 4 000 元通过教育部门捐赠给某希望小学。试按照规定计算商场代扣代缴个人所得税后，陈某实际可得中奖金额。

解析：根据税法有关规定，陈某的捐赠额可以全部从应纳税所得额中扣除（因为 4 000÷20 000 =20%，小于捐赠扣除比例 30%）。

应纳税所得额=偶然所得-捐赠额= 20 000-4 000 = 16 000（元）

应纳税额(即商场代扣税款)=应纳税所得额×适用税率=16 000×20% = 3 200（元）

陈某实际可得金额=20 000-4 000-3 200 = 12 800（元）

十一、其他所得应纳税额的计算

其他所得应纳税额的计算公式为

应纳税额=应纳税所得额×适用税率=每次收入额×20%　　（5-29）

十二、应纳税额计算中的特殊问题

（一）对个人取得全年一次性奖金等计算征收个人所得税的方法

全年一次性奖金是指行政机关、企事业单位等扣缴义务人根据其全年经济效益和对雇员全年工作业绩的综合考核情况，向雇员发放的一次性奖金。一次性奖金也包括年终加薪、实行年薪制和绩效工资办法的单位根据考核情况兑现的年薪和绩效工资。

纳税人取得全年一次性奖金，单独作为1个月工资、薪金所得计算纳税额，自2005年1月1日起按以下计税办法，由扣缴义务人发放时代扣代缴：先将雇员当月内取得的全年一次性奖金，除以12个月，按其商数确定适用税率和速算扣除数。

如果在发放全年一次性奖金的当月，雇员当月工资、薪金所得低于税法规定的费用扣除额，应将全年一次性奖金减除“雇员当月工资薪金所得与费用扣除额的差额”后的余额，按上述办法确定全年一次性奖金的适用税率和速算扣除数。

将雇员个人当月内取得的全年一次性奖金，按确定的适用税率和速算扣除数计算征税，计算公式如下。

如果雇员当月工资、薪金所得高于（或等于）税法规定的费用扣除额的，其计算公式为

应纳税额=雇员当月取得全年一次性奖金×适用税率-速算扣除数　　（5-30）

如果雇员当月工资、薪金所得低于税法规定的费用扣除额的，其计算公式为

应纳税额=(雇员当月取得全年一次性奖金-雇员当月工资、薪金所得与费用扣除额的差额)×适用税率-速算扣除数　　（5-31）

在一个纳税年度内，对于每一个纳税人，该计税办法只允许采用一次。

雇员取得除全年一次性奖金以外的其他各种名目奖金，如半年奖、季度奖、加班奖、先进奖、考勤奖等，一律与当月工资、薪金收入合并，按税法规定缴纳个人所得税。

对无住所个人取得以上所述的各种名目奖金，如果该个人当月在我国境内没有纳税义务，或者该个人由于出入境原因导致当月在我国工作时间不满1个月的，仍按照《国家税务总局关于在中国境内无住所的个人取得奖金征税问题的通知》(国税发〔1996〕183号）计算纳税。

【例 5-8】假定中国公民李某 2017 年在我国境内 1～12 月每月的工资为 3 800 元，12 月 31 日又一次性领取年终含税奖金 60 000 元。试计算李某取得年终奖金应缴纳的个人所得税（速算扣除数如表 5-1 所示）。

解析：年终奖金适用的税率和速算扣除数为

按 12 个月分摊后，每月的奖金=60 000÷12 =5 000（元），根据工资、薪金所得七级超额累进税率的规定，适用的税率和速算扣除数分别为 20%、555 元。

年终奖应缴纳个人所得税税额为

应纳税额=60 000×20%−555=12 000−555=11 445（元）

（二）雇主为雇员承担全年一次性奖金部分税有关个人所得税的计算方法

雇主为雇员负担全年一次性奖金部分个人所得税款，属于雇员又额外增加了收入，应将雇主负担的这部分税款并入雇员的全年一次性奖金，换算为应纳税所得额后，按照规定方法计征个人所得税。将不含税全年一次性奖金换算为应纳税所得额的计算方法。

雇主为雇员定额负担税款的计算公式为

应纳税所得额=雇员取得的全年一次性奖金+雇主替雇员定额负担的税款
−当月工资、薪金低于费用扣除标准的差额　　(5-32)

财产租赁所得一般以个人每次取得的收入，定额或定率减除规定费用后的余额为应纳税所得额。每次收入不超过 4 000 元的，定额减除费用 800 元；每次收入在 4 000 元以上的，定率减除 20%的费用。财产租赁所得以 1 个月内取得的收入为一次。

在确定财产租赁的应纳税所得额时，纳税人在出租财产过程中缴纳的税金和教育费附加，可持完税（缴款）凭证，从其财产租赁收入中扣除。准予扣除的项目除了规定费用和有关税、费外，还准予扣除能够提供有效、准确凭证，证明由纳税人负担的该出租财产实际开支的修缮费用。允许扣除的修缮费用，以每次 800 元为限。一次扣除不完的，准予在下一次继续扣除，直到扣完为止。

个人出租财产取得的财产租赁收入，在计算缴纳个人所得税时，应依次扣除以下费用：财产租赁过程中缴纳的税费；由纳税人负担的该出租财产实际开支的修缮费用。

应纳税所得额的计算公式为

1）每次（月）收入不超过 4 000 元的：

应纳税所得额=每次(月)收入额
−准予扣除项目−修缮费用(800 元为限)−800 元　　(5-33)

2）每次（月）收入超过 4 000 元的：

应纳税所得额=[每次(月)收入额−准予扣除项目−修缮费用(800 元为限)]
×(1−20%)　　(5-34)

（三）个人将承租房屋转租取得的租金收入，属于个人所得税应税所得，应按“财产租赁所得”项目计算缴纳个人所得税

具体规定为取得转租收入的个人向房屋出租方支付的租金，凭房屋租赁合同和合法支付凭据允许在计算个人所得税时，从该项转租收入中扣除。

有关财产租赁所得个人所得税前扣除税费的扣除次序调整为财产租赁过程中缴纳的税费；向出租方支付的租金；由纳税人负担的租赁财产实际开支的修缮费用。

税法规定的费用扣除标准。

财产租赁所得适用20%的比例税率。但对个人按市场价格出租的居民住房取得的所得，自2001年1月1日起暂减按10%的税率征收个人所得税。其应纳税额的计算公式为

$$应纳税额=应纳税所得额\times适用税率 \tag{5-35}$$

【例5-9】刘某于2017年1月将其自有面积为150平方米的公寓按市场价格出租给张某居住。刘某每月取得租金收入2 500元，全年租金收入为30 000元。试计算刘某全年租金收入应缴纳的个人所得税。

解析：财产租赁收入以每月内取得的收入为一次，以市场价出租给个人居住适用10%的税率，因此，刘某每月及全年应纳税额为

$$每月应纳税额=(2\,500-800)\times10\%=170（元）$$

$$全年应纳税额=170\times12=2\,040（元）$$

例5-9在计算个人所得税时未考虑其他税、费。如果对租金收入计征增值税、城市维护建设税、房产税和教育费附加等，还应将其从税前的收入中先扣除后再计算应缴纳的个人所得税。

【例5-10】王某为一家外商投资企业雇用的中方人员，假定2017年1月，该外商投资企业支付给王某的薪金为7 500元/月，王某还收到其所在的派遣单位发给的工资3 900元。试计算该外商投资企业、派遣单位为其扣缴的个人所得税，以及王某实际应缴纳的个人所得税。

解析：外商投资企业应为王某扣缴的个人所得税为

$$扣缴税额=(7\,500-3\,500)\times10\%-105=295（元）$$

派遣单位应为王某扣缴的个人所得税为

$$扣缴税额=3\,900\times10\%-105=285（元）$$

王某实际应缴纳的个人所得税为

$$应纳税额=(7\,500+3\,900-3\,500)\times20\%-555=1\,025（元）$$

因此，在王某到某税务机关申报时，还应补缴445元（1 025−295−285）。

对外商投资企业、外国企业和外国驻华机构发放给中方工作人员的工资、薪金所得，应全额征税。但对可以提供有效合同或有关凭证，能够证明其工资、薪金所得的一部分按照有关规定上缴派遣（介绍）单位的，可扣除其实际上缴的部分，按其余额计征个人

所得税。

（四）两个或两个以上的纳税人共同取得同一项所得的计税问题

两个或两个以上的纳税义务人共同取得同一项所得的（如共同完成一部著作而取得稿酬所得），可以对每个人分得的收入分别减除费用，并计算各自应纳的税款。

第四节 税收优惠

《个人所得税法》及其实施条例及财政部、国家税务总局的若干规定等，都对个人所得项目给予了减税免税的优惠，主要有以下内容。

（一）免税

《个人所得税法》规定，下列所得免征个人所得税。

1）省级人民政府、国务院、各部委和中国人民解放军军以上单位，以及外国组织、国际组织颁发的科学、教育、技术、文化、卫生、体育、环境保护等方面的奖金。

2）国债和国家发行的金融债券利息。这里所说的国债利息，是指个人持有中国财政部发行债券而取得的利息所得；国家发行的金融债券利息，是指持有国务院批准发行的金融债券而取得的利息所得。

3）依照国家统一规定发给的补贴、津贴。这里所称的补贴、津贴，是指按照国务院规定发给的政府特殊津贴和国务院规定免纳个人所得税的补贴、津贴。

4）福利费、抚恤金、救济金。福利费是根据国家有关规定，从企业、事业单位、国家机关、社会团体提留的福利费或者工会经费中支付给个人的生活补助费；抚恤金是发给伤残人员或者死者家属的费用；救济金是指国家民政部门支付给个人的生活困难补助费。

5）保险赔偿。

6）军人的转业费、复员费。

7）按照国家统一规定发给干部、职工的安家费、退职费、退休工资、离休工资、离休生活补助费。

8）依照我国有关法律规定应予免税的各国驻华使馆、领事馆的外交代表、领事官员和其他人员的所得。这里所说的免税所得，适用范围是指依照《中华人民共和国外交特权与豁免条例》《中华人民共和国领事特权与豁免条例》规定的免税的所得。

9）中国政府参加的国际公约、签订的协议中规定免税的所得。这里所说中国政府参加的国际公约及签订的协议中规定的免税所得有以下几项。

① 对外交官员的薪金所得免税。外交官员的薪金所得，是指驻华使馆、领事馆外

交官、领事官员和其他享受外交官待遇人员的薪金所得。

② 各国驻华使馆内的其他人员，如行政、技术服务人员及家属，其工资、薪金所得给予免税，这也是上述公约规定的。

③ 我国政府同外国政府之间签订有避免重复征税协定的，按照协定的免税规定办理。

10）经国务院财政部门批准免税的所得。

（二）减税

《个人所得税法》规定，有下列情况之一的，经批准可以减征个人所得税：①残疾、孤老人员和烈属的所得；②因严重自然灾害造成重大损失的；③其他经国务院财政部门批准减税的。

第五节　境外所得的税额扣除

在对纳税人的中国境外所得征税时，会存在其中国境外所得已在来源国家或者地区缴税的实际情况。基于国家之间对同一所得应避免双重征税的原则，我国在对纳税人的中国境外所得行使税收管辖权时，对该所得在中国境外已纳税额采取了区分不同情况从应征税额中予以扣除的做法。

税法规定，纳税义务人从中国境外取得的所得，准予其在应纳税额中扣除已在中国境外缴纳的个人所得税税额。但扣除额不得超过该纳税义务人中国境外所得依照我国税法规定计算的应纳税额。

对这条规定需要解释的方面：第一，税法所说的已在中国境外缴纳的个人所得税税额，是指纳税义务人从中国境外取得的所得，依照该所得来源国家或者地区的法律应当缴纳并且实际已经缴纳的税额。第二，税法所说的依照本法规定计算的应纳税额，是指纳税义务人从中国境外取得的所得，区别不同国家或者地区和不同应税项目，依照我国税法规定的费用减除标准和适用税率计算的应纳税额；同一国家或者地区内不同应税项目，依照我国税法计算的应纳税额之和，为该国家或者地区的抵免限额。

纳税义务人在中国境外一个国家或者地区实际已经缴纳的个人所得税税额，低于依照上述规定计算出的该国家或者地区抵免限额的，应当在中国缴纳差额部分的税款；超过该国家或者地区抵免限额的，其超过部分不得在本纳税年度的应纳税额中扣除，但是可以在以后纳税年度的该国家或者地区抵免限额的余额中补扣，补扣期限最长不得超过 5 年。

【例 5-11】某居民纳税人在 2017 纳税年度，从 A、B 两国取得应税收入。其中，在 A 国一家公司任职，取得工资、薪金收入 69 600 元（平均每月为 5 800 元），因提供一项专利技术使用权，一次取得特许权使用费每次收入 30 000 元，该两项收入在 A 国缴纳个人所得税 5 000 元；因在 B 国出版著作，获得稿酬收入 15 000 元，并在 B 国缴纳该项收入的个人所得税 1 720 元。

解析：其抵扣计算方法如下。

1）A 国所纳个人所得税的抵减。按照我国税法规定的费用减除标准和税率，计算该纳税义务人从 A 国取得的应税所得应纳税额，该应纳税额即为抵免限额。

① 工资、薪金所得。该纳税义务人从 A 国取得的工资、薪金收入，应每月减除费用 4 800 元，其余额按七级超额累进税率表的适用税率计算应纳税额。其每月和每年应纳税额为

$$每月应纳税额=(5\ 800-4\ 800)\times 3\%=30（元）$$

$$全年应纳税额=30\times 12=360（元）$$

② 特许权使用费所得。该纳税义务人从 A 国取得的特许权使用费收入，应减除 20%的费用，其余额按 20%的比例税率计算应纳税额。应纳税额为

$$应纳税额=30\ 000\times(1-20\%)\times 20\%=4\ 800（元）$$

根据计算结果，该纳税义务人从 A 国取得应税所得在 A 国缴纳的个人所得税额的抵减限额为 5 160 元（360+4 800）。其在 A 国实际缴纳个人所得税为 5 000 元，低于抵免限额，可以全额抵扣，并需在中国补缴差额部分的税款，共计 160 元（5160−5 000）。

2）B 国所纳个人所得税的抵减。按照我国税法的规定，该纳税义务人从 B 国取得的稿酬收入，应减除 20%的费用，就其余额按 20%的税率计算应纳税额并减征 30%。其应纳税额为

$$应纳税额=15\ 000\times(1-20\%)\times 20\%\times(1-30\%)=1\ 680（元）$$

所以，抵免限额为 1 680 元。该纳税义务人的稿酬所得在 B 国实际缴纳个人所得税为 1 720 元，超出抵免限额 40 元，不能在本年度扣除，但可在以后 5 个纳税年度的该国减免限额的余额中补减。

综合上述计算结果，该纳税义务人在本纳税年度中的中国境外所得，应在中国补缴个人所得税 160 元。其在 B 国缴纳的个人所得税未抵减完的 40 元，可按我国税法规定的前提条件下补减。纳税义务人依照税法的规定申请扣除已在中国境外缴纳的个人所得税税额时，应当提供中国境外税务机关填发的完税凭证原件。

为了保证正确计算扣除限额及合理扣除中国境外已纳税额，税法要求在中国境内有住所，或者无住所而在中国境内居住满 1 年的个人，从中国境内和境外取得的所得，应当分别计算应纳税额。

第六节 征收管理

个人所得税的纳税办法，有自行申报纳税和代扣代缴纳税两种。

一、自行申报纳税

自行申报纳税，是由纳税人自行在税法规定的纳税期限内，向税务机关申报取得的应税所得项目和数额，如实填写个人所得税纳税申报表，并按照税法规定计算应纳税额，据此缴纳个人所得税的一种方法。

（一）自行申报纳税的纳务人

纳税人有下列情形之一的，应当按照规定到主管税务机关办理纳税申报：①自 2006 年 1 月 1 日起，年所得 12 万元以上的；②从中国境内两处或者两处以上取得工资、薪金所得的；③从中国境外取得所得的；④取得应税所得，没有扣缴义务人的；⑤国务院规定的其他情形。

其中，年所得 12 万元以上的纳税人，无论取得的各项所得是否已足额缴纳了个人所得税，均应当按照相关的规定，于纳税年度终了后向主管税务机关办理纳税申报；其他情形的纳税人，均应当按照自行申报纳税管理办法的规定，于取得所得后向主管税务机关办理纳税申报。同时需注意的是，年所得 12 万元以上的纳税人，不包括在中国境内无住所，且在一个纳税年度中在中国境内居住不满 1 年的个人；从中国境外取得所得的纳税人，是指在中国境内有住所，或者无住所而在一个纳税年度中在中国境内居住满 1 年的个人。

（二）自行申报纳税的内容

年所得 12 万元以上的纳税人，在纳税年度终了后，应当填写个人所得税纳税申报表（适用年所得 12 万元以上的纳税人申报），并在办理纳税申报时报送主管税务机关，同时报送个人有效身份证件复印件，以及主管税务机关要求报送的其他有关资料。

1. 构成 12 万元的所得

构成 12 万元的所得包括工资、薪金所得，个体工商户的生产、经营所得，对企事业单位的承包经营、承租经营所得，劳务报酬所得，稿酬所得，特许权使用费所得，利息、股息、红利所得，财产租赁所得，财产转让所得，偶然所得，经国务院财政部门确定征税的其他所得。

2. 不包含在 12 万元中的所得

不包含在 12 万元中的所得有免税所得，即省级人民政府、国务院部委、中国人民解放军军以上单位，以及外国组织、国际组织颁发的科学、教育、技术、文化、卫生、体育、环境保护等方面的奖金；国债和国家发行的金融债券利息；按照国家统一规定发给的补贴、津贴，即《个人所得税法实施条例》第十三条规定的按照国务院规定发给的政府特殊津贴、院士津贴、资深院士津贴，以及国务院规定免征个人所得税的其他补贴、津贴；福利费、抚恤金、救济金；保险赔款；军人的转业费、复员费；按照国家统一规定发给干部、职工的安家费、退职费、退休工资、离休工资、离休生活补助费。

《个人所得税法实施条例》第六条规定可以免税的来源于中国境外的所得。

按照国家规定单位为个人缴付和个人缴付的基本养老保险费、基本医疗保险费、失业保险费、住房公积金。

3. 各项所得的年所得的计算方法

1）工资、薪金所得。按照未减除费用及附加减除费用的收入额计算。

2）劳务报酬所得、特许权使用费所得。不得减除纳税人在提供劳务或让渡特许权使用权过程中缴纳的有关税费。

3）财产租赁所得。不得减除纳税人在出租财产过程中缴纳的有关税费；对于纳税人一次取得跨年度财产租赁所得的，全部视为实际取得所得年度的所得。

4）个人转让房屋所得。采取核定征收个人所得税的，按照实际征收率（1%、2%、3%）分别换算为应税所得率（5%、10%、15%），据此计算年所得。

5）企业债券利息所得，全部视为纳税人实际取得所得年度的所得。

对个体工商户、个人独资企业投资者，按照征收率核定个人所得税的，将征收率换算为应税所得率，据此计算应税得额。合伙企业投资者按照上述方法确定应纳税所得额后，合伙人应根据合伙协议规定的分配比例确定其应纳税所得额，合伙协议未规定分配比例的，按合伙人数平均分配确定其应纳税所得额。对于同时参与两个以上企业投资的，合伙人应将其投资所有企业的应纳税所得额相加后的总额作为年所得。

6）股票转让所得。在 1 个纳税年度内，个人股票转让所得与损失盈亏相抵后的正数申报所得数额，盈亏相抵为负数的，此项所得按“零”填写。

（三）自行申报纳税的申报期限

年所得 12 万元以上的纳税人，在纳税年度终了后 3 个月内向主管税务机关办理纳税申报。

个体工商户和个人独资、合伙企业投资者取得的生产、经营所得应纳的税款，分月预缴的，纳税人在每月终了后 15 日内办理纳税申报；分季预缴的，纳税人在每个季度终了后 15 日内办理纳税申报；纳税年度终了后，纳税人在 3 个月内进行汇算清缴，多退少补。

纳税人年终一次性取得对企事业单位的承包经营、承租经营所得的，自取得所得之日起 30 日内办理纳税申报；在 1 个纳税年度内分次取得承包经营、承租经营所得的，在每次取得所得后的次月 15 日内申报预缴；纳税年度终了后 3 个月内汇算清缴，多退少补。

从中国境外取得所得的纳税人，在纳税年度终了后 30 日内向中国境内主管税务机关办理纳税申报。

除以上规定的情形外，纳税人取得其他各项所得须申报纳税的，在取得所得的次月 15 日内向主管税务机关办理纳税申报。

纳税人不能按照规定的期限办理纳税申报，需要延期的，按照《税收征收管理法》第二十七条和《税收征收管理法实施细则》第三十七条的规定办理。

（四）自行申报纳税的申报方式

纳税人可以采取数据电文、邮寄等方式申报，也可以直接到主管税务机关申报，或者采取符合主管税务机关规定的其他方式申报。纳税人采取邮寄方式申报的，以邮政部门挂号信函收据作为申报凭据，以寄出的邮戳日期为实际申报日期。

纳税人也可以委托有税务代理资质的中介机构或者他人代为办理纳税申报。

（五）自行申报纳税的申报地点

在中国境内，有任职、受雇单位的，向任职、受雇单位所在地主管税务机关申报。

在中国境内有两处或者两处以上任职、受雇单位的，选择并固定向其中一处单位所在地主管税务机关申报。

在中国境内无任职、受雇单位，年所得项目中有个体工商户的生产、经营所得或者对企事业单位的承包经营、承租经营所得（以下统称“生产、经营所得”）的，向其中一处实际经营所在地主管税务机关申报。

在中国境内无任职、受雇单位，年所得项目中无生产、经营所得的，向户籍所在地主管税务机关申报。在中国境内有户籍，但户籍所在地与中国境内经常居住地不一致的，选择并固定向其中一地主管税务机关申报。在中国境内没有户籍的，向中国境内经常居住地主管税务机关申报。

其他所得的纳税人，其纳税申报地点如下。

从两处或者两处以上取得工资、薪金所得的，选择并固定向其中一处单位所在地主管税务机关申报。从中国境外取得所得的向中国境内户籍所在地主管税务机关申报。在中国境内有户籍，但户籍所在地与中国境内经常居住地不一致的，选择并固定向其中一地主管税务机关申报。在中国境内没有户籍的，向中国境内经常居住地主管税务机关申报。

个体工商户向实际经营所在地主管税务机关申报。

纳税人不得随意变更纳税申报地点，因特殊情况变更纳税申报地点的，须报原主管税务机关备案。

（六）自行申报纳税的申报管理

主管税务机关应当将各类申报表，登载到税务机关的网站上，或者摆放到税务机关受理纳税申报的办税服务厅，免费供纳税人随时下载或取用。

主管税务机关应当在每年法定申报期间，通过适当方式，提醒年所得 12 万元以上的纳税人办理自行纳税申报。

主管税务机关按照规定为已经办理纳税申报并缴纳税款的纳税人开具完税凭证。

税务机关依法为纳税人的纳税申报信息保密。

纳税人变更纳税申报地点，并报原主管税务机关备案的，原主管税务机关应当及时将纳税人变更纳税申报地点的信息传递给新的主管税务机关。

主管税务机关对已办理纳税申报的纳税人建立纳税档案，实施动态管理。

二、代扣代缴纳税

代扣代缴，是指按照税法规定负有扣缴税款义务的单位或者个人，在向个人支付应纳税所得时，应计算应纳税额，从其所得中扣除并缴入国库，同时向税务机关报送扣缴个人所得税报告表。这种方法有利于控制税源、防止漏税和逃税。

根据《个人所得税法》及其实施条例，以及《税收征收管理法》及其实施细则的有关规定，国家税务总局制定下发了《个人所得税代扣代缴暂行办法》，对扣缴义务人和代扣代缴的范围、扣缴义务人的义务及应承担的责任，以及代扣代缴期限等作了明确规定。

（一）扣缴义务人和代扣代缴的范围

1. 扣缴义务人

凡支付个人应纳税所得的企业（公司）、事业单位、机关、社团组织、军队、驻华机构、个体户等单位或者个人，为个人所得税的扣缴义务人。

2. 代扣代缴的范围

扣缴义务人向个人支付下列所得，应代扣代缴个人所得税：①工资、薪金所得；②对企事业单位的承包经营、承租经营所得；③劳务报酬所得；④稿酬所得；⑤特许权使用费所得；⑥利息、股息、红利所得；⑦财产租赁所得；⑧财产转让所得；⑨偶然所得；⑩经国务院财政部门确定征税的其他所得。

扣缴义务人向个人支付应纳税所得（包括现金、实物和有价证券）时，不论纳税人是否属于本单位人员，均应代扣代缴其应纳的个人所得税税款。这里所说的支付，包括现金支付、汇拨支付、转账支付和以有价证券、实物及其他形式的支付。

（二）扣缴义务人的义务及应承担的责任

扣缴义务人应指定支付应纳税所得的财务会计部门或其他有关部门的人员为办税人员，由办税人员具体办理个人所得税的代扣代缴工作。

扣缴义务人的有关领导要对代扣代缴工作提供便利，支持办税人员履行义务；确定办税人员或办税人员发生变动时，应将名单及时报告主管税务机关。

扣缴义务人的法人代表（或单位主要负责人）、财会部门的负责人及具体办理代扣代缴税款的有关人员，共同对依法履行代扣代缴义务负法律责任。

同一扣缴义务人的不同部门支付应纳税所得时，应报办税人员汇总。

扣缴义务人在代扣税款时，必须向纳税人开具税务机关统一印制的代扣代收税款凭证，并详细注明纳税人姓名、工作单位、家庭住址和居民身份证或护照号码（无上述证件的，可用其他能有效证明身份的证件）等个人情况。对工资、薪金所得和利息、股息、红利所得等，因纳税人数众多、不便一一开具代扣代收税款凭证的，经主管税务机关同意，可不开具代扣代收税款凭证，但应通过一定形式告知纳税人已扣缴税款。纳税人为持有完税依据而向扣缴义务人索取代扣代收税款凭证的，扣缴义务人不得拒绝。

扣缴义务人应主动向税务机关申领代扣代收税款凭证，据以向纳税人扣税。非正式扣税凭证，纳税人可以拒收。

扣缴义务人对纳税人的应扣未扣的税款，其应纳税款仍然由纳税人缴纳，扣缴义务人应承担应扣未扣税款50%以上至3倍的罚款。

扣缴义务人应设立代扣代缴税款账簿，正确反映个人所得税的扣缴情况，并如实填写扣缴个人所得税报告表及其他有关资料。

关于行政机关、事业单位工资发放方式改革后扣缴个人所得税问题。行政机关、事业单位改革工资发放方式后，随着支付工资、薪金所得单位的变化，其扣缴义务人也有所变化。根据《个人所得税法》第八条规定，个人所得税，以所得人为纳税人，以支付所得的单位或个人为扣缴义务人。

财政部门（或机关事务管理、人事等部门）向行政机关、事业单位工作人员发放工资时应依法代扣代缴个人所得税。行政机关、事业单位在向个人支付与其任职、受雇有关的其他所得时，应将个人的这部分所得与财政部门（或机关事务管理、人事等部门）发放的工资合并计算应纳税额，合并纳税额与财政部门（或机关事务管理、人事等部门）已扣缴税款的差额部分代扣代缴所得税。

（三）代扣代缴期限

扣缴义务人每月所扣的税款，应当在次月 15 日内缴入国库，并向主管税务机关报送扣缴个人所得税报告表、代扣代收税款凭证和包括每一位纳税人姓名、单位、职务、收入、税款等内容的支付个人收入明细表及税务机关要求报送的其他有关资料。

扣缴义务人违反上述规定不报送或者报送虚假纳税资料的，一经查实，其未在支付个人收入明细表中反映的向个人支付的款项，在计算扣缴义务人应纳税所得额时不得作为成本费用扣除。

扣缴义务人因有特殊困难不能按期报送扣缴个人所得税报告表及其他有关资料的，经县级税务机关批准，可以延期申报。

三、核定征收

核定征收，是指按照《税收征收管理法》的有关规定对无法查账征收的纳税人所采用的一种征收形式。为了加强个人所得税的管理，有关规定如下。

1）增值税起征点提高后，对采取核定征税办法的纳税人（包括按综合征收率或按应缴纳流转税的一定比例附征个人所得税等方法的纳税人），可依据《税收征收管理法》《个人所得税法》的有关规定，结合增值税起征点提高后纳税人所得相应增加的实际情况，本着科学、合理、公开的原则，重新核定纳税人的个人所得税定额。

2）任何地区均不得对律师事务所实行全行业核定征税办法。要按照《税收征收管理法》《国家税务总局关于加强个体私营经济税收征管强化查账征收工作的意见》文件的规定精神，对具备查账征收条件的律师事务所，实行查账征收个人所得税。

律师个人出资兴办的独资和合伙性质的律师事务所的年度经营所得，从 2000 年 1 月 1 日起，停止征收企业所得税，作为出资律师的个人经营所得，按照有关规定，比照“个体工商户的生产、经营所得”应税项目征收个人所得税。在计算其经营所得时，出资律师本人的工资、薪金不得扣除。

合伙制律师事务所应将年度经营所得全额作为基数，按出资比例或者事先约定的比例计算各合伙人应分配的所得，据以征收个人所得税。

律师个人出资兴办的律师事务所，凡有《税收征收管理法》第三十五条所列情形之一的，主管税务机关有权核定出资律师个人的应纳税额。

3）会计师事务所、税务师事务所、审计师事务所及其他中介机构的个人所得税征收管理，也应按照上述律师事务所的有关原则进行处理。

四、个人财产对外转移提交税收证明或者完税凭证的规定

税务机关对申请人缴纳税款情况进行证明。税务机关在为申请人开具税收证明时，应当按其收入或财产的不同类别、来源，由收入来源地或者财产所在地国家税务局、地方税务局分别开具。

申请人拟转移的财产已取得完税凭证的，可直接向外汇管理部门提供完税凭证，不需向税务机关另外申请税收证明。

申请人拟转移的财产总价值在人民币 15 万元以下的，可不需向税务机关申请税收证明。

申请人申请领取税收证明的程序如下。

申请人按照《国家税务总局、国家外汇管理局关于个人财产对外转移提交税收证明或者完税凭证有关问题的通知》（国税发〔2005〕13 号）提交相关资料，按财产类别和来源地，分别向国税局、地税局申请开具税收证明。

开具税收证明的税务机关为县级或者县级以上国家税务局、地方税务局。

申请人资料齐全的，税务机关应当在 15 日内开具税收证明；申请人提供资料不全的，可要求其补正，待补正后开具。

申请人有未完税事项的，允许补办申报纳税后开具税收证明。

税务机关有根据认为申请人有偷税、骗税等情形，需要立案稽查的，在稽查结案并完税后可开具税收证明。

申请人与纳税人姓名、名称不一致的，税务机关只对纳税人出具证明，申请人应向外汇管理部门提供其与纳税人关系的证明。

申请人向税务机关申请税收证明时，应当提交的资料分别为代扣代缴单位报送的含有申请人明细资料的扣缴个人所得税报告表复印件，个体工商户所得税年度申报表、个人承包承租经营所得税年度申报表原件，有关合同、协议原件，取得有关所得的凭证，以及税务机关要求报送的其他有关资料。

申请人发生财产变现的，应当提供交易合同、发票等资料。

课后练习

在线测试 5

一、名词解释

1．个人所得税　2．居民纳税人　3．非居民纳税人　4．自行申报纳税　5．代扣代缴税款

二、填空题

1．我国现行的个人所得税采用的是________税制。

2．我国现行的个人所得税在费用扣除上采用________和________扣除并用。

3．我国现行的个人所得税在税率上采用________和________并用。

4．我国现行的个人所得税法列举了________项个人应税所得。

5．我国个人所得税的纳税人是参照国际惯例，按照________和________双重税收管辖权确定的。

6.《个人所得税法》规定，对于在中国境内无住所，但是在一个纳税年度中在中国境内连续或者累计居住不超过________日的个人，或者在税收协定规定的期间内，在中国境内连续或累计居住不超过________日的个人，其来源于中国境内的所得，由中国境外雇主支付并且不由该雇主在中国境内的机构、场所负担的部分，免予缴纳个人所得税。

7．工资、薪金所得适用________税率，税率为________。

8．个人将其所得通过中国境内的社会团体、国家机关向教育和其他社会公益事业及遭受严重自然灾害地区、贫困地区的捐赠，捐赠额未超过纳税人申报的应纳税所得额________的部分，可以从其应纳税所得额中扣除。

9．对在中国境内无住所而在中国境内取得工资、薪金所得的纳税人和在中国境内有住所而在中国境外任职或者受雇而取得工资、薪金所得的纳税人，每月减除费用________元。

10．个体工商户的应纳税所得额是每一个纳税年度的________，减除成本、费用和________后的余额。

三、判断题（判断对错，并将错误的改正过来）

1．个人取得执照，从事办学、医疗、咨询等有偿服务活动取得的所得，应缴纳个人所得税。（　）

2．某人承包一家企业，虽然工商登记仍为企业，但该承包者对企业的经营成果并不拥有所有权，为此，该承包者按合同规定取得的所得，按税法规定的对企事业单位的承包经营、承租经营所得项目缴纳个人所得税。（　）

3．个人担任董事职务所取得的董事费收入，属于工资、薪金所得，按“工资、薪金所得”项目缴纳个人所得税。（　）

4．某著名摄影家去世后，其子女取得他的遗作稿酬，可免缴个人所得税。（　）

5．李某公开拍卖自己的文学作品手稿原件取得收入 5 000 元，李某对这 5 000 元收入应按稿酬所得缴纳个人所得税。（　）

6．从事生产、经营的个体工商户未提供完整、准确的纳税资料，不能正确计算应纳税所得额的，由主管税务机关核定其应纳税所得额。（　）

7．个体工商户的生产、经营所得和对企事业单位的承包、承租经营所得，适用五级超额累进税率，税率为 5%～35%。（　）

8．在计算个体工商户应纳税所得额时，可按规定扣除其缴纳的增值税、消费税和城市维护建设税。（　）

9．个人每次以图书、报刊方式出版、发表同一作品，出版单位分笔支付稿酬，或者加印该作品后再付稿酬，可分别对各次取得的所得或加印所得按分次所得计征个人所得税。（　）

10．个人取得的国债利息收入免税，国家发行的金融债券利息缴纳个人所得税。（　）

四、单项选择题

1. 下列所得中，不实行超额累进税率的是（　　）。
   A. 工资、薪金所得
   B. 个体工商户的生产、经营所得
   C. 对企事业单位的承包经营、承租经营所得
   D. 财产租赁所得
2. 所谓的劳务报酬所得一次收入畸高，是指（　　）。
   A. 个人一次取得劳务报酬，应纳税所得额超过 1.6 万元
   B. 个人一次取得劳务报酬，应纳税所得额超过 2 万元
   C. 个人一次取得劳务报酬，应纳税所得额超过 3.7 万元
   D. 个人一次取得劳务报酬，应纳税所得额超过 5 万元

五、多项选择题

1. 下列所得中，不计入工资、薪金所得纳税的是（　　）。
   A. 年终奖金　　B. 独生子女补贴
   C. 差旅费津贴　　D. 误餐费补助
2. 个人所得税的纳税人是指（　　）的个人。
   A. 在中国境内有住所
   B. 无住所而在中国境内居住满一年
   C. 在中国境内无住所又不居住但有来源于中国境内所得
   D. 无住所而在中国境内居住不满一年但有来源于中国境内所得

3. 我国的个人所得税实行分项征收制，费用的扣除采用分项确定，扣除方法包括（　　）。
   A. 定额扣除法　　B. 定率扣除法
   C. 会计核算扣除法　　D. 税务机构规定法
4. 在计算工资、薪金所得应纳税所得额时，下列适用附加减除费用的人员是（　　）。
   A. 在中国境内的外商投资企业和外国企业中工作的外籍人员
   B. 应聘在中国境内的企业、事业单位、社会团体、国家机关中的外籍专家
   C. 在中国境内有住所而在中国境外任职或者受雇取得工资、薪金收入的个人
   D. 华侨和中国香港、澳门、台湾同胞

5. 下列项目中，在计算个体工商户的生产经营所得应纳税所得额时，可据实从年度收入总额中扣除的是（　　）。
   A. 按规定缴纳的工商管理费
   B. 发生的与生产经营有关的修理费用

C. 在生产经营过程中以经营租赁方式租入固定资产而发生的租赁费

D. 在生产经营过程中以融资租赁方式租入固定资产而发生的租赁费

6. 下列项目在计征个人所得税时，允许按800元实行定额扣除的有（ ）。

A. 特许权使用费一次收入3 000元　　B. 一次中奖收入5 000元

C. 房租收入每月800元　　D. 一次取得讲课费收入7 000元

7. 下列所得中，（ ）在计算应纳税所得额时，从每次收入中减除的费用是按“每次收入不超过4 000元，减除费用800元；4 000元以上的，减除20%的费用”计算的。

A. 劳务报酬所得　　B. 财产租赁所得

C. 稿酬所得　　D. 特许权使用费所得

8. 个人所得税自行申报纳税的纳税义务人包括（ ）。

A. 从两处或两处以上取得工资、薪金所得的

B. 取得应纳税所得，没有扣缴义务人的

C. 分笔取得属于一次劳务报酬所得、稿酬所得、特许权使用费所得、财产租赁所得的

D. 取得应纳税所得，扣缴义务人未按规定扣缴税款的

六、问答题

1．个人所得税的应税项目包括哪些？

2．居民纳税人和非居民纳税人的划分标准是什么？在纳税义务上有什么不同？

七、计算题

1．中国公民孙先生自2017年3月起在一家中外合资企业任职，并担任该公司的董事。其2017年度的收入情况如下：每月取得工资、薪金收入8 000元；一次取得董事费收入5 000元；转让自有房产两间，取得转让收入80 000元，转让过程中按规定缴纳有关税费5 000元，经主管税务机关核定的房产原值为50 000元；取得国库券利息收入2 000元；取得银行存款利息收入3 000元。

要求：

1）孙先生在2017年度应就哪几项所得缴纳个人所得税？

2）分别计算孙先生各项应税所得应纳个人所得税税额。

3）计算孙先生2017年度全年应纳个人所得税税额。

2．某个体户从事个体运输，2017年度取得运营收入200 000元，该个体户账册健全。该年度其账面列支的有关内容包括雇工两名，每人每月工资800元（当地税务机关核准雇工工资列支标准为每月660元）；业主每月工资3 000元；缴纳增值税及其附加税6 600元；其他成本费用98 000元；因违反交通法规被罚款1 000元。

要求：计算该个体户2017年度应纳个人所得税税额。

3．周先生为计算机方面的高级工程师，自 2017 年 3 月起其取得的个人收入包括每月工资 3 000 元；5 月转让一项专利取得转让收入 50 000 元；6 月到国内某理工大学讲学一次，取得收入 1 000 元；10 月到美国讲学，取得讲课费收入折合人民币 20 000 元，并已按美国税法规定缴纳个人所得税 1 500 元。

要求：计算周先生 2017 年度应缴纳个人所得税税额。

4．某作家为一作家协会的一级作家，自 2017 年 3 月起其取得的个人收入包括每月从作家协会取得工资收入 3 000 元；4 月出版长篇小说一部，一次性取得稿酬 15 000 元；由于该小说畅销 5 月又加印 10 000 册，获得稿酬 10 000 元，其中拿出 2 000 元向希望工程捐款；该小说在 6 月评奖中获国家文学奖，奖金 5 000 元。该作家除写小说外，还擅长写字画画，11 月将自己的一幅字画拍卖取得收入 6 000 元。

要求：

1）2017 年度该作家应就哪几项所得缴纳个人所得税？

2）分别计算该作家各项应税所得应纳个人所得税税额。

3）计算该作家 2017 年度全年应纳个人所得税税额。

第六章 关 税 法

知识目标

1）了解关税的概念和征收制度。
2）熟悉关税的税率及其使用。
3）掌握关税的完税价格及其计算。

能力目标

通过观察身边事件理解国际经济贸易的现象，并提高计算关税税额的能力。

重点难点

1）关税的定义、特点。
2）关税税额的计算。

案例导入

某公司从韩国进口一批货物，以离岸价 820 000 元成交，成交价格中未包括负担的包装费 20 000 元、向国外经纪人支付劳务费 15 000 元、进口货物在中国境内的复制权费 4 900 元，但是成交价格中包括单独设计的设备进口后装配费 50 00 元。该公司另外支付了货物运抵海关的运费 30 000 元，保险费实际支付数无法确定。已知该批货物适用关税税率为 10%、消费税税率为 8%、增值税税率为 17%。

问题：计算该公司进口环节应纳的关税、消费税和增值税。

关税，是根据主权国家的经济和政治的需要，按照国家制定的方针政策，用法律形式确定的由海关对进出国境的货物和物品征收的一种税，它是国际通行的税种。关税法是调整国家与纳税人征纳关税方面权利、义务关系的法律规范的总称。我国关税法包括三部分，即《中华人民共和国海关法》（以下简称《海关法》）、《中华人民共和国进出口关税条例》（以下简称《进出口关税条例》）、《中华人民共和国海关进出口税则》（以下简称《海关进出口税则》）。

第一节 关 税 概 述

一、关税的特点

1）对进出国境或关境的货物、物品统一征税。一次征税以后，货物即可在全国境内整个关境以内流通，不再征收关税。

2）只有对进出国境的货物和物品才征税。

3）具有涉外性质，是执行经济政策的手段。关税影响着进行贸易双方的物质利益，因此，在处理国际政治、经济、文化等关系方面，常被作为执行经济政策的手段。

4）关税由海关总署及所属机构负责征收管理。

二、立法原则

1）对进口国家建设和人民生活所必需的，国内不能生产或者供应不足的动植物良种、肥料、饲料、药剂、精密仪器、仪表、关键的机械设备和粮食等，给予免税或减税。

2）原材料的进口税率低于半成品、成品的进口税率；受自然条件制约，国内生产在短期内不能很快发展的原材料，税率更低。

3）国内不能生产或质量未过关的机械设备和仪器，仪表的零、部件，其税率低于整机税率。

4）国内需要保护和国内外差价大的商品，制定较高税率。

5）为了鼓励出口，出口商品一般不征出口税；但对国内外差价大，在国际市场上容量有限而又竞争性强的商品，以及限制出口的少数材料和半成品，征收适当的出口税。

6）一切奢侈品和非必需品，制定更高的进口税率。

第二节 关税的主要法律规定

一、征税范围

1. 纳税人

《进出口关税条例》第五条规定，进口货物的收货人、出口货物的发货人、进境物品的所有人，是关税的纳税义务人。接受委托办理有关手续的代理人，也是关税的纳税义务人。

进出口货物，分为两类，属于进出口贸易的，称为货物；属于非贸易性的出入境旅客及运输工具服务人员，或个人邮递的，均称物品，不论该物品属于自用还是馈赠。

根据有关关税法的规定，直接负有纳税责任的义务人，具体包括：①进口货物的收货人；②出口货物的发货人；③拥有应税个人自用物品的入境旅客及运输工具服务人员，进口邮递物品的收件人及以其他方式进口应税个人自用物品的收件人；④上述人员的代理人。

2. 征税对象

1）中华人民共和国准许进口的货物，除国家另有规定的以外，海关依照《海关进出口税则》征收进口关税或者出口关税。关税征收对象，主要属于贸易性的进出口货物和入境旅客、运输工具上的服务人员携带物品，以及进口邮递物品等。实践中，海关负责征收的关税，以货物征收为多，货物征税又以进口货物为主，货物出口征税较少。我国对物品征税仅限于进口物品，出口物品不征税，而只在限量、限值方面做了规定。

2）从中国境外购进原产于中国境内的货物，海关依照《海关进出口税则》征收进口关税，这是为了减少中国对出口货物的进口，避免造成国家财力、物力上的损失。

二、税率

《海关进出口税则》是《进出口关税条例》的组成部分，税率由税则规定。《进出口关税条例》第九条规定，进口关税设置最惠国税率、协定税率、特惠税率、普通税率、关税配额税率等税率。对进口货物在一定期限内可以实行暂定税率。出口关税设置出口税率。对出口货物在一定期限内可以实行暂定税率。

《进出口关税条例》第十条规定，原产于共同适用最惠国待遇条款的世界贸易组织成员的进口货物，原产于与中华人民共和国签订含有相互给予最惠国待遇条款的双边贸易协定的国家或者地区的进口货物，以及原产于中华人民共和国境内的进口货物，适用最惠国税率。原产于与中华人民共和国签订含有关税优惠条款的区域性贸易协定的国家或者地区的进口货物，适用协定税率。原产于与中华人民共和国签订含有特殊关税优惠条款的贸易协定的国家或者地区的进口货物，适用特惠税率。原产于本条第一款、第二款和第三款所列以外国家或者地区的进口货物，以及原产地不明的进口货物，适用普通税率。进口货物的原产国或地区一般用以下四种方法予以确定，对原产地基本上采取最后加工标准。

1）自然出产、种植、养殖、捕捞、开采或制造该进口货物的国家。

2）经过两个以上国家加工、制造的进口货物，以最后一个对货物进行质性加工的国家来确定。

3）机器、仪器、器材或车辆所用零配件及工具，与主件同时进口，且数量合理，按主件原产国予以确定，否则按各自原产国确定。

4）石油产品以购自国为原产国。

进口货物原产地的确定权属于海关。实践中，在确定原产地时，海关在必要时可要求申报人提供货物的产地证明书。

某些国家或者地区，如果对其进口的原产于中国的货物征收歧视性关税或者给予其他歧视性待遇的，海关可对原产于该国或者地区的进口货物，征收特别关税。征收特别关税的货物品种、税率和起征、停征时间，由国务院关税税则委员会决定，并公布实施。

我国征收出口税的货物品种不多，仅对国内需要保护的资源、产品，或与国外差价大的产品征税，如只对国际市场容量有限或者资源有限而国内又有大量需要的产品征收出口关税。征收出口关税的有蚕茧、生丝、鳗鱼苗、铜、金品、铅、镍、钨、锌等 20 多种商品，涉及 31 个税号，设置 56 个税目。出口货物的关税税率只使用一种出口税率，不分普通税率和优惠税率。

按照《中华人民共和国出口货物原产地规则》（以下简称《出口货物原产地规则》）第六条规定，凡符合下列标准之一的出口货物，其原产地为中国。

1）全部在中国境内生产或制造的产品，包括：①从中国领土或大陆架提取的矿产品；②在中国境内收获或者采集的植物及其产品；③在中国境内繁殖和饲养的动物及其产品；④在中国境内狩猎或者捕捞获得的产品；⑤由中国船只或其他工具从海洋获得的海产品和其他产品及其加工制成的产品；⑥在中国境内制造、加工过程中回收的废物和废料及在中国境内收集的其他废旧物品；⑦在中国境内完全用上述产品及其他非进口原料加工制造的产品。

2）部分或全部使用进口原料、零部件，在中国境内进行主要的及最后的制造、加工工序，使其外形、性质、形态或者用途产生实质性改变的产品。

《出口货物原产地规则》第四条规定，国家进出口商品检验机构、中国国际贸易促进委员会及其分会及国家对外经济贸易主管部门指定的其他机构，按照国家对外经济贸易主管部门的规定签发原产地证。

三、完税价格

我国对进出口货物征收关税是从价计征的，即以商品价格按照规定的税率征收关税。关税完税价格分为进出口货物的完税价格和进出口物品的完税价格。

（一）进出口货物的完税价格

1. 进口货物的完税价格

进口货物以海关审定的成交价格为基础的到岸价格作为完税价格。到岸价格包括货价，加上货物运抵中国海关境内输入地点起卸前的包装费、运费、保险费和其他劳务费用。进口关税税额的计算公式为

进口关税税额=到岸价格×进口关税税率　　(6-1)

如果以租赁（包括租借）方式进口的货物，应以海关审定的货物的正常租金，作为完税价格。对租赁进口货物一次性支付租金，海关可确定进口货物的到岸价格作为完税价格。

如果进口货物在成交过程中，中方付给卖方佣金应计入成交价格；对卖方支付给中方的回扣，应从成交价格中扣除。

进口货物的到岸价格经海关审查未能确定的，为了防止低报、瞒报价格企图偷逃关税行为的发生，按照公正、合理的原则，依次以下列价格为基础估定完税价格。

1）从该项进口货物同一出口国或者地区购进的相同或者类似货物的成交价格。

2）该项进口货物的相同或者类似货物在国际市场上的成交价格。

3）该项进口货物的相同或者类似货物在国内市场上的价格，减去进口关税、进口环节其他税收及进口后的运输、储存、营业费用及利润后的价格。

4）海关用其他合理方法估定的价格。

《进出口关税条例》第十九条第（五）款规定，作为该货物向中华人民共和国境内销售的条件，买方必须支付的、与该货物有关的特许权使用费。对境外支付的专利、商标、著作权及专有技术、计算机软件和资料费用，按照国际上对软件费都是与硬件或其他载体一并征税的原则，应当纳入进口货物的完税价格计征关税。

2. 出口货物的完税价格

出口货物应当以海关审定的货物售与境外的离岸价格，扣除出口关税后，作为完税价格。离岸价格不能确定时，完税价格由海关估定。其估价基本公式为

出口货物完税价格=售与国外的离岸价格÷(1+出口税率)　　(6-2)

出口关税税额=[离岸价格÷(1+出口税率)]×出口关税税率　　(6-3)

对于运往中国境外修理的机械器具、运输工具等货物，并在海关规定期限内运回的，应当以审定的正常修理费和材料费用为完税价格。

对于运往中国境外加工的货物，出境时已向海关报明并在海关规定期限内复运进境的，应当以加工后的货物进境时的到岸价格与原出境货物或者相同、类似货物在进境时的到岸价格之间的差额，作为完税价格。

如果出口货物在成交过程中我方支付国外买方佣金，成交价格应予扣除；买方支付的包装费应予计入。

（二）进出口物品的完税价格

进出口物品的完税价格由海关按照进出境人员免税物品限量表办理。如进口物品无法查明到岸价格的，由海关参照国内市场价格确定。进出口物品如没有支付运费、保险费等，则不另行估定运费、保险费予以计入。

四、税款的缴纳、退补

纳税义务人应当在海关签发税款缴纳凭证次日起 7 日内（星期日和节假日除外），向指定银行缴纳税款，逾期不缴的，除依法追缴外，由海关自到期之日起至缴清税款之日止，按日征收应缴税款 1‰的滞纳金，滞纳金也以人民币计征。纳税人超过 3 个月仍未缴纳的，在继续征收滞纳金的同时，海关一般采取以下三种措施：责令担保人缴纳税款；将有关货物变价抵缴税款（包括未放行货物和属于纳税人进出口的其他货物）；通知银行在担保人或纳税人存款内扣缴。

《进出口关税条例》第五十一条规定，进出口货物放行后，海关发现少征或者漏征税款的，应当自缴纳税款或者货物放行之日起 1 年内，向纳税义务人补征税款。但因纳税义务人违反规定造成少征或者漏征税款的，海关可以自缴纳税款或者货物放行之日起 3 年内追征税款，并从缴纳税款或者货物放行之日起按日加收少征或者漏征税款万分之五的滞纳金。海关发现海关监管货物因纳税义务人违反规定造成少征或者漏征税款的，应当自纳税义务人应缴纳税款之日起 3 年内追征税款，并从应缴纳税款之日起按日加收少征或者漏征税款万分之五的滞纳金。

《进出口关税条例》第五十二条规定，海关发现多征税款的，应当立即通知纳税义务人办理退还手续。纳税义务人发现多缴税款的，自缴纳税款之日起 1 年内，可以以书面形式要求海关退还多缴的税款并加算银行同期活期存款利息；海关应当自受理退税申请之日起 30 日内查实并通知纳税义务人办理退还手续。纳税义务人应当自收到通知之日起 3 个月内办理有关退税手续。

对进出口货物完税后，海关发现少征或漏征税款的，应当自缴纳税款或者货物放行之日起1年内，向收、发货人或者他们的代理人补征。如果由于收、发货人或者他们的代理人故意违反而造成少征或者漏征的，海关可以在3年内追征。

五、申诉程序

纳税人对海关确定的进出口货物的征税、减税、补税或者退税等方面有异议时，应当先按照海关核定的税额缴纳税款，然后自海关填发税款缴纳凭证之日起30日内，向海关书面申请复议，逾期申请复议的，海关不予受理。这是先缴纳税款后复议的原则，必须坚持执行。

海关应当自收到纳税人复议申请之日起15日内作出复议决定。纳税人对复议决定不服的，可以自收到复议决定之日起15日内，向海关总署申请复议。海关总署收到纳税人的复议申请后，应当在30日内作出复议决定，并制成决定书交海关送达申请人。纳税人对海关总署的复议决定仍然不服的，可以在收到复议决定之日起15日内，向人民法院提出诉讼。

课后练习

在线测试6

一、名词解释

1. 关税 2. 纳税人 3. 进出口货物 4. 完税价格

二、填空题

1. 关税是根据主权国家的经济和政治需要，按照国家制定的方针政策，用法律形式确定的由海关对进出口国境的________和________所征收的一种税。

2. 进口货物的________、出口货物的发货人和进境物品的________，为关税的纳税人。

3. 关税的税率分为________、出口税率和________。

4.《进出口关税条例》和________是我国关税制度的两个最基本的法规。

5. 关税的征税对象是货物和________。

6. 纳税人应当自海关填发缴款书之日起________日内向指定银行缴纳税款。

7. 海关征收关税、滞纳金等，应当按________计征。

8. ________是经海关批准纳税人将其部分或全部应缴纳的税款期限延长的一种制度。

9. 凡符合退还关税条件的，纳税人自缴纳税款之日起________内，可以申请退还关税。

10. 因纳税人违反规定造成少征或漏征税款的，海关在________年内可以追征。

三、判断题（判断对错，并将错误的改正过来）

1. 接收纳税人的委托办理货物报关手续的代理人，不能代办纳税手续。（　　）

2. 复合关税是指对一种进口货物同时订出从价、从量两种形式，分别计算出税额，以两个税额之和作为该货物的应征税额的一种征收关税标准。（　　）

3. 货物是非贸易性商品，物品是贸易性商品。（　　）

4. 按照关税的差别分类，关税可分为歧视关税和从价关税。（　　）

5. 我国的进出口关税是从量计征的。（　　）

6. 从我国境外采购进口的原产于我国境内的物品，可不再缴纳进口关税。（　　）

7. 歧视关税是对不同进口货物，由于输出国或生产国不同，或输入情况不同而使用不同税率征收的关税。（　　）

8. 我国对一切出口货物都征收出口关税。（　　）

9. 关境是一个国家海关法令自主实施的领域。（　　）

10. 关税滞纳金的比例是千分之一。（　　）

四、单项选择题

进口货物的完税价格是以（　　）为基础确定的。

A. 到岸价格　　B. 成交价格

C. 到岸价格加关税　　D. 成交价格加进口增值税

五、多项选择题

1. 下列（　　）应计入完税价格，计征关税。

A. 进口人为在境内使用该货物而向中国境外卖方支付的特许权使用费

B. 进口前发生而由买方支付的包装费

C. 进口关税

D. 进口设备进口后发生的安装费

2. 出口货物的完税价格中不应包括（　　）。

A. 出口关税　　B. 增值税

C. 消费税　　D. 城市维护建设税

3. 关税的减免包括（　　）。

A. 特定减免　　B. 起征点

C. 临时减免　　D. 法定减免

4. 进口货物的纳税人包括（　　）。

A. 外贸进出口公司

B. 经批准经营进出口商品的企业

C. 进口个人邮件的收件人

D. 入境旅客随身携带物品的持有人

六、问答题

1. 简述关税的征税对象。
2. 简述关税的申诉程序。

七、计算题

某进出口公司进口一批货物，以采购地离岸价格成交，成交总价为 1 500 万元，运抵我国输入地点前的运费、保险费、手续费等共计 80 万元。适用关税税率为 10%。经海关审定，其成交价格正常。

要求：计算进口关税的完税价格和进口关税税额。

第七章 其他税种

知识目标

1）理解除流转税和所得税外的其他各种税种的定义及基本规定。

2）掌握各税种应纳税额的计算方法。

能力目标

掌握各类小税种的基本内容并能进行相关计算。

重点难点

各类税种的纳税人、征税对象和计算方法。

案例导入

位于建制镇的某公司主要经营农产品采摘、销售、观光业务，公司占地3万平方米，其中采摘、观光的种植用地为2.5万平方米，职工宿舍和办公用地为0.5万平方米；房产原值为300万元。公司2017年发生如下业务。

1）全年取得旅游业务观光收入150万元，农产品零售收入180万元。

2）6月30日签订房屋租赁合同一份，将价值50万元的办公室从7月1日起出租给他人使用，租期为12个月，月租为0.2万元，每月收租一次。

3）8月与保险公司签订农业保险合同一份，支付保险费3万元。

4）9月与租赁公司签订融资租赁合同一份，租赁价值为30万元的鲜果拣选机一台，租期为5年，租金共计40万元，每年支付8万元。

问题：

1）计算公司2017年应缴纳的城镇土地使用税。

2）计算公司 2017 年应缴纳的房产税。
3）计算公司 2017 年应缴纳的印花税。

第一节　房　产　税

房产税是以房屋为征税客体，按照房屋的价值或房屋租金向产权所有人征收的一种税。1986 年 9 月 15 日，国务院发布了《中华人民共和国房产税暂行条例》（以下简称《房产税暂行条例》），规定自同年 10 月 1 日起征收房产税。

一、征收范围和计税依据

房产税在城市、县城、建制镇和工矿区征收。房产税的纳税人是房屋的产权所有人。产权属于全民所有的，由经营者为纳税人；产权出典的，由承典人为纳税人；产权所有人、承典人不在房产所在地的，由代管人为纳税人；产权未确定及租典纠纷未解决的，由房屋代管者或使用者为纳税人。

房产税的计税依据主要有两种，一种是依照房产价值计税的，由房产评估机构或房产所在地的税务机关参照同类房产核定；另一种是房产出租的，以房产租金收入为房产税的计税依据。

二、税率

房产税，根据计税依据不同，分设两种税率：依照房产价值计算纳税的，税率为 1.2%；依照房产租金收入计算纳税的，税率为 12%。

三、纳税期限和纳税地点

房产税实行按年计征，分期缴纳。具体纳税期限由省、自治区、直辖市人民政府规定。纳税人应当依照当地税务机关的规定，将现有房屋的坐落地点、数量、价值或租金收入等情况，据实向税务机关纳税申报，并根据规定在房产所在地纳税。如纳税人拥有多处房产的，应分别在房产所在地纳税。

四、减免税规定

根据有关规定，下列房产免征房产税：①对国家机关、人民团体、部队自用的房产；②由国家财政部门拨付事业经费的单位自用的房产；③宗教、寺庙、公园、名胜古迹自用的房产；④个人所有非营业用的房产；⑤财政部、国家税务总局批准免征税的房产。

第二节 契　税

契税是对在中国境内办理土地、房屋所有权转移登记时，向承受单位和个人征收的一种税。

一、计税依据

契税的计税依据：①国有土地使用权出让、土地使用权出售、房屋买卖，为成交价格；②土地使用权赠与、房屋赠与，由征收机关参照土地使用权出售、房屋买卖的市场价格核定；③土地使用权交换、房屋交换，为交换的土地使用权、房屋的价格差额。

二、税率

契税税率为3%～5%。

三、其他法律规定

契税由土地、房屋所在地的财政机关或税务机关征收。

纳税人应当在纳税义务发生之日起10日内向土地、房屋所在地契税征收机关办理纳税申报，并在核定期限内缴纳契税。

以划拨方式取得土地使用权的，经批准转让房地产时，应由房地产转让者补缴契税。其计税依据为补缴的土地使用权出让费或者土地收益。

有下列情形之一的，减征或者免征契税：①国家机关、事业单位、社会团体、军事单位承受土地、房屋用于办公、教学、医疗、科研和军事设施的，免征；②城镇职工按规定第一次购买公有住房的，免征；③因不可抗力灭失住房而重新购买住房的，酌情准予减征或者免征；④财政部规定的其他减征、免征契税的项目。

第三节 资　源　税

资源税是国家对我国境内从事资源税法规定的资源开发的单位和个人，因资源生产和开发条件的差异而形成的级差收入征收的一种税。

一、纳税主体

在我国境内开采《中华人民共和国资源税暂行条例》规定的矿产品或者生产盐的单

位和个人，为资源税的纳税义务人。

二、税目和税额

资源税税目和税额幅度如表 7-1 所示。

表 7-1 资源税税目和税额幅度

税目	税额幅度
原油	8～30 元/吨
天然气	2～15 元/千立方米
煤炭	0.3～5 元/吨
其他非金属矿原矿	0.5～20 元/吨或者立方米
黑色金属矿原矿	2～30 元/吨
有色金属矿原矿	0.4～30 元/吨
盐	
固体盐	10～60 元/吨
液体盐	2～10 元/吨

三、计税依据和计征办法

资源税实行从量定额征收，即资源税的应纳税额，按照应税产品的征税数量和规定的税额计算，其计算公式为

$$应纳税额=征税数量\times税额 \quad (7\text{-}1)$$

应税产品数量就是纳税人应纳资源税的计税依据。具体确定办法是：纳税人开采或者生产应税产品销售的，以实际销售数量为征税数量；开采或生产应税产品自用的，以自用（移送）数量为征税数量。纳税人不能准确提供应税产品销售数量或移送使用数量的，以应税产品的产量，由省级税务机关确定的折算比例换算成的数量作为征税数量。对稠油、高凝油与稀油划分不清或不易划分的，一律按原油数量征税。

四、减免税

有下列情形之一的，减征或免征资源税：①开采原油过程中用于加热、修井等自用的原油免征资源税；②开采或生产过程中，因意外事故或不可抗力等原因遭受重大损失的，由省、自治区、直辖市人民政府酌情决定减税或免税；③国务院规定的其他减税、免税项目。

五、纳税时间和地点

1. 纳税义务的产生时间

纳税人销售应税产品，纳税义务发生的时间为收讫销售款或者取得索取销售款凭据的当天；自产、自用应税产品，纳税义务发生时间为移送使用的当天。

2. 纳税期限

纳税期限为1日、3日、5日、10日、15日或者1个月，由主管税务机关根据实际情况具体核定。不能按固定期限计算纳税的，可以按次计算纳税。

纳税人以1个月为一期纳税的，自期满之日起10日内申报纳税；以1日、3日、5日、10日或者15日为一期纳税的，自期满之日起5日内缴纳税款，于次月1日起10日内申报纳税并结清上月税款。

3. 纳税地点

开采或者生产资源税法所规定的资源所在地税务机关为缴纳资源税的纳税地点。在本省、自治区、直辖市范围内开采或者生产应税产品，其纳税地点需要调整的，由省、自治区、直辖市税务机关决定。

第四节 土地增值税

土地增值税是对转让国有土地使用权、地上建筑物及附着物并取得收入的单位和个人征收的一种税。

一、纳税主体

《中华人民共和国土地增值税暂行条例》第二条规定，转让国有土地使用权、地上建筑物及其附着物（简称转让房地产）并取得收入的单位和个人，为土地增值税的纳税义务人。

二、计税依据和扣除项目

土地增值税是以纳税人转让房地产取得的增值额作为计税依据的。所称增值额为纳税人转让房地产取得的收入减除税法规定扣除项目金额后的余额。纳税人转让房地产取得的收入是指取得的全部收入，包括货币收入、实物收入和其他收入等。

三、税率

土地增值税率实行四级超率累进税率，如表 7-2 所示。

表 7-2　土地增值税四级超率累进税率

级数	土地增值额超过扣除项目金额	税率/%
1	土地增值额未超过扣除项目金额 50%的部分	30
2	土地增值额超过扣除项目金额 50%、未超过扣除项目金额 100%的部分	40
3	土地增值额超过扣除项目金额 100%、未超过扣除项目金额 200%的部分	50
4	土地增值额超过扣除项目金额 200%的部分	60

土地增值税应纳税额可按下列速算公式计算。

1）土地增值额未超过扣除项目金额 50%的部分：

$$应纳土地增值税税额=土地增值额\times30\% \tag{7-2}$$

2）土地增值额超过扣除项目金额 50%、未超过扣除项目金额 100%的部分：

$$应纳土地增值税税额=土地增值额\times40\%-扣除项目金额\times5\% \tag{7-3}$$

3）土地增值额超过扣除项目金额 100%、未超过 200%的部分：

$$应纳土地增值税税额=土地增值额\times50\%-扣除项目金额\times15\% \tag{7-4}$$

4）土地增值额超过扣除项目金额 200%的部分：

$$应纳土地增值税税额=土地增值额\times60\%-扣除项目金额\times35\% \tag{7-5}$$

四、减免税

有下列情形之一的，免征土地增值税。

1）纳税人建筑普通标准住宅出售，增值额未超过扣除项目金额 20%的。普通标准住宅，即一般居住用的住宅，高级公寓、别墅、度假村不包括在内。

2）因国家建设需要依法征用、收回的房地产。这是指因国家城市规划、国家重点项目建设的需要而被国家征用的房产或收回的土地使用权。

3）对个人因工作调动或改善居住条件转让原自用住房的，经向税务机关申报核实后，凡原住房已居住满 5 年或 5 年以上的免税；居住满 3 年未满 5 年的，减半征税；居住不满 3 年的，按规定征税。

第五节　城镇土地使用税和耕地占用税

一、城镇土地使用税

城镇土地使用税是对在城市、县城、建制镇和工矿区使用土地的单位和个人，以其实际占用的土地面积为计税依据，实行从量定额征收的一种税。

1. 纳税主体

城镇土地使用税的纳税人，是在征税范围内使用土地的单位和个人。拥有土地使用权的纳税人如不在土地所在地的，由代管人或实际使用人纳税；土地使用权未确定或者权属纠纷未解决的，由实际使用人纳税；土地使用权共有的，由共有各方按其实际使用的土地面积占总面积的比例，分别纳税。

2. 收征范围

城镇土地使用税征税的具体范围，包括城市为市区和郊区；县城为人民政府所在的城镇；建制镇为镇人民政府所在地。城市、县城、建制镇、工矿区的具体征税范围，由省级人民政府决定。

3. 计税依据和税额

城镇土地使用税的计税依据是纳税人实际占用土地的面积，采用定额税率。以每平方米年税额为单位，按大、中、小城市和县城、建制镇、工矿区分别确定税额。由省级人民政府根据市政建设状况、经济繁荣程度等条件，确定所辖地区适用税额的幅度。市、县政府制定相应的适用税额标准，报省级人民政府批准执行。

经济不发达地区的税额标准可以适当降低，但降低额不得超过《中华人民共和国城镇土地使用税暂行条例》（以下简称《城镇土地使用税暂行条例》）规定的最低税额的30%；经济发达地区城镇土地使用税的适用税额标准可以适当提高，但须报经财政部批准。

4. 减免税

《城镇土地使用税暂行条例》规定，下列土地免缴城镇土地使用税：①国家机关、人民团体、军队自用的土地；②由国家拨付事业经费的单位自用土地；③宗教寺庙、公园、名胜古迹自用的土地；④市政街道、广场、绿化带等公共用地；⑤直接用于农、林、牧、渔业的生产用地；⑥开山填海整治的土地和改造的废弃土地，从使用的月份起免缴城镇土地使用税5～10年；⑦能源、交通、水利设施用地等。

5. 纳税期限和地点

城镇土地使用税实行按年计算，分期缴纳。纳税地点是土地所在地的税务机关。使用土地，不属于同一省、自治区、直辖市管辖范围内的，由纳税人分别向土地所在地的税务机关缴纳；在同一省、自治区、直辖市管辖范围内，纳税人跨地区使用的土地，纳税地点由省级税务局确定。

纳税人新征用的土地，属于耕地的，自批准征用之日起满 1 年时开始纳税；属于非耕地的，自批准征用的次月起纳税。

二、耕地占用税

耕地占用税是对占用耕地建造房屋或者从事其他非农业建设的单位和个人，按其占用耕地的面积实行从量定额征收的一种税。

1. 征税范围和纳税主体

耕地占用税的征税范围包括国家所有和集体所有的耕地。所谓耕地，是指用于种植农作物的土地和鱼塘、菜地、苗圃、花圃、茶园、果园、桑园及其他种植经济林木的土地。占用上述列入征税范围的耕地建房或者从事其他非农业建设的单位和个人为纳税人。

2. 计税依据和税额

耕地占用税采用定额税率。按人均占有耕地的多少划分为四类地区，分别规定不同的税额。对人口稠密、人均耕地较少、经济比较发达、非农业占用耕地问题突出的地区，规定了较高的税额；反之，规定了较低的税额。

3. 减免税

下列情形免征耕地占用税：部队军事设施用地；铁路线路、飞机场跑道和停机坪用地；炸药库用地；学校、幼儿园、敬老院、医院用地；直接为农业生产服务的农田水利设施用地和水库移民、灾民、难民建房占用耕地等。

4. 申报纳税

耕地占用税由被占用耕地所在乡财政机关负责征收。纳税人在被县级以上土地管理部门批准占用耕地后，应在批准之日起 30 日内持批准文件向财政机关申报纳税并缴纳税款。土地管理部门凭纳税收据或者按批准文件划拨用地。

第六节　印　花　税

印花税是对经济活动和经济交往中书立、领受的凭证征收的一种税。印花税的应税凭证是指单位和个人在经济活动和经济交往等过程中所领取或填制、书立的，用以证明其活动，反映其经济内容，明确权利义务的书面证明。上述凭证，是指在我国境内具有法律效力，受中国法律保护的凭证。

一、征税范围

印花税的征收税范围包括以下几种。

1）合同或者具有合同性质的凭证。合同指按照《中华人民共和国合同法》和其他有关合同法规订立的合同。合同性质的凭证，指具有效力的协议、契约、单据、确认书及其他各种名称的凭证。

2）产权转移书据。包括财产所有权、版权、商标专用权、专利权和专有技术使用权等产权的买卖、继承、赠与、交换等所立的书据。

3）营业账簿。包括单位和个人记载生产经营活动的财务会计核算账簿。

4）权利、许可证照。包括商标注册证、专利证书、工商营业执照、房屋产权证、土地使用证。

5）经财政部确定征税的其他凭证。

二、税率

印花税采用比例税率和定额税率两种形式。各类经济合同及合同性质的凭证、记载资金的账簿和产权转移书据等适用比例税率。其他营业账簿、权利、许可证照等，规定按件定额征税。

印花税的比例税率，分为四个档次：千分之一、万分之五、万分之三、万分之零点五。财产租赁合同、仓储保管合同的税率规定为千分之一；加工承揽合同、建设工程勘探设计合同、货物运输合同和产权转移书据的税率为万分之五；购销合同、建筑安装工程承包合同和技术合同的税率为万分之三；借款合同的税率为万分之零点五；财产保险合同的税率为千分之一。按比例征税的，如果征税额不足 1 角的，免税；应纳税额在 1 角以上，其税额尾数不满 5 分的不计，满 5 分的按 1 角计算缴纳。对于财产租赁合同，规定了最低 1 元的应纳税额起征点，即税额超过 1 角但不足 1 元的，按 1 元计算征收。其他营业账簿、权利、许可证照，按件定额贴花 5 元。

三、免征印花税的规定

《中华人民共和国印花税暂行条例施行细则》（以下简称《印花税暂行条例》）规定，下列凭证免税。

1）已缴纳印花税的凭证的副本或抄本免纳印花税。但以副本或者抄本视同正本使用的，应另贴印花。

2）财产所有人将财产赠给政府、抚养孤老伤残的社会福利单位、学校所立的书据。

3）国家指定的收购部门与村民委员会、农民个人书立的农副产品收购合同。

4）无息、贴息贷款合同。

5）外国政府或者国际金融组织向我国政府及国家金融机构提供优惠贷款所书立的

合同。

6）中外合资经营企业、中外合作经营企业、外资企业和外国公司、企业及其他经济组织在华的营业机构、场所，凡是其生产经营收入和业务收入依照规定缴纳、增值税、消费税的，其在中国境内书立、领受属于《印花税暂行条例》列举征税的凭证，都暂免予征收印花税。

7）外国公司企业在华没有设立营业机构、场所或没有常驻代表机构，仅为本企业从事联络性的辅助活动不缴纳营业税的，其在中国境内书立、领受属于《印花税暂行条例》列举征税的凭证，都应缴纳印花税。但所书立、领受的信贷合同、技术贸易合同、购销合同、租赁合同纳税有困难的，可提出申请，经批准给予适当减税照顾。

四、印花税的缴纳

印花税一般实行由纳税人根据有关法律规定自行计算应纳税额，购买并一次贴足印花税票的缴纳办法。

五、行政责任

《印花税暂行条例》规定，纳税人有下列行为之一的，由税务机关根据情节轻重追究其行政责任，给予经济处罚。

1）在应纳税凭证上未贴或者少贴印花税票的，税务机关除责令其补贴印花税票外，可以处以应补贴印花税票金额20倍以下的罚款。

2）纳税人未在已贴用印花税票的骑缝处盖戳注销或者画销的，税务机关可以处以未销印花税票金额10倍以下罚款。

3）纳税人重用已贴用的印花税票的，税务机关可处以重用印花税票金额30倍以下罚款。

第七节 车船使用税

车船使用税是以使用车船这一特定行为为征税客体，按车船种类、大小，实行定额征收的一种税。

1. 纳税主体

车船使用税的纳税人，是在我国境内拥有并且使用车船的单位和个人。如有租赁关系，拥有人与使用人不一致时，则应由租赁双方商定妥当由何方为纳税义务人，租赁双方未商定的，由使用人纳税。

2. 计税依据

车船使用税采用定额税率，分别车船的大小、种类，按不同的计税单位，规定定额税率。车辆的适用税额，由省级人民政府根据当地经济情况，在《中华人民共和国车船税暂行条例》规定的幅度内自行确定。

3. 减免税

由财政部拨款的单位自用车辆和按规定缴纳船舶吨位税的船舶及消防、救护车船等，均免税。上述所说的缴纳船舶吨位税，是指在我国境内缴纳吨位税，不包括在国外缴纳的吨位税。我国远洋轮在国外缴纳了吨位税，在国内仍应按规定征收车船使用税。

4. 纳税期限

车船使用税实行按年征收，分期缴纳，具体纳税期限由省级人民政府确定。

5. 纳税地点

车船使用税在纳税人所在地缴纳。具体地说，对单位应是经营所在地或机构所在地，对个人应是住所所在地。有些企业的车船上了外省的车船牌照，仍应在企业经营所在地纳税。

课后练习

在线测试 7

一、名词解释

1. 印花税 2. 房产税 3. 车船税 4. 契税 5. 资源税 6. 土地增值税 7. 土地增值税纳税人 8. 土地增值额

二、填空题

1. 立据人是指书立________的单位和个人。
2. 购销合同的计税依据是________。
3. 房产税的征税对象是________。
4. 房产税的纳税人为________。
5. 产权出典的，________为房产税的纳税人。
6. 房产税从价计征，是指以________为计税依据。
7. 契税的纳税人为________。

8. 资源税的设立应遵循________的原则。

9. 资源税实行________定额税率。

10. 扣缴义务人代扣代缴的资源税，应当向________主管税务机关缴纳。

11. 土地增值税实行________税率。

12. 土地增值税的计税依据是出售房地产所取得的________。

13. 增值额未超过扣除项目金额 50%的部分，税率为________。

三、判断题（判断对错，并将错误的改正过来）

1. 所谓的财产转移书据是指单位和个人产权的买卖、继承、赠予、交换、分割等所书立的凭证。（　　）

2. 印花税的纳税人是指在我国境内书立、使用、领受应税凭证的单位和个人，其中也包括外商投资企业和外国企业。（　　）

3. 立合同人是指合同的当事人，包括对合同有直接权利义务关系的单位和个人、合同的担保人、证人、鉴定人。（　　）

4. 我国资源税是对一切矿产资源和盐资源征税。（　　）

5. 对盐场自销盐取得的收入，既要征盐税，也要征增值税。（　　）

6. 资源税在税率设计上采取差别税额，是为了贯彻普遍征收的原则。（　　）

7. 纳税人直接对外销售的天然气，以实际生产数量为征税对象。（　　）

8. 坐落在农村的房产也征收房产税。（　　）

9.《房产税暂行条例》规定产权属于国家所有的，其经营管理单位和个人为纳税人。（　　）

10. 按照税法规定，转让国有土地使用权、地上建筑物及其附着物并取得的收入，是指出售或者其他方式有偿转让房地产的行为，也包括以继承、赠与方式无偿转让房地产的行为。（　　）

11. 企业无论是专营还是兼营房地产业务，只要其有偿出售房地产，其就是土地增值税的纳税人。（　　）

12. 取得土地使用权所支付的金额，即纳税人为取得城镇土地使用权所支付的价款和按国家统一规定交纳的有关费用。（　　）

四、单项选择题

1. 融资租赁合同属于（　　）。

A. 购销合同　　B. 财产租赁合同　　C. 借款合同　　D. 技术合同

2. 借款合同适用的税率为（　　）。

A. 万分之零点五　　B. 万分之三

C. 万分之五　　D. 千分之一

3. 产权所有人、承典人不在房产所在地的，或者产权未确定及租典纠纷未解决的，（　　）为房产税纳税人。

A. 产权所有人　　B. 承典人

C. 房产代管人或使用人　　D. 经营管理单位

4. 土地增值税的最高税率为（　　）。

A. 20%　　B. 30%　　C. 50%　　D. 60%

5. 增值额超过扣除项目金额（　　）的部分，税率为60%。

A. 50%　　B. 60%　　C. 100%　　D. 200%

五、多项选择题

1. 下列证照中，属于缴纳印花税的是（　　）。

A. 工商营业执照　B. 专利证　C. 运营证　D. 土地使用证

2. 下列印花税应税凭证中，适用比例税率的有（　　）。

A. 经济合同　　B. 营业账簿中记载资金的账簿

C. 产权转移书据　　D. 营业账簿中的其他账簿

3. 下列印花税的应税凭证中，适用千分之一税率的有（　　）。

A. 加工承揽合同　　B. 财产租赁合同

C. 仓储保管合同　　D. 财产保险合同

4. 房产税的征税范围是指开征房产税的地理区域，只在（　　）征收。

A. 城市　B. 县城　C. 建制镇　D. 工矿区

5. 房产税采用比例税率，税率为（　　）。

A. 1.2%　B. 3%　C. 5%　D. 12%

6. 下列情况，可免征契税的是（　　）。

A. 学校承受土地用于教育的

B. 承受荒山土地使用权并用于农业生产的

C. 国家机关承受房屋用于办公的

D. 军事单位承受房屋用于军事设施的

7. 资源税纳税人，应当向（　　）主管税务机关缴纳资源税。

A. 应税产品的开采地　　B. 纳税人所在地

C. 纳税人注册地　　D. 生产所在地

8. 下列产品中，应缴纳资源税的有（　　）。

A. 固体盐　B. 原油　C. 洗煤　D. 金属矿原矿

9. 我国现行资源税属于（　　）。

A. 一般资源税　B. 广义资源税　C. 级差资源税　D. 狭义资源税

10. 某煤矿某月生产、销售原煤120万吨，应缴纳（　　）。

A. 营业税　　B. 资源税

C. 城市维护建设税　　D. 增值税

六、问答题

1. 印花税具有哪些特点？
2. 试述印花税的征税范围和纳税人。
3. 试述房产税的计税依据。
4. 试述契税的征税对象。
5. 简述我国资源税的作用。
6. 试述计算土地增值额准予扣除的项目。

七、计算题

1. 某公司2017年度的有关资料如下：

1）签订销售合同2份，总金额为200万元。

2）签订购货合同1份，总金额为100万元。

3）签订专利权转让合同1份，总金额为50万元。

4）签订贴息贷款合同1份，总金额为100万元。

5）该年度记载资金的账簿中“实收资本”科目金额为1 000万元，“资本公积”科目金额为200万元。

要求：计算2017年度该公司应纳印花税税额。

2. 某工业企业有房屋三幢，其中两幢房屋用于本企业生产经营，两幢房产的账面原值为670万元，另一幢房屋出租给一家商业企业，账面原值为120万元，年租金为50万元。

要求：计算该工业企业当年应纳的房产税税额（当地政府规定计税时允许按房产原值一次减除30%）。

3. 某公司共拥有汽车40辆，各种汽车如下：

1）大客车8辆，其中2辆大客车划给本公司幼儿园自用。

2）小轿车20辆。

3）载货汽车12辆，自重吨位均为5吨，其中3辆载货汽车年初已停止使用，并已报主管税务机关。

要求：计算该公司当年应纳的车船使用税税额（该公司所在地车船使用税年应纳税额为乘人汽车11座以上的每辆480元；11座以下的每辆140元；载货汽车为自重每吨30元）。

4. 某房地产开发公司建造普通标准住宅，取得销售总收入4 000万元。为建造普通

标准住宅发生的相关支出如下：取得土地使用权支付的金额为200万元；房地产开发成本为1 500万元；该公司的贷款利息支出不能提供金融机构出具的证明，当地规定的费用扣除率为10%；与转让房地产相关的税金共为221. 20万元，其中含印花税1.20万元。

要求：

1）该公司是否缴纳土地增值税？

2）若缴纳，计算该公司应纳土地增值税税额。

5. 某房地产开发公司在市区建造一幢写字楼，取得销售总收入3 000万元。为建造此写字楼发生的相关支出如下：取得土地使用权支付的金额为100万元；土地征用费用为100万元，前期工程费为50万元，建筑安装工程费为200万元，公共配套设施费为150万元，开发间接费用50万元；该公司发生贷款利息支出80万元，并能够按转让房地产项目分摊并提供金融机构证明；其他房地产开发费用当地规定的扣除率为5%；与房地产转让有关的增值税、城市维护建设税和教育费附加为165万元，印花税为0.9万元。

要求：计算该公司应纳土地增值税税额。

第八章　税收征收管理

知识目标

1）了解税收征收管理的概念。

2）掌握税收征收管理法的基本规定。

3）熟悉办理税务登记、纳税申报等纳税工作流程。

能力目标

能够熟练运用税收征收管理法并且可以解决实际税收征管过程中的涉税问题。

重点难点

运用税收征收管理法解决实际税收征管过程中的涉税问题。

案例导入

2017 年 2 月 1 日，甲体育器材公司与运动员张某签订合同，甲公司奖励张某住宅一套，市场价格为 180 万元。直到 2017 年 3 月 1 日，张某一直未向当地税务机关进行契税的纳税申报。税务机关责令张某限期改正，并对张某处以 1 000 元的罚款。

问题：

1）张某应何时何地办理纳税申报？

2）如果张某对税务机关的处罚决定不服，他可以采取什么措施维护自己的合法权益？

3）张某应如何提起税务行政诉讼？

第一节 税收征收管理概述

税收征收管理，是指国家税务机关，在组织税收全过程中的工作环节、程序和方法；而税收征收管理法，则是国家规定和调整税务机关和纳税义务人在征纳活动中的程序和责任的法律规范的总称。

1992年9月4日，七届全国人大常委会第二十七次会议通过《税收征收管理法》，并于1993年1月1日起施行。该法经1995年2月28日八届全国人大常委会第十二次会议《关于修改〈中华人民共和国税收征收管理法〉的决定》修正。其作用如下。

1）统一了内外征管制度，即内资企业、外商投资企业、外国企业、中国公民和外籍个人在税收征纳程序、征纳制度及征纳责任上的完全统一。

2）进一步体现了对纳税人合法权益的保护，如增加了税款延期纳税的规定，设置了由于税务机关采取税收保全措施不当造成纳税人损失的赔偿制度，延长了纳税人申请退税的法定时间。

3）进一步明确了税务所作为行政执法主体的法律地位。

4）强化了税务机关的执法权，即赋予了税务机关采取保全措施和强制执行措施的权力，明确了税务机关税务检查的职能范围等。

5）进一步规范了税务机关执法制约制度。

第二节 税 务 管 理

税务管理包括税务登记、账簿和凭证管理、纳税申报三个方面的内容。这三个方面是构成整个纳税关系的基础，是处理征纳关系的主要法律依据和内容。

一、税务登记

税务登记，又称纳税登记，是指纳税人在开业、歇业前及经营期间发生较大变化时，向税务机关办理登记的法定手续，这是征管的起点。根据《税收征收管理法》，税务登记分为开业登记、变更、重新登记和注销登记。

（一）开业登记

企业、企业在外地设立的分支机构和从事生产、经营的场所，个体工商户和从事生产、经营的事业单位（以下统称从事生产、经营的纳税人）自领取营业执照之日起30日内，持有关证件，向税务机关办理登记。纳税人所属的跨地区的非独立经济核算的分支机构，除由总机构申报办理税务登记外，也应当自设立之日起 30 日内，向分支机构所在地税务机关申报办理税务登记。另外，纳税人到外县（市）从事经营活动的，必须持其所在地税务机关填发的外出经营活动税收管理证明，向所在地税务机关报验登记，接受税务机关的监督和管理。其他有纳税义务的单位和个人，即不从事生产、经营活动，但依照法律、行政法规负有纳税义务的单位和个人，办理税务登记的范围和办法，由国务院另行规定。

对纳税人填报的税务登记表，提供的证件和资料，税务机关应当自收到之日起 30 日内审核完毕。符合规定的，予以登记，并发给税务登记证件。

（二）变更、重新登记

从事生产、经营的纳税人在办理税务登记后，所登记的内容发生变化时，纳税人应当办理变更、重新登记。

1）变更登记。税务登记内容发生变化时，纳税人在工商行政管理机关办理注册登记的，应当自工商行政管理机关办理变更登记之日起 30 日内，持有关证件向原税务登记机关申报办理变更、重新登记；按照规定纳税人不需要在工商行政管理机关办理注册登记的，应当自有关机关批准或者宣布变更之日起 30 日内，持有关证件向原税务登记机关申报变更税务登记。

2）重新登记。纳税人在办理税务登记后，发生下列变化之一的，应在发生之日起 30 日内持有关证件或相应批准文件向所在地税务机关办理重新登记：①纳税人在生产经营过程中转营其他行业的；②纳税人在生产经营过程中改组；③纳税人在生产经营过程中分设机构的；④纳税人发生合并的；⑤纳税人在生产经营过程中经营而成立新的纳税单位的。

（三）注销登记

纳税人发生歇业、解散、破产、撤销及其他情形，依法终止纳税义务的，应当在工商行政管理机关办理注销登记前，持有关证件向原税务登记机关申报办理注销税务登记，按照规定不需要在工商行政管理机关办理注册登记的，应当自有关机关批准或者宣告终止之日起 15 日内，持有关证件向原税务机关申报办理注销税务登记。

纳税人被工商行政管理机关吊销营业执照的，应当自营业执照被吊销之日起 15 日内，向原税务机关申报办理注销税务登记。

纳税人在办理注销税务登记前，应当向税务机关结清应缴的税款、滞纳金、罚款、缴销发票和其他税务证件。

二、账簿和凭证管理

（一）账簿和凭证管理概述

账簿、凭证是纳税人的经济活动的性质和成果的记载，直接关系到纳税人缴纳税款的多少，这是征管工作的关键。所谓账簿是指总账、明细账、日记账及辅助性账簿。所谓凭证，指发票，包括普通发票和增值税专用发票。

从事生产、经营的纳税人应自领取营业执照之日起 15 日内，按照国务院财政、税务主管部门的规定设置账簿。生产经营规模小又确无建账能力的个体工商户，可以聘请注册会计师或者经税务机关认可的财务人员，有实际困难的，报经县以上税务机关批准，可以按照税务机关的规定，建立收支凭证粘贴簿、进货销货登记簿等。

扣缴义务人应当自税收法律、行政法规规定的扣缴义务发生之日起 10 日内，按照所代扣、代收的税种，分别设置代扣代缴、代收代缴税款账簿。

根据《税收征收管理法》规定，账簿、会计凭证、报表、完税凭证及其他有关纳税资料应当保存 10 年，但法律、行政法规另有规定的除外。同时，账簿、记账凭证、完税凭证及其他有关资料不得伪造、变造或者擅自销毁。

（二）发票管理

发票，是指在购销商品、提供或者接受服务及从事其他经营活动中，开具、收取的收付款凭证。

国家税务总局统一负责全国发票管理工作。国家税务总局，省、自治区、直辖市分局和省、自治区、直辖市地方税务局依据各自的职责，共同做好本行政区域内的发票管理工作。

关于发票的印制，增值税专用发票必须由国家税务总局指定的企业印制；其他发票，按照国税法务院税务主管部门的规定，分别由省、自治区、直辖市税务机关指定企业印制。非经指定，不得印制发票。发票防伪专用品由国家税务总局指定的企业生产。

发票的领购，依法办理税务登记的单位和个人在领取税务登记证件及依法不需要办理税务登记的单位，可以向主管税务机关申请领购发票。需要临时使用发票的单位和个人，可直接向税务机关申请办理。临时到本省、自治区、直辖市以外从事经营活动的单位或者个人，应当凭所在地税务机关的证明，向经营地税务机关提供保证人或不超过 1 万元的保证金，申请领购经营的发票。

销售商品、提供服务及从事其他经营活动的单位和个人，对外发生经营业务收取款项，收款方应当向付款方开具发票。收购单位和扣缴义务人支付个人款项时可由付款方向收款方开具发票。

（三）增值税专用发票管理

增值税专用发票是只限于增值税一般纳税人领购使用的发票，它不仅是纳税人经济活动中的重要商业凭证，而且是兼记销货方纳税义务和购货方进项税款的合法证明，对增值税的计算和管理起着决定性的作用。

1. 开具要求

增值税专用发票的开具要求，包括：①字迹清楚；②不得涂改；③项目填写齐全；④票、物相符，票面金额与实际收取的金额相符；⑤各项内容正确无误；⑥全部联次一次填开，上、下联的内容和金额一致；⑦发票联和抵扣联加盖财务专用章或发票专用章；⑧按时限开具；⑨不得开具伪造的增值税专用发票；⑩不得拆本使用增值税专用发票；⑪不得开具票样与国家税务总局制定的票样不相符合的增值税专用发票。

2. 开具时限

增值税专用发票的开具时限如下。

1）采用预收货款、托收承付、委托银行收款结算方式的，为货物发出的当天。

2）采用交款提货结算方式的，为收到货款的当天。

3）采用赊销、分期付款结算方式的，为合同约定的收款日期。

4）将货物交付他人代销，为收到受托人送交的代销清单的当天。

5）设有两个以上机构并实行统一核算的纳税人，将货物从一个机构移送其他机构用于销售，按规定应当征收增值税的，为货物移送的当天。

6）将货物作为投资提供给其他单位或个人经营者，为货物移送的当天。

7）将货物分配给股东，为货物移送的当天。

3. 增值税专用发票领购和使用

增值税专用发票只限于增值税一般纳税人领购使用，但下列情况下，增值税一般纳税人也不得领购使用。

1）会计核算不健全，即不能按会计制度和税务机关的要求准确核算增值税的销项税额、进项税额和应纳税款者。

2）不能向税务机关准确提供增值税销项税额、进项税额、应纳税额数据及其他有关增值税税务资料者。

3）有以下行为，经税务机关责令限期改正而仍未改正者：私自印制增值税专用发票；向个人或税务机关以外的单位买取增值税专用发票；借用他人增值税专用发票；向他人提供增值税专用发票；不按规定要求开具发票；未按规定保管增值税专用发票；未按规定申报增值税专用发票的购、用、存情况；未按规定接受税务机关检查。

4）销售的货物属于免税项目者。增值税一般纳税人销售货物、应税劳务，根据《增值税暂行条例实施细则》的规定，应当征收增值税的非应税劳务，必须向购买方开具增值税专用发票。但在下列情况下不得开具增值税专用发票：①向消费者销售应税项目；②销售免税项目；③销售报关出口的货物、在境外销售应税劳务；④将货物用于非应税项目；⑤将货物用于集体福利或个人消费；⑥将货物无偿赠送他人；⑦提供非应税劳务、转让无形资产或销售不动产。

4. 机外发票的使用

机外发票是指供计算机开具的发票。使用电子计算机开具增值税专用发票必须具备下列条件：①有专业电子计算机技术人员、操作人员；②具备通过电子计算机开具增值税专用发票和按月列印进货、销货及库存清单的能力；③国家税务总局直属分局规定的其他条件。

三、纳税申报

纳税申报是指纳税人履行纳税义务和扣缴义务人履行代扣代缴、代收代缴税款的法定手续。它既是动员、组织纳税人依法纳税的一种手段，也是税务机关办理税款征收事项，审定应收税额，开具纳税凭证及分析税源变化的主要依据，这是征管工作的基础。

纳税人、扣缴义务人必须在法律规定的或者税务机关依照法律规定确定的申报期限内，到主管税务机关办理纳税申报或者报送代扣代缴、代收代缴税款的报告表，以及其他有关纳税资料。

纳税人享受减税、免税待遇的，在减、免税期间应当按照规定办理纳税申报。

纳税人到税务机关办理纳税申报有困难的，经税务机关批准，可以邮寄申报。邮寄申报的，以寄出地邮戳日期为实际申报日期。

纳税人、扣缴义务人按照规定的期限办理纳税申报或者代扣代缴、代收代缴税款报告表确有困难需要延期的，应当在规定的期限内向税务机关提出书面申请，经税务机关核准，可以延期，并在核准的期限内办理。

纳税人、扣缴义务人因不可抗力，不能按期办理纳税申报或者报送代扣代缴、代收代缴税款报告的，可以延期办理。但是，应当在不可抗力情形消除后立即向税务机关报告。

第三节 税 款 征 收

一、税款征收机关和方式

税款征收是税收征管的核心内容和中心环节。它是指税务机关依法征收税款，纳税人、扣缴义务人依法缴纳或者解缴税款的一项法定手续，是征管工作的重点。

（一）税收征收管理机关

1. 税务主管部门

税务主管部门即国务院税务主管部门，是指财政部和国家税务总局。

2. 税务机关

税务机关是指国家税务局和地方税务局。

3. 地方财政局

地方财政局主要负责农牧业税、耕地占用税、契税的征收和管理。

4. 海关

海关负责关税的征收和管理。

（二）税款征收方式

税款征收方式是指税务机关按照税法规定的纳税人的生产经营、财务管理情况，以便于征收和保证国家税款足额入库的原则而具体组织税款入库的办法。税务机关征收税款的方式主要有以下几种。

1）查账征收。适用于从事工业生产和商业经营的纳税人，由企业进行纳税申报，税务机关查账核实其营业额和所得额，依率计征。

2）查定征收。适用于规模小，生产不固定，账册不健全的纳税人，由税务机关根据其生产销售情况，按月对其生产产品和销售额，依率计征。

3）查验征收。适用于集贸市场从事贸易活动的纳税人，由税务机关对其销售应税产品进行检验，然后确定应纳税额。

4）定期定额征收。对于一些没有账簿，难以准确计算营业额和所得额的小型企业及个体户，由他们自行申报，税务机关核定其应纳税额。

5）邮寄申报纳税。这是纳税人在邮寄纳税申报表的同时，经税务机关审核，汇寄并解缴应纳税款的方式。

6）扣缴征收。它是指有代扣代缴、代收代缴义务的单位和个人直接扣缴、收缴纳税义务人的税款。例如，海关代收代缴进口货物的增值税、消费税，出版单位代扣代缴著作权人取得稿酬的个人所得税。

二、征纳双方的权利和义务

（一）税务机关的权限和责任

1. 税务机关的权限

税务机关征收税款的主要权限有以下几种。

1）纳税人有《税收征收管理法》第三十五条所列情形之一的，税务机关有权核定其应纳税额：依法可不设置账簿的；应设置但未设置账簿的；虽设置账簿，但账簿混乱或者成本资料、收入凭证、费用凭证残缺不全，难以查账的；发生纳税义务，未按期办理纳税申报，经税务机关责令限期申报，逾期仍不申报的。

2）企业或者外国企业在中国境内设立的从事生产、经营的机构、场所与其关联企业之间的业务往来，不按照独立企业之间的业务往来收取或者支付价款、费用，而减少其应纳税收或者所得额的，税务机关有权进行合理调整。

3）对未取得营业执照从事经营的单位和个人，除由工商行政管理机关依法处理外，由税务机关核定其应纳税额，责令缴纳；不缴纳的，税务机关可以扣押其价值相当于应纳税款的商品、货物。扣押后仍不缴纳应纳税款的，可以提出申请，经县以上税务局（分局）局长批准，拍卖所扣押商品、货物，以拍卖所得抵缴税款。

4）税务机关有根据认为从事生产、经营的纳税人有逃避纳税义务的行为，可以在规定的纳税期限之前责令限期缴纳税款；在限期内发现纳税人有明显的转移、隐匿其应纳税的商品、货物及其他财产或者应纳税的收入的迹象的，税务机关可责成纳税人提供纳税担保。如果纳税人不能提供纳税担保。经县以上税务局（分局）局长批准，税务机关可以采取税收保全措施。

5）纳税人、扣缴义务人未按规定的期限缴纳或解缴税款，纳税担保人未按规定的期限缴纳所担保的税款，由税务机关责令限期缴纳，逾期仍未缴纳的，经县以上税务局（分局）局长批准，税务机关可以采取从其账户存款中扣缴税款，或拍卖已被扣押、查封其价值相当于应纳税款的商品、货物或其他财产，以拍卖所得抵缴税款等强制执行措施。

2. 税务机关的职责

税务机关的职责有以下几种。

1）依法征收税款，不得违法开征、停征、多征或者少征税款。

2）税务机关征收税款和扣缴义务人代扣代收税款时，必须给纳税人开具完税凭证。

3）扣押商品、货物或其他财产时，必须开付收据；查封商品、货物或者其他财产时，必须开付清单。

4）纳税人超过应纳的税款，税务机关发现的应当立即退还，纳税人发现并要求退还的，查实后当立即退还。

（二）纳税人的权利和义务

1. 纳税人的权利

纳税人的权利主要有以下几种。

1）依法书面申请减免税。

2）纳税人有特殊困难，不能按期缴纳税款的，可以提出申请，经县以上税务局（分局）批准，可以延期缴纳税款，最长不超过3个月。

3）纳税人自缴纳税款之日起3日内发现超过应纳税额的税款可向税务机关要求退还。

4）税务机关采取税收保全措施不当，使纳税人合法利益遭受损害的，有要求赔偿的权利。

5）纳税人对税务机关的处罚决定、强制执行措施、税收保全措施不服的，在规定的期限内有向上级税务机关申请复议的选择权。

2. 纳税人的义务

纳税人、扣缴义务人的义务有以下几种。

1）在法律、行政法规规定的期限内，缴纳或解缴税款。如逾期未缴纳或解缴税款，除限期缴纳外，并从滞纳之日起，按日加收滞纳税款2‰的滞纳金。

2）扣缴义务人依法履行代扣代缴、代收代缴税款的义务。

3）欠缴税款需要出境时，应当在出境前缴清税款或提供担保。未结清税款，又不提供担保的，不得出境。

4）因纳税人、扣缴义务人过失，未缴或少缴税款的，税务机关可以在3年内追征；有特殊情况的，追征期可延长到5年。

第四节 税 务 检 查

一、税务检查的概念和意义

税务检查是税收管理的重要组成部分，是税务机关征管中的基本权力。它是税务机关依照国家税收法规的规定，对纳税人、扣缴义务人履行纳税义务和代收、代扣义务的情况进行检查监督的一种手段。它有利于贯彻执行国家的税收法律、行政法规及其有关政策；有利于税款足额入库，保证国家的财政收入；有利于纠正违法行为，使纳税人增

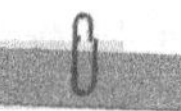

强法制观念；有利于端正纳税人的经营方向，帮助纳税人改善经营管理，提高管理水平。

二、税务检查的内容和征纳双方的权利义务

税务机关在税收检查中依法享有检查权，检查对象是纳税人和扣缴义务人。税务机关有权检查被检查对象的账簿、凭证、货物存放；有权要求提供资料、询问情况、检查邮寄、托运情况、检查账户等。

税务机关在进行税务检查时，纳税人、扣缴义务人必须接受，并如实反映情况，提供有关资料，不得拒绝。有关部门和单位应当支持、协助税务机关，并向税务机关如实反映纳税人、扣缴义务人和其他当事人的与纳税或者代扣代缴、代收代缴税款有关的情况，提供有关资料及证明材料。

税务机关检查纳税人和扣缴义务人的账簿、凭证等有关资料时，可以在纳税人和扣缴义务人的场所进行；必要时，经县以上税务局（分局）局长批准，也可以将纳税人、扣缴义务人以前会计年度的账簿、凭证等有关资料调回税务机关检查，但税务机关必须向纳税人、扣缴义务人开付清单，并在 3 个月内完整退回。

税务机关凭检查存款账户许可证明进行检查时，应当指定专人负责，并有责任为被检查人保密。

税务机关发现纳税人税务登记的内容与实际不符可以责令其纠正，并按实际情况征收税款。税务机关调查税务违法案件时，对与案件有关的情况和资料，可以记录、录音、录像、照相和复制。

税务机关的税务人员在检查时，必须出示税务检查证；无税务检查证的，纳税人、扣缴义务人及其他当事人有权拒绝检查。

第五节　法 律 责 任

一、对违反发票管理法规的行为和处罚

（一）违反发票管理法规的行为

违反发票管理法规的行为主要包括：①未按照规定印制发票或者生产发票防伪专用品的；②未按照规定领购发票的；③未按照规定开具发票的；④未按照规定取得发票的；⑤未按照规定使用发票的；⑥未按照规定接受检查的；⑦非法携带、邮寄、运输有效空白发票的；⑧私自印刷、伪造、变造、倒买倒卖发票，私自制作发票监制章、发票防伪专用章的；⑨违反发票管理法规，导致其他单位或个人未缴、少缴或者骗取税款的；⑩税务人员利用职权之便，故意刁难印制或使用发票的单位和个人的。

（二）对违反发票管理法规行为的处罚

违反发票管理法规行为的处罚如下。

1）违反发票管理规范行为的单位和个人，由税务机关责令限期改正，没收非法所得，并处 1 万元以下的罚款，有上列两种或两种以上行为的，可以分别处罚。

2）非法携带、邮寄、运输或者存放空白发票的，由税务机关收缴发票，没收非法所得，并处 1 万元以下的罚款。

3）私自印制、伪造变造、倒买倒卖发票，私自制作发票监制章、发票防伪专用品的，由税务机关依法予以查封、扣押或者销毁，没收非法所得和作案工具，可以并处 1 万元以上 5 万元以下的罚款。构成犯罪的，由司法机关依法追究刑事责任。

4）违反发票管理法规，导致纳税人、扣缴义务人以及其他单位或者个人未缴、少缴或者骗取税款的，由税务机关没收非法所得，可以并处未缴、少缴或者骗取的税款 1 倍以下的罚款。

5）单位或者个人有下列行为之一的，应当承担刑事责任：①虚开增值税专用发票的；②伪造或出售伪造的增值税专用发票的；③非法出售增值税专用发票的；④非法购买增值税专用发票或者购买伪造的增值税专用发票的；⑤虚开用于骗取出口退税、抵扣税款的其他发票的；⑥伪造、擅自制造或者出售伪造、擅自制造的可以用于骗取出口退税、抵扣税款的其他发票的，以及以盈利为目的，伪造、擅自制造或者出售伪造、擅自制造的上述规定以外的其他发票的，以及以盈利为目的，非法出售上述规定以外的其他发票的；⑦非法出售可以骗取出口退税、抵扣税款的其他发票的，以及以盈利为目的，非法出售上述规定以外的其他发票的；⑧盗窃增值税专用发票或者其他发票的。

二、对纳税人、扣缴义务人违法行为的处罚

（一）违反税务管理的行为及其处罚

纳税人有下列情形之一的，由税务机关责令限期改正，逾期不改的，处以 2 000 元以下罚款；情节严重的，处 2 000 元以上 1 万元以下罚款。具体包括：①纳税人未按照规定申报办理税务的开业登记、变更登记、注销登记的；②纳税人未按照规定设置、保管账簿或者保管记账凭证和有关资料的；③纳税人未按照规定将财务、会计制度或财务、会计处理办法报税务机关备案的。

对扣缴义务人未按规定设置、保管代扣代缴、代收代缴税款账簿或者保管代扣代缴、代收代缴税款记账凭证及有关资料的，税务机关责令限期改正，逾期不改正的，可以处以 2 000 元以下的罚款；情节严重的，处 2 000 元以上 5 000 元以下罚款。

纳税人未按照规定的期限办理纳税申报的，或者扣缴义务人未按照规定的期限向税务机关报送代扣代缴、代收代缴税款报告表和有关资料的，由税务机关责令限期改正，

可处以 2 000 元以下的罚款；逾期不改的，可处以 2 000 元以上 1 万元以下的罚款。

（二）偷税行为及其处罚

纳税人有意识地用欺骗、隐瞒的手段逃避履行纳税义务的行为，是偷税。对偷税数额不满 1 万元或者偷税数额占应纳税数额不到 10%，除追缴其偷税数额外，应处以偷税数额 5 倍以下的罚款；扣缴义务人采用偷税手段，不缴或者少缴已扣、已收税款，数额不满 1 万元或者数额占应缴税额不到 10%的，给予相同的处分。

（三）欠税行为及其处罚

纳税人欠缴应纳税款，采取转移或者隐匿财产的手段，致使税务机关无法追缴欠缴的税款，数额不满 1 万元的，除由税务机关追缴欠缴税款外，还要处以 5 倍以下的罚款。

（四）抗税行为及其处罚

以暴力、威胁方法拒不缴纳税款的，是抗税。情节较轻，未构成犯罪的，由税务机关追缴其拒缴税款，并处以拒缴税款 1 倍以上 5 倍以下的罚款。

（五）骗税行为及其处罚

企事业单位采取对所生产或者经营的商品假报出口等欺骗手段，骗取国家出口退税款，数额不满 1 万元的，由税务机关追缴其欺骗的税款，处以骗取税款 1 倍以上 5 倍以下的罚款。

（六）逾期缴纳税款行为及其处罚

从事生产、经营的纳税人、扣缴义务人在规定期限内不缴或少缴应纳或者应解缴的税款，经税务机关责令限期缴纳，逾期仍未缴纳的，税务机关可采取强制执行措施追缴其不缴或少缴的税款，同时可处以不缴或少缴税款 50%以上 5 倍以下的罚款。

三、对税务人员违法行为的处罚

1）税务人员违反法律、行政法规的规定，擅自决定税种的开征、停征或者减税、免税、退税、补税的，撤销其所作决定，同时由上级机关追究直接人员的行政责任。

2）税务人员与纳税人、扣缴义务人勾结，唆使或者协助纳税人、扣缴义务人偷税、欠税、骗税、抗税构成犯罪的，按照我国刑法关于共同犯罪的规定处罚；未构成犯罪的，给予行政处分。

3）税务人员利用职务上的便利，收受或者索取纳税人、扣缴义务人财物，构成犯罪的，按照受贿罪追究刑事责任；未构成犯罪的，给予行政处分。

4）税务人员玩忽职守，不征或者少征应征税款，致使国家税收遭受重大损失的，根据《刑法》第四百零四条的规定追究刑事责任；未构成犯罪的，给予行政处分。税务人员滥用职权，故意刁难纳税人、扣缴义务人的，给予行政处分。

四、对纳税人、扣缴义务人犯罪行为的处罚

根据《刑法》的规定，对纳税人、扣缴义务人的犯罪行为，根据不同情节处以下刑罚。

1）偷税数额占应纳税额10%以上不满30%并且偷税数额在1万元以上不满10万元的或者因偷税被税务机关给予二次行政处罚又偷税的，处3年以下有期徒刑或者拘役，并处偷税数额1倍以上5倍以下的罚金；偷税数额占应纳税额30%以上并且偷税数额在10万元以上的，处3年以上7年以下有期徒刑，并处偷税数额1倍以上5倍以下的罚金。扣缴义务人采取上述手段，不缴或者少缴已扣、已收税款，数额占应缴税款的10%以上并且数额在1万元以上的，处罚相同。

2）纳税人欠缴应纳税款，采取转移或者隐匿财产的手段，致使税务机关无法追缴欠缴的税款，数额1万元以上不满10万元的，处3年以下有期徒刑或者拘役，并处或者单处欠缴税款1倍以上5倍以下的罚金；数额在10万元以上的，处3年以上7年以下有期徒刑，并处欠缴税款1倍以上5倍以下的罚金。

3）以假报出口或者其他欺骗手段，骗取国家出口退税款，数额较大的，处5年以下有期徒刑或者拘役，并处骗取税款1倍以上5倍以下罚金；数额巨大或者有其他严重情节的，处5年以上10年以下有期徒刑，并处骗取税款1倍以上5倍以下罚金；数额特别巨大或者有其他特别严重情节的，处10年以上有期徒刑或无期徒刑，并处骗取税款1倍以上5倍以下罚金或者没收财产。

4）以暴力、威胁方法拒不缴纳税款的，处3年以下有期徒刑或者拘役，并处拒缴税款1倍以上5倍以下罚款；情节严重的，处3年以上7年以下有期徒刑，并处拒缴税款1倍以上5倍以下的罚金。

5）对虚开、伪造和非法出售增值税专用发票犯罪行为的处罚。

① 虚开增值税专用发票或者虚开用于骗取出口退税、抵扣税款的其他发票的，处3年以下有期徒刑或者拘役，并处2万元以上20万元以下罚金；虚开的税额较大或者有其他严重情节的，处3年以上10年以下有期徒刑，并处5万元以上50万元以下罚金；虚开的税款数额巨大或者有其他特别严重情节的，处10年以上有期徒刑或者无期徒刑，并处5万元以上50万元以下罚金或者没收财产。

有上述行为骗取国家税款，数额特别巨大，情节特别严重，给国家利益造成特别重大损失的，处无期徒刑或者死刑，并处没收财产。

单位犯本条规定之罪，对单位判处罚金，并对其直接负责的主管人员和其他直接责任人员，处3年以下有期徒刑或者拘役；数额较大或者有其他严重情节的，处3年以上10年以下有期徒刑；虚开的税款数额巨大或有其他特别严重情节的，处10年以上有期徒刑或者无期徒刑。

虚开增值税专用发票或者虚开用于骗取出口退税、抵扣税款的其他发票，是指有为他人虚开、为自己虚开、让他人为自己虚开、介绍他人虚开行为之一的。

② 伪造或者出售伪造的增值税专用发票的，处3年以下有期徒刑、拘役或者管制，并处2万元以上20万元以下罚金；数量较大或者其他严重情节的，处3年以上10年以下有期徒刑，并处5万元以上50万元以下罚金；数量巨大或者有其他特别严重情节的，处10年以上有期徒刑或者无期徒刑，并处5万元以上50万元以下罚金或没收财产。

伪造并出售伪造的增值税专用发票，数量特别巨大，情节特别严重，严重破坏经济秩序的，处无期徒刑或者死刑，并处没收财产。

单位犯本条规定之罪的，对单位判处罚金，并对其直接负责的主管人员或其他直接责任人员，处3年以下有期徒刑、拘役或管制；数量较大或者有其他严重情节的，处3年以上10年以下有期徒刑，数量巨大或者有其他特别严重情节的，处10年以上有期徒刑或者无期徒刑。

③ 非法出售增值税专用发票的，处3年以下有期徒刑、拘役或者管制，并处2万元以上20万元以下罚金；数量较大的，处3年以上10年以下有期徒刑，并处5万元以上50万元以下罚金；数量巨大的，处10年以上有期徒刑或者无期徒刑，并处5万元以上50万元以下罚金或者没收财产。

④ 非法购买增值税专用发票或者购买伪造的增值税专用发票的，处5年以下有期徒刑或者拘役，并处或者单处2万元以上20万元以下罚金。

非法购买增值税专用发票或者购买伪造的增值税专用发票又虚开或者出售的，分别按上述①②③的有关规定处罚。

⑤ 伪造、擅自制造或者出售伪造、擅自制造的可以用于骗取出口退税、抵扣税款的其他发票的，处3年以下有期徒刑、拘役或者管制，并处2万元以上20万元以下罚金；数量巨大的，处3年以上7年以下有期徒刑，并处5万元以上50万元以下罚金；数量特别巨大的，处7年以上有期徒刑，并处5万元以上50万元以下罚金或者没收财产。

伪造、擅自制造或者出售伪造、擅自制造的上述规定以外的其他发票的，处2年以下有期徒刑、拘役或者管制，并处或单处1万元以上5万元以下罚金；情节严重的，处2年以上7年以下的有期徒刑，并处5万元以上50万元以下罚金。

非法出售可以用于骗取出口退税、抵扣税款的其他发票的，按照伪造、擅自制造或者出售伪造、擅自制造的可以用于骗取出口退税、抵扣税款的其他发票的有关规定处罚。

非法出售可以用于骗取出口退税、抵扣税款的发票规定以外的其他发票的，依照伪造、擅自制造或者出售伪造、擅自制造的可以用于骗取出口退税、抵扣税款的发票的有关规定以外的其他发票的有关规定处罚。

⑥ 盗窃增值税专用发票或者可以用于骗取出口退税、抵扣税款的其他发票的，按盗窃公共财物罪定罪处罚。

第六节 税务争议的处理

一、税务争议的概念

税务争议是指纳税人和其他税务当事人同税务机关在税收征收缴纳过程中产生的争执和异议。税务争议根据其法律救济程序规定的不同，可分为纳税争议和其他争议。纳税争议是指纳税人、扣缴义务人、纳税担保人对税务机关确定纳税主体、征税对象、征税范围、减税、免税及退税、适用税率、计税依据、纳税环节、纳税期限、纳税地点及税款征收方式等具体行政行为有异议而发生的争议。其他争议是指纳税人对税务机关的处罚决定和强制执行措施、税收保全措施不服而引起的争议。

二、解决税务争议的途径

解决税务争议的法律救济途径，主要有税务行政复议和税务行政诉讼。

1）税务行政复议是指纳税人、扣缴义务人、纳税担保人及其他当事人不服税务机关的具体行政行为，依法向税务行政复议机关提出要求重新处理的申请，税务行政复议机关根据申请人的申请，对原处理决定重新审议，并依法根据不同情况作出维持、变更或撤销原决定的法律制度。

2）税务行政诉讼是指公民、法人和其他组织认为税务机关及其工作人员的税务具体行政行为侵犯了其合法权益，依法向人民法院提起行政诉讼，由人民法院对税务具体行政行为的合法性和适当性进行审理并作出裁判的司法活动。

纳税人、扣缴义务人及其他当事人对税务机关作出的具体行政行为可以依法申请行政复议或者提起行政诉讼，从而保护自身的合法权益。根据《税收征收管理法》第八十八条的规定，纳税人、扣缴义务人、纳税担保人在纳税上发生争议时，必须先依照税务机关的纳税决定缴纳或者解缴税款及滞纳金或者提供相应的担保，然后可以依法申请行政复议；对行政复议决定不服的，可以依法向人民法院起诉。

当事人对税务机关的处罚决定、强制执行措施或者税收保全措施不服的，可以依法申请行政复议，也可以依法向人民法院起诉。

当事人对税务机关的处罚决定逾期不申请行政复议也不向人民法院起诉又不履行的，作出处罚决定的税务机关可依法采取强制执行措施，或者申请人民法院强制执行。

第七节 税务代理制度

税务代理制度，即实行税务师事务所、会计师事务所、律师事务所、审计师事务所、

税务咨询机构等社会中介机构代理纳税人办税的一项制度，是现代商品经济社会中税收征管体系的重要环节。

一、税务代理机构

我国的税务代理机构为税务师事务所和经国家税务总局及省、自治区、直辖市国家税务局批准的其他机构。

（一）税务师事务所

税务师事务所一般由注册税务师以合伙方式设立，或者以有限责任形式的法人设立，税务师事务所中应有一定数量的专职从业人员，其中至少有5名以上经税务机关审定注册的税务师。

设立税务师事务所，应当报国家税务总局或省、自治区、直辖市国家税务局审查批准。

（二）其他税务代理机构

经国家批准设立的会计师事务所、律师事务所、审计师事务所、税务咨询机构需要开展税务代理业务的，必须在本机构内设置专门的税务代理部并配备5名以上经税务机关审定注册的税务师，并报经国家税务总局或省、自治区、直辖市国家税务局批准，方能从事税务代理业务。

二、税务代理人

税务代理人是指具有丰富的税收实务工作经验和较高的税收、会计专业理论知识以及法律基础知识、经国家税务总局及省、自治区、直辖市国家税务局批准，专门从事税务代理事务的税务师。

1. 税务师资格的取得

税务师资格的取得实行考试和认定制度，具有下列条件之一者，可以申请参加税务师资格考试：①具有经济类、法律类大专以上学历，从事经济、法律工作3年以上的；②具有经济类、法律类中等专业学历，从事经济、法律工作5年以上的；③连续从事税收业务工作10年以上的；④国家税务总局认定具有同等学识能力和资格的。

根据《税务代理试行办法》第十条的规定，取得执业会计师、审计师、律师资格者以及连续从事税收业务工作15年以上者，可不参加全国统一的税务师资格考试，其代理资格由省、自治区、直辖市国家税务局考核认定。

参加税务师资格统一考试成绩合格者和经考核认定合格者，由省、自治区、直辖市国家税务局核发税务师资格证书。

2. 注册登记

取得税务师资格证书者，要从事税务代理业务，必须向省、自治区、直辖市国家税务局提出书面申请，填写税务师执业申请书，经审核同意后，给予注册登记，发给税务师执业证书。根据《税务代理试行办法》第十三条的规定，有下列情况之一者，不具有税务师执业资格，税务机关不予注册登记：①不具有完全民事行为能力的；②因受刑事处罚，自刑罚执行完毕之日起未满 3 年者；③被国家机关开除公职，自开除之日起未满 3 年者；④被取消注册会计师、律师、审计师资格，自被取消之日起未满 3 年者；⑤在职的国家公务员；⑥依本办法规定被取消税务师资格者；⑦国家税务总局认为其他不具备税务师资格者。

税务师有下列情况之一的，由省、自治区、直辖市国家税务局注销其税务师登记，并收回税务师执业证书：①在登记中弄虚作假，骗取税务师执业证书的；②因健康原因不能从事税务代理工作 1 年以上的；③依照本办法规定被取消税务师资格的；④已死亡的；⑤已不从事税务代理业务的；⑥国家税务总局认为其他不适合从事税务代理工作的。

三、税务代理

税务代理是指税务代理人在税务代理范围内，受纳税人、扣缴义务人的委托，代为办理税务事宜的各项行为的总称。

（一）税务代理业务范围

税务代理人接受纳税人、扣缴义务人的委托后，就可以在代理范围内从事代理工作。税务代理人可就下述事项接受委托，进行代理：①办理税务登记、变更税务登记和注销税务登记；②办理发票领购手续；③办理纳税申报或扣缴税款报告；④办理缴纳税款和申请退税；⑤制作涉税文书；⑥审查纳税情况；⑦建账建制，办理账务；⑧开展税务咨询，受聘税务顾问；⑨申请税务行政复议或税务行政诉讼；⑩国家税务总局规定的其他业务。

（二）税务代理人的权利和义务

1. 税务代理人的权利

税务代理人的权利主要有以下几种。

1）税务代理人有权依照《税务代理试行办法》的规定代理由纳税人、扣缴义务人委托的税务事宜。

2）税务代理人依法履行职责，受国家法律保护，任何机关、团体、单位和个人都

不得非法干预。

3）税务代理人有权根据代理业务需要，查阅被代理人的有关财务会计资料和文件，查看业务现场和设施，被代理人应当向代理人提供真实的经营情况和财务会计资料。

4）税务代理人可向当地税务机关订购或者查询税收政策、法律、法规和有关资料。

5）税务代理人对税务机关的行政决定不服的，可依法向税务机关申请行政复议或向人民法院起诉。

2. 税务代理人的义务

税务代理人的义务主要有以下几种。

1）税务代理人在办理代理业务时，必须向有关的税务工作人员出示税务师执业证书，按照主管税务机关的要求，如实提供有关资料，不得隐瞒、谎报，并在税务文书上署名盖章。

2）税务代理人对被代理人偷税、骗取减税、免税、退税的行为，应予以制止，并及时报告税务机关。

3）税务代理人在从事代理业务期间和停止代理业务后，都不得泄露因代理业务而得知的秘密。

4）税务代理人应当建立税务代理档案，如实记载各项代理业务的始末和保存计税资料及涉税文书，税务代理档案至少保存 5 年。

（三）法律责任

税务代理责任是税务师在税务代理中由于违反法律、行政法规而应承担的民事、行政和刑事责任。

根据《税务代理试行办法》的规定，税务师应当承担下列责任。

1）税务师未按照委托代理协议书的规定进行代理或违反税收法律、行政法规的规定进行代理的，由县以上国家税务局处以 2 000 元以下的罚款。

2）税务师在一个会计年度内违反税务代理的规定从事代理行为两次以上的，由省、自治区、直辖市国家税务局注销税务师登记，收回税务师执业证书，停止其从事税务代理业务两年。

3）税务师知道被委托代理事项违法仍进行代理活动或者知道自身的代理行为违法仍进行的，由省、自治区、直辖市国家税务局吊销其税务师执业证书，禁止从事税务代理业务。

4）税务师从事地方税代理业务时违反税务代理规定，由县级以上地方税务局根据本办法的规定给予警告，处以 2 000 元以下的罚款或提请省、自治区、直辖市国家税务局处理。

5）税务师触犯刑律，构成犯罪的，由司法机关依法惩处。

课后练习

在线测试 8

一、单项选择题

1.（　　）构成整个纳税关系的基础，是处理征纳关系的主要法律依据和内容。

A. 税务登记

B. 账簿和凭证管理

C. 纳税申报

D. 税务登记、账簿和凭证管理、纳税申报

2. 企业、企业在外地设立的分支机构和从事生产、经营的场所，个体工商户和从事生产、经营的事业单位（以下统称从事生产、经营的纳税人）自领取营业执照之日起（　　）日内，持有关证件，向税务机关办理登记。

A. 5　　B. 10　　C. 15　　D. 30

3. 根据《中华人民共和国发票管理办法实施细则》规定，纳税人开具的发票和发票登记簿的保管期限为（　　）年。

A. 3　　B. 5　　C. 10　　D. 15

4. 纳税人被工商行政管理机关吊销营业执照的，应当自营业执照被吊销之日起（　　）日内，向原税务机关申报办理注销税务登记。

A. 5　　B. 10　　C. 15　　D. 30

5.（　　）统一负责全国发票管理工作。

A. 国家税务总局　　B. 海关　　C. 税务机关　　D. 地方财政局

6. 甲企业生产规模小、账册不健全、财务管理和会计核算水平比较低，产品零星，税源分散，应采用的税款征收方式是（　　）。

A. 查账征收　　B. 查定征收　　C. 查验征收　　D. 定期定额征收

7.《税收征收管理法》及其细则规定，从事生产经营的纳税人应当自领取（　　）之日起 5 日内将其财务、会计制度或财务处理方法报送税务机关备案。

A. 税务登记证件　　B. 发票领购簿　　C. 营业执照　　D. 财务专用章

8. 从事工业生产和商业经营的纳税人适用（　　）的征收方式。

A. 查账征收　　B. 查定征收　　C. 查验征收　　D. 定期定额征收

9. 下列不属于纳税申报的方式有（　　）。

A. 直接申报　　B. 邮寄申报　　C. 数据电文申报　　D. 主动申报

10. 根据《税收征收管理法》规定，纳税人逃避、拒绝、阻挠税务机关检查的，税务机关有权采取的措施是（　　）。

A. 责令改正并可以罚款　　B. 查封账簿
C. 冻结纳税人在银行的存款　　D. 移送司法机关

二、多项选择题

1. 纳税人在办理税务登记后，发生（　　）的，应在发生之日起30日内持有关证件或相应批准文件向所在地税务机关办理重新登记。

A. 纳税人在生产经营过程中转营其他行业的
B. 纳税人在生产经营过程中改组
C. 纳税人在生产经营过程中分设机构的
D. 纳税人发生合并的

2. 根据《税收征收管理法》规定，（　　）及其他有关纳税资料应当保存10年，但法律、行政法规另有规定的除外。

A. 账簿　　B. 会计凭证　　C. 报表　　D. 完税凭证

3.（　　）情况下不得开具增值税专用发票。

A. 向消费者销售应税项目
B. 销售免税项目
C. 销售报关出口的货物、在境外销售应税劳务
D. 将货物用于应税项目

4. 下列情形中，税务机关有权对纳税人核定其应纳税额的有（　　）。

A. 依法可不设置账簿的
B. 依法设置账簿的
C. 虽设置账簿，但账簿混乱或者成本资料、收入凭证、费用凭证残缺不全，难以查账的
D. 发生纳税义务，未按期办理纳税申报，经税务机关责令限期申报，逾期仍不申报的

5. 税务机关的职责有（　　）。

A. 依法征收税款，不得违法开征、停征、多征或者少征税款
B. 税务机关征收税款和扣缴义务人代扣代收税款时，无须给纳税人开具完税凭证
C. 扣押商品、货物或其他财产时，必须开付收据；查封商品、货物或者其他财产时，无须开付清单
D. 纳税人超过应纳的税款，税务机关发现的应当立即退还，纳税人发现并要求退还的，查实后当立即退还

6. 纳税人的权利主要有（　　）。

A. 依法书面申请减免税
B. 纳税人有特殊困难，不能按期缴纳税款的，可以提出申请，经县以上税务局

（分局）批准，可以延期缴纳税款，最长不超过 1 个月

C. 纳税人自缴纳税款之日起 15 日内发现超过应纳税额的税款可以向税务机关要求退还

D. 税务机关采取税收保全措施不当，使纳税人合法利益遭受损害的，有要求赔偿的权利

7. 税务机关在税收检查中依法享有检查权，主要包括（　　）。

A. 有权检查被检查对象的账簿、凭证、货物存放

B. 有权要求提供资料、询问情况、检查邮寄、托运情况、检查账户等

C. 税务机关检查纳税人和扣缴义务人的账簿、凭证等有关资料时，不可在纳税人和扣缴义务人的场所进行

D. 税务机关的税务人员在检查时，无须出示税务检查证

8. 税务管理包括（　　）。

A. 税务登记　　B. 账簿和凭证管理

C. 纳税申报　　D. 纳税争议处理

9. 下列行为中，单位或个人应当承担刑事责任的有（　　）。

A. 虚开增值税专用发票的

B. 伪造或出售伪造的增值税专用发票的

C. 非法出售增值税专用发票的

D. 非法购买增值税专用发票或者购买伪造的增值税专用发票的

10. 对税务人员违法行为的处罚有（　　）。

A. 税务人员违反法律、行政法规的规定，擅自决定税种的开征、停征或者减税、免税、退税、补税的，撤销其所做决定，同时由上级机关追究直接人员的行政责任

B. 税务人员与纳税人、扣缴义务人勾结，唆使或者协助纳税人、扣缴义务人偷税、欠税、骗税、抗税构成犯罪的，按照《刑法》关于共同犯罪的规定处罚；未构成犯罪的，给予行政处分

C. 税务人员利用职务上的便利，收受或者索取纳税人、扣缴义务人财物，构成犯罪的，按照受贿罪追究刑事责任；未构成犯罪的，给予行政处分

D. 税务人员玩忽职守，不征或者少征应征税款，致使国家税收遭受重大损失的，追究刑事责任；未构成犯罪的，给予行政处分。税务人员滥用职权，故意刁难纳税人、扣缴义务人的，给予行政处分

参 考 文 献

李刚，2014．现代税法学要论[M]．厦门：厦门大学出版社．

李晓红，2013．税法[M]．3 版．北京：清华大学出版社，北京交通大学出版社．

荣国权，2015．税法学入门讲义[M]．北京：法律出版社．

王曙光，2016．税法[M]．7 版．大连：东北财经大学出版社．

张守文，2014．财税法学[M]．4 版．北京：中国人民大学出版社．

中国注册会计师协会，2016．税法[M]．北京：经济科学出版社．

附录　应税服务的具体范围

一、交通运输业

交通运输业，是指使用运输工具将货物或者旅客送达目的地，使其空间位置得到转移的业务活动，包括陆路运输服务、水路运输服务、航空运输服务和管道运输服务。

（一）陆路运输服务

陆路运输服务，是指通过陆路（地上或者地下）运送货物或者旅客的运输业务活动，包括铁路运输和其他陆路运输。

1）铁路运输服务，是指通过铁路运送货物或者旅客的运输业务活动。

2）其他陆路运输服务，是指铁路运输以外的陆路运输业务活动，包括公路运输、缆车运输、索道运输、地铁运输、城市轻轨运输等。

3）出租车公司向使用本公司自有出租车的出租车司机收取的管理费用，按陆路运输服务征收增值税。

（二）水路运输服务

水路运输服务，是指通过江、河、湖、川等天然、人工水道或者海洋航道运送货物或者旅客的运输业务活动。

远洋运输的程租、期租业务，属于水路运输服务。

1）程租业务，是指远洋运输企业为租船人完成某一特定航次的运输任务并收取租赁费的业务。

2）期租业务，是指远洋运输企业将配备有操作人员的船舶承租给他人使用一定期限，承租期内听候承租方调遣，不论是否经营，均按天向承租方收取租赁费，发生的固定费用均由船东负担的业务。

（三）航空运输服务

航空运输服务，是指通过空中航线运送货物或者旅客的运输业务活动。

航空运输的湿租业务，属于航空运输服务。

湿租业务，是指航空运输企业将配备有机组人员的飞机承租给他人使用一定期限，承租期内听候承租方调遣，不论是否经营，均按一定标准向承租方收取租赁费，发生的

固定费用均由承租方承担的业务。

航天运输服务，是指利用火箭等载体将卫星、空间探测器等空间飞行器发射到空间轨道的业务活动。航天运输服务，按照航空运输服务征收增值税。

（四）管道运输服务

管道运输服务，是指通过管道设施输送气体、液体、固体物质的运输业务活动。

二、邮政业

邮政业，是指中国邮政集团公司及其所属邮政企业提供邮件寄递、邮政汇兑、机要通信和邮政代理等邮政基本服务的业务活动，包括邮政普遍服务、邮政特殊服务和其他邮政服务（不包括邮政储蓄业务）。

（一）邮政普遍服务

邮政普遍服务，是指函件、包裹等邮件寄递，以及邮票发行、报刊发行和邮政汇兑等业务活动。函件，是指信函、印刷品、邮资封片卡、无名址函件和邮政小包等。包裹，是指按照封装上的名址递送给特定个人或者单位的独立封装的物品，其重量不超过 50 千克，任何一边的尺寸不超过 150 厘米，长、宽、高合计不超过 300 厘米。

（二）邮政特殊服务

邮政特殊服务，是指义务兵平常信函、机要通信、盲人读物和革命烈士遗物的寄递等业务活动。

（三）其他邮政服务

其他邮政业务，是指邮册等邮品销售、邮政代理等业务活动。

三、电信业

电信业应当按照《关于将电信业纳入营业税改征增值税试点的通知》（财税〔2014〕43 号）和《财政部　国家税务总局关于将铁路运输和邮政业纳入营业税改征增值税试点的通知》（财税〔2013〕106 号）的规定缴纳增值税，不再缴纳营业税。

电信业，是指利用有线、无线的电磁系统或者光电系统等各种通信网络资源，提供语音通话服务，传送、发射、接收或者应用图像、短信等电子数据和信息的业务活动。包括基础电信服务和增值电信服务。

1）基础电信服务，是指利用固网、移动网、卫星、互联网，提供语音通话服务的业务活动，以及出租或者出售带宽、波长等网络元素的业务活动。

2）增值电信服务，是指利用固网、移动网、卫星、互联网、有线电视网络，提供短信和彩信服务、电子数据和信息的传输及应用服务、互联网接入服务等业务活动。卫星电视信号落地转接服务，按照增值电信服务计算缴纳增值税。

四、部分现代服务业

部分现代服务业，是指围绕制造业、文化产业、现代物流产业等提供技术性、知识性服务的业务活动，包括研发和技术服务、信息技术服务、文化创意服务、物流辅助服务、有形动产租赁服务、鉴证咨询服务、广播影视服务。

（一）研发和技术服务

研发和技术服务，包括研发服务、技术转让服务、技术咨询服务、合同能源管理服务、工程勘查勘探服务。

1）研发服务，是指就新技术、新产品、新工艺或者新材料及其系统进行研究与试验开发的业务活动。

2）技术转让服务，是指转让专利或者非专利技术的所有权或者使用权的业务活动。

3）技术咨询服务，是指对特定技术项目提供可行性论证、技术预测、技术测试、技术培训、专题技术调查、分析评价报告和专业知识咨询等业务活动。

4）合同能源管理服务，是指节能服务公司与用能单位以契约形式约定节能目标，节能服务公司提供必要的服务，用能单位以节能效果支付节能服务公司投入及其合理报酬的业务活动。

5）工程勘查勘探服务，是指采矿、施工前后，对地形、地质构造、地下资源蕴藏情况进行实地调查的业务活动。

（二）信息技术服务

信息技术服务，是指利用计算机、通信网络等技术对信息进行生产、收集、处理、加工、存储、运输、检索和利用，并提供信息服务的业务活动，包括软件服务、电路设计及测试服务、信息系统服务和业务流程管理服务。

1）软件服务，是指提供软件开发服务、软件咨询服务、软件维护服务、软件测试服务的业务行为。

2）电路设计及测试服务，是指提供集成电路和电子电路产品设计、测试及相关技术支持服务的业务行为。

3）信息系统服务，是指提供信息系统集成、网络管理、桌面管理与维护、信息系统应用、基础信息技术管理平台整合、信息技术基础设施管理、数据中心、托管中心、安全服务的业务行为，包括网站对非自有的网络游戏提供的网络运营服务。

4）业务流程管理服务是指依托计算机信息技术提供的人力资源管理、财务经济管理、审计管理、税务管理、金融支付服务、内部数据分析、内部数据挖掘、内部数据管

理、内部数据使用、呼叫中心和电子商务平台等服务的业务活动。

（三）文化创意服务

文化创意服务包括设计服务、商标和著作权转让服务、知识产权服务、广告服务和会议展览服务。

1）设计服务，是指把计划、规划、设想通过视觉、文字等形式传递出来的业务活动，包括工业设计、造型设计、服装设计、环境设计、平面设计、包装设计、动漫设计、网游设计、展示设计、网站设计、机械设计、工程设计、广告设计、创意策划、文印晒图等。

2）商标和著作权转让服务，是指转让商标、商誉和著作权的业务活动。

3）知识产权服务，是指处理知识产权事务的业务活动，包括对专利、商标、著作权、软件、集成电路布图设计的代理、登记、鉴定、评估、认证、咨询、检索服务。

4）广告服务，是指利用图书、报纸、杂志、广播、电视、电影、幻灯、路牌、招贴、橱窗、霓虹灯、灯箱、互联网等各种形式为客户的商品、经营服务项目、文体节目或者通告、声明等委托事项进行宣传和提供相关服务的业务活动，包括广告代理和广告的发布、播映、宣传、展示等。

5）会议展览服务是指为商品流通、促销、展示、经贸洽谈、民间交流、企业沟通、国际往来等举办或者组织安排的各类展览和会议的业务活动。

（四）物流辅助服务

物流辅助服务，包括航空服务、港口码头服务、货运客运场站服务、打捞救助服务、货物运输代理服务、代理报关服务、仓储服务、装卸搬运服务和收派服务。

1）航空服务，包括航空地面服务和通用航空服务。航空地面服务，是指航空公司、飞机场、民航管理局、航站等向在中国境内航行或者在中国境内机场停留的中国境内外飞机或者其他飞行器提供的导航等劳务性地面服务的业务活动，包括旅客安全检查服务、停机坪管理服务、机场候机厅管理服务、飞机清洗消毒服务、空中飞行管理服务、飞机起降服务、飞行通信服务、地面信号服务、飞机安全服务、飞机跑道管理服务、空中交通管理服务等。通用航空服务，是指为专业工作提供飞行服务的业务活动，包括航空摄影、航空培训、航空测量、航空勘探、航空护林、航空吊挂播撒、航空降雨等。

2）港口码头服务，是指港务船舶调度服务、船舶通信服务、航道管理服务、航道疏浚服务、灯塔管理服务、航标管理服务、船舶引航服务、理货服务、系解缆服务、停泊和移泊服务、海上船舶溢油清除服务、水上交通管理服务、船只专业清洗消毒检测服务和防止船只漏油服务等为船只提供服务的业务活动。

3）货运客运场站服务，是指货运客运场站提供的货物配载服务、运输组织服务、中转换乘服务、车辆调度服务、票务服务和车辆停放服务等业务活动。

4）打捞救助服务，是指提供船舶人员救助、船舶财产救助、水上救助、沉船沉物打捞服务的业务活动。

5）货物运输代理服务，是指接受货物收货人、发货人、船舶所有人、船舶承租人或船舶经营人的委托，以委托人的名义，为委托人办理货物运输、装卸、仓储和船舶进出港口、引航、靠泊等相关手续的业务活动。

6）代理报关服务，是指代理机构为机构或者个人提供的报关，包括向海关申报，交验单据证件，并接受海关的监管和检查等业务活动。

7）仓储服务，是指利用仓库、货场或者其他场所代客贮放、保管货物的业务活动。

8）装卸搬运服务，是指使用装卸搬运工具或人力、畜力将货物在运输工具之间、装卸现场之间或者运输工具与装卸现场之间进行装卸和搬运的业务活动。

9）收派服务，是指接受寄件人委托，在承诺的时限内完成函件和包裹的收件、分拣、派送服务的业务活动。收件服务，是指从寄件人收取函件和包裹，并运送到服务提供方同城的集散中心的业务活动；分拣服务，是指服务提供方在其集散中心对函件和包裹进行归类、分发的业务活动；派送服务，是指服务提供方从其集散中心将函件和包裹送达同城的收件人的业务活动。

（五）有形动产租赁服务

有形动产租赁，包括有形动产融资租赁和有形动产经营性租赁。

1）有形动产融资租赁，是指具有融资性质和所有权转移特点的有形动产租赁业务活动。即出租人根据承租人所要求的规格、型号、性能等条件购入有形动产租赁给承租人，合同期内设备所有权属于出租人，承租人只拥有使用权，合同期满付清租金后，承租人有权按照残值购入有形动产，以拥有其所有权。不论出租人是否将有形动产残值销售给承租人，均属于融资租赁。

2）有形动产经营性租赁，是指在约定时间内将物品、设备等有形动产转让给他人使用且租赁物所有权不变更的业务活动。

远洋运输的光租业务、航空运输的干租业务，属于有形动产经营性租赁。

远洋运输的光租业务，是指远洋运输企业将船舶在约定的时间内出租给他人使用，不配备操作人员，不承担运输过程中发生的各项费用，只收取固定租赁费的业务活动。

航空运输的干租业务，是指航空运输企业将飞机在约定的时间内出租给他人使用，不配备机组人员，不承担运输过程中发生的各项费用，只收取固定租赁费的业务活动。

（六）鉴证咨询服务

鉴证咨询服务，包括认证服务、鉴证服务、咨询服务、代理记账和翻译服务。

1）认证服务，是指具有专业资质的单位利用检测、检验、计量等技术，证明产品、服务、管理体系符合相关技术规范、相关技术规范的强制性要求或者标准的业务活动。

2）鉴证服务，是指具有专业资质的单位委托方的经济活动及有关资料进行鉴证，发表具有证明力的意见的业务活动，包括资产评估、环境评估、房地产土地评估、建筑图纸审核、医疗事故鉴定等。

3）咨询服务，是指提供和策划财务、税收、法律、内部管理、业务运作和流程管理等信息或者建议的业务活动。

4）代理记账和翻译服务按照“咨询服务”征收增值税。

（七）广播影视服务

广播影视服务，包括广播影视节目（作品）的制作服务、发行服务和播映服务。

1）广播影视节目制作服务，是指进行专题（特别节目）、专栏、综艺、体育、动画片、广播剧、电视剧、电影等广播影视节目和作品制作的服务。具体包括与广播影视节目和作品相关的策划、采编、拍摄、录音、音视频文字图片素材制作、场景布置、后期的剪辑、翻译（编译）、字幕制作、片头制作、片尾制作、片花制作、特效制作、影片修复、编目和确权等业务活动。

2）广播影视节目（作品）发行服务，是指以分账、买断、委托、代理等方式，向影院、电台、电视台、网站等单位和个人发行广播影视节目（作品）及转让体育赛事等活动的报道及播映权的业务活动。

3）广播影视节目（作品）播映服务，是指在影院、剧院、录像厅及其他场所播映广播影视节目（作品）及通过电台、电视台、卫星通信、互联网、有线电视等无线或有线装置播映广播影视节目（作品）的业务活动。